Public Administration and

Public Management Classics

GOVERNING AND REFORMING SERIES

GOVERNING AND REFORMING SERIES

政府治理与改革系列

公共行政与公共管理经典译丛

Public Administration and Public Management Classics

"十二五"国家重点图书出版规划项目

无缝隙政府

公共部门再造指南

（中文修订版）

Seamless Government
A Practical Guide to Re-Engineering
in the Public Sector

［美］拉塞尔·M·林登（Russell M. Linden） 著

汪大海 吴群芳 等 译

汪大海 校

中国人民大学出版社
·北京·

《公共行政与公共管理经典译丛》
总　　序

　　在当今社会，政府行政体系与市场体系成为控制社会、影响社会的最大的两股力量。理论研究和实践经验表明，政府公共行政与公共管理体系在创造和提升国家竞争优势方面具有不可替代的作用。一个民主的、负责任的、有能力的、高效率的、透明的政府行政管理体系，无论是对经济的发展还是对整个社会的可持续发展都是不可缺少的。

　　公共行政与公共管理作为一门学科，诞生于20世纪初发达的资本主义国家，现已有上百年的历史。在中国，公共行政与公共管理仍是一个正在发展中的新兴学科。公共行政和公共管理的教育也处在探索和发展阶段。因此，广大教师、学生、公务员急需贴近实践、具有实际操作性、能系统培养学生思考和解决实际问题能力的教材。我国公共行政与公共管理科学研究和教育的发展与繁荣，固然取决于多方面的努力，但一个重要的方面在于我们要以开放的态度，了解、研究、学习和借鉴国外发达国家研究和实践的成果；另一方面，我国正在进行大规模的政府行政改革，致力于建立与社会主义市场经济相适应的公共行政与公共管理体制，这同样需要了解、学习和借鉴发达国家在公共行政与公共管理方面的经验和教训。因此无论从我国公共行政与公共管理的教育发展和学科建设的需要，还是从我国政府改革的实践层面，全面系统地引进公共行政与公共管理经典著作都是时代赋予我们的职责。

　　出于上述几方面的考虑，我们组织翻译出版了这套《公共行政与公共管理经典译丛》。为了较为全面、系统地反映当代公共行政与公共管理理论与实践的发展，本套丛书分为六个系列：(1)经典教材系列。引进这一系列图书的主要目的是适应国内公共行政与公共管理教育对教学参考及资料的需求。这个系列所选教材，内容全面系统、简明通俗，涵盖了公共行政与公共管理的主要知识领域，涉及公共行政与公共管理的一般理论、公共组织理论与管理、公共政策、公共财政与预算、公共部门人力资源管理、公共行政的伦理学等。这些教材都是国外大学通用的公共行政与公共管理教科书，多次再版，其作者皆为该领域最著名的教授，他们在自己的研究领域多次获奖，享有极高的声誉。(2)公共管理实务系列。这一系列图书主要是针对实践中的公共管理者，目的是使公共管理者了解国外公共管理的知识、技术、方法，提高管理的能力和水平，内容涉及如何成为一个有效的公共管理者、如何开发管理技能、政府全面质量管理、政府标杆管理、绩效管理等。(3)政府治理与改革系列。自20世纪80年代以来，世界各国均开展了大规模的政府再造运动，政府再造或改革成为公共行政与公共管理的热点和核心问题。这一系列选择了在这一领域极具影响的专家的著作，这些著作分析了政府再造的战略，向人们展示了政府治理的前景。(4)学术前沿系列。这一系列选择了当代公共行政与公共管理领域有影响的学术流派，如新公共行政、批判主义的行政学、后现代行政学、公共行政的民主理论学派等的著作，以期国内公共行政与公共管理专业领域的学者和学生了解公共行政理论研究的最新发展。（5）案例系列。这一系列精心选择了公共管理各领域，如公共部门人力资源管理、组织发展、非营利组织管理等领域的案例教材，旨在为国内公共管理学科的案例教学提供参考。（6）学术经典系列。这一系列所选图书包括伍德罗·威尔逊、弗兰克·约翰逊·古德诺、伦纳德·怀特、赫伯特·A·西蒙、查尔斯·E·林德布洛姆等人的代表作，这些著作在公共行政学的发展历程中有着极其重要的影响，可以称得上是公共行政学发展的风向标。

总的来看，这套译丛体现了以下特点：（1）系统性。基本上涵盖了公共行政与公共管理的主要领域。（2）权威性。所选著作均是国外公共行政与公共管理的大师，或极具影响力的作者的著作。（3）前沿性。反映了公共行政与公共管理研究领域最新的理论和学术主张。

在半个多世纪以前，公共行政大师罗伯特·达尔（Robert Dahl）在《行政学的三个问题》中曾这样讲道："从某一个国家的行政环境归纳出来的概论，不能够立刻予以普遍化，或被应用到另一个不同环境的行政管理上去。一个理论是否适用于另一个不同的场合，必须先把那个特殊场合加以研究之后才可以判定"。的确，在公共行政与公共管理领域，事实上并不存在放之四海而皆准的行政准则。按照建设有中国特色的社会主义的要求，立足于对中国特殊行政生态的了解，以开放的思想对待国际的经验，通过比较、鉴别、有选择的吸收，发展中国自己的公共行政与公共管理理论，并积极致力于实践，探索具有中国特色的公共行政体制及公共管理模式，是中国公共行政与公共管理发展的现实选择。

本套译丛于1999年底由中国人民大学出版社开始策划和组织出版工作，并成立了由该领域很多专家、学者组成的编辑委员会。中国人民大学政府管理与改革研究中心、国务院发展研究中心东方公共管理综合研究所给予了大力的支持和帮助。我国的一些留美学者和国内外有关方面的专家教授参与了原著的推荐工作。中国人民大学、北京大学、清华大学、厦门大学等许多该领域的中青年专家学者参与了本套译丛的翻译工作。在此，谨向他们表示敬意和衷心的感谢。

《公共行政与公共管理经典译丛》编辑委员会

译者序

　　20 世纪 90 年代以来，政府和其他的公共组织正经历着一场静悄悄的公共管理革命，并成为人们关注的中心。这场静悄悄的革命是公共部门对技术、政治、全球经济、公民需求和偏好等各个领域发生的巨大变化的反应，同时也是由原来的生产者社会向顾客社会转变的反应。

一、无缝隙组织是由生产者社会向顾客社会转变的反应

　　19 世纪中期以前占绝对主导地位的，与顾客保持着密切联系的个性化的商业和政府组织，在工业化模式的影响下，逐渐按照亚当·斯密所著《国富论》中的分工原则设计组织，发展成为大规模的、非人性化的、分割的官僚机构，并以各种各样的划分为特征：劳动力的划分、管理层次的划分、专家的划分、生产者和顾客的划分等。在过去近两个世纪里，官僚机构的这些划分似乎有着独特的优点，带来更多的是好处而不是代价，并与一个生产者导向的社会所要求集权的、划分明显的组织体系相适应。在生产者社会中，组织只管生产即可，不必考虑民众的需求问题。然而，到了 20 世纪 60 年代以后，这种层级节制的官僚机构却是问题丛生——部门分工僵化、层级分工过细，非人性化、各自为政、本位主义、腐败、无效率、不负责任、忽视顾客需求等，代价变得越来越大，官僚机构的诸多优点在它越来越明显的弊端和限制面前黯然失色，成为包括政府在内的各种组织问题的症结所在。另一方面，由于科学技术进步的日新月异和世界格局的急剧

变化，世界正处于一个信息化、全球化和竞争高度化的时代。包括政府在内的所有组织正努力挣脱传统官僚机构的僵化窠臼，满足新时代的新标准——速度，便利，效率，选择，多样性，弹性，参与，人性化，以及不断增长的生产力，以使自己变得更有竞争力，更有活力，更有效益。然而，快速发展的科学技术虽可以加速问题的解决，可以使得我们同时处理几个问题，可以实现办公的无纸化等，却无法使四分五裂的、官僚主义的组织更为高效。组织规模和服务职能的扩张与日益递增的顾客需求之间，组织努力与顾客期望之间，始终存在着差距，出现了顾客对官僚机构"信心落差"的危机。这也是有着本质不同的政府部门和商业机构共同面对的问题之一。与此同时，一个顾客导向的社会逐渐地发展起来，迫使人们去探讨顾客社会中顾客态度和期望的巨大转变，并用无缝隙政府（Seamless Government）和其他无缝隙组织（Seamless Organization）来扬弃和再造这些官僚机构，与顾客保持密切的、直接的联系，为顾客提供他们所需要的个性化选择、多样性和参与，更好地满足顾客更高层次的无缝隙的需要和需求。无缝隙组织的出现正是发生在政府和其他公共组织中的这场静悄悄的革命的主要原因和特征。

本书作者拉塞尔·M·林登在通用电气公司执行总裁杰克·韦尔奇（1990）"无界限组织"的基础上创造了"无缝隙组织"这一概念。他认为"无缝隙"要比"无界限"更能够揭示新型组织形式的本质，"无缝隙组织"是指可以用流动的、灵活的、弹性的、完整的、透明的、连贯的等词语来形容的组织形态。无缝隙组织是行动快速并能够提供品种繁多的、用户化和个性化产品和服务的组织，并以一种整体的而不是各自为政的方式提供服务。无缝隙组织的形式和界限是流动和变化的，具有渗透性，有时是无形的；无缝隙组织的顾客与服务提供者直接接触，两者之间是一种直接的、人性化的关系，不存在繁文缛节、踢皮球，或者是诸多遁词，曾经存在于组织内部和组织之间的壁垒现在变成了网络；无缝隙组织以跨职能团队（cross-functional teams）代替目前公务员仅在一个职能领域内服务的孤立组织；无缝隙组织强调以通才取代专才。无缝隙组织和那些在 200 年前由商人、工匠、技师以及农场主主导的最初的无缝隙机构有着非常相似的特征。实际上，无缝隙组织是 19 世纪中期以前在美国经济中占绝对主导地位的个性化的商品生产和服务方式的再生。当然，由于环境和条件的巨大差异，不可能完全地如出一辙。

二、创建无缝隙政府的重要内容

在把层级节制的官僚机构转变成为无缝隙组织的过程中，需要寻求一种新的思维方式和一整套不同的组织原则，即"再造"（Reengineering），这是实现组织转变的强有力工具。再造，就是在诸如全面质量管理等创新力不能及的情况下，挑战那些建立官僚机构的重要观念，从根本上对整个体系进行重新设计，围绕过程和结果，而不是职能或者部门展开工作，从而使组织充满新的活力。为此，本书作者把再造原理应用到政府的管理之中，阐述了怎样进行政府再造（Reengineering Government）以满足顾客无缝隙的需要，论述了再造的原则，详述了再造的步骤，说明了政府再造过程中怎样评估、设计，着重探讨成功的公共部门再造所应当具备的条件和关键角色，以及在公共部门再造中怎样从顾客的需求和不满这一终端着手，重新设计各种制度（业绩、预算、信息资源、奖励等等），克服阻力，逆方向地实施根本性的改革。值得一提的是，本书提供了许多优秀的再造典范，作者用来自政府再造过程中失败和成功的案例来阐释他的再造原理。例如，他展示了一个州政府怎样改变以控制为导向的再造过程，从而使一个提供失业援助的服务体系简化而富有效率，他讲述了地方政府怎样再造商业许可、公立中小学、人力资源项目。在联邦政府层面上，他展示了护照发放、森林管理、美国国税局的服务、国防后勤局的管理和采购物资的方式，怎样在顾客导向思想指导下有效地进行再造。

通观全书，我们深深地感觉到政府官僚机构在进行"政府再造"（Reengineering Government），将"改革政府"（Reinventing Government）变为现实，创建面向顾客、服务公众的创新性组织，以满足顾客无缝隙的需要，提升政府的绩效和服务质量的过程中，尤其要把顾客导向、竞争导向、结果导向作为创建无缝隙政府这一改革的重要内容。

1. 顾客导向

随着科技的快速发展、买方市场的形成和顾客需求偏好的改变，传统上以精细分工为手段并生产和提供大批量、规模化的公共产品和服务的工业型社会，正转向以无缝隙服务的方式生产和提供多品种、小批量的柔性化的公共产品和服务的现代社会。政府活动已由最早的公共产品和服务的生产导向（供应顾客），经由第二阶段的公共产品或服务的市场导向（争夺顾客），进入公共产品或服务的顾客导向（创造顾客）。所以顾客导向的政府无论是进行公共产品和服务的创新，还是制度创新、管理创新，都必须立足于顾客。而及时了解顾客需求并设法去满足，常常给政府带来创新与发展的机会。

相对于政府而言的顾客，一是指公共产品和服务的最终使用者；二是指相对意义上的顾客，即公共产品和服务供给过程中的参与者。顾客导向的政府管理，就是一种"倒流程"的政府管理方式。它好比一座倒过来的金字塔，将塔尖指向顾客那里——一竿子插到底，政府关注的焦点对准顾客的需要，政府职能、政府行为、政府改革等都要紧紧地围绕着顾客来展开，一切都是以顾客为导向、为中心，并以顾客的满意度作为政府运行最大的使命和考量。

顾客导向的政府把顾客作为最宝贵的资源。因此，政府必须像管理其他资源那样对顾客进行管理，做到顾客至上，民众优先，了解顾客，了解顾客的变化，针对顾客的需求生产和提供公共产品和服务，以顾客价值作为行政措施的重要基础，直接与顾客互动，汇集顾客的相关信息，依据信息改善行政机关的产品和服务，为顾客创造利益和价值。那么政府怎样将"顾客导向"在行政过程中贯彻到底呢？

（1）努力提升公共产品和服务的价值

公共产品和服务的价值主要不是指其经济价值的高低和技术含量的高低，而是指公共产品或服务对于满足顾客需求特别是个性化需求所具有的价值。从这个意义上说，顾客的需求比公共产品和服务的功能更重要。如果公共产品和服务的功能不能满足顾客需求，其价值就下降为零，而成为多余功能。所以提高公共产品和服务的价值，只有通过认真研究顾客需求，使公共产品和服务完全服务于顾客，最大限度地满足顾客的需求，在确保公共产品和服务核心价值实现的基础上，努力增加其附加价值，从而提高公共产品和服务的总体价值。

（2）以无缝隙的方式追求零顾客成本

顾客成本即顾客在使用公共产品和服务过程中的费用和付出，它表现为顾客所支付的货币成本与在整个过程中所消耗的时间、体力、精力等非货币成本的总和。政府培养自己的忠诚顾客的最有效方法是尽力将顾客成本降低为零。首先要对顾客的关键需求进行评估，制定、公布和实施政府的顾客服务标准（Customer Service Standard）和申诉处理标准（Standard for Complaints Handling），然后开始改革政府的行政流程，设定服务绩效的标杆与绩效衡量指标，设法消除使用公共产品和服务过程中影响最大的顾客成本，尽量避免如官僚主义、层次繁多、相互推诿、手续烦琐、公文旅行和乱摊派、乱收费等问题的出现。政务公开、现场办公、集中办公、社会承诺制、上门服务、电子政务等产品和服务受到普遍欢迎，正是追求零顾客成本的结果，即政府直接与顾客接触，提供足够的信息，使用灵活的服务方式，尽力为顾客提供各种方便，使购买和使用公共产品和服务的过程尽量简单、快速，以减少顾客在这一过程中金钱、时间、体力、精力的消耗以及随之而来的风险，从而使顾客成本最小化，提高顾客的满意程度。

（3）强化政府内部顾客也是"上帝"的观念

顾客可以分为外部顾客（external customers）和内部顾客（internal customers）。在政府活动中，要使外部顾客满意，首先要使内部顾客——国家公务员感到满意。作为内部顾客的国家公务员在行政过程中的参与程度和积极性，在很大程度上影响着外部顾客的满意度。众多研究清楚地表明内部顾客满意度与组织两者之间是一个"价值链"的关系。无法想象一个连内部顾客——国家公务员都不满意的政府，能够提供令人满意的公共产品和服务给外部顾客。为此，要充分体现对国家公务员的尊重与信任，大大强化国家公务员的主人翁意识；要改变功绩制和传统的绩效考核方式，把每一位公务员与顾客的每一次接触的表现作为奖惩的重要依据之一，为政府发展创造巨大的内在动力。

（4）加强与顾客之间的交流与沟通

在政府活动中，要检讨并改变传统的生产和提供公共产品和服务的方式，调整行政人员与顾客之间互动的方式，做到重视顾客的抱怨，并妥善及时处理、回馈，使顾客在不满意中满意；重视顾客对公共产品及服务改善的建议，使顾客在稍不满意中满意；重视对顾客的承诺，让顾客在满意中更满意。可见，强调政府对顾客负责，建立灵活迅速的顾客抱怨处理机制和顾客回应系统，加强政府与顾客之间的信息、情感等方面的交流与沟通，可以提高顾客的参与程度，满足顾客的求知需求、交往需求、尊重需求和表现需求，使顾客获得最大程度的满足。同时也将对政府产生非常有益的影响：加深顾客对政府的认知，提高政府在公众中的影响力；提高顾客对政府的忠诚度，形成政府对顾客的凝聚力，发展长期稳定的顾客关系。从而使政府获得大量反馈信息，提高行政体系对外在环境的敏感度和回应性，更好地改善公共产品和服务，满足顾客的要求，最终为社会创造更大的经济效益与社会效益。

今天，"顾客导向"必须被政府领导者奉为圭臬，遵行不渝，这是政府追求持续成功最重要的经验教训，也是政府的本质所在。

2. 竞争导向

过去，一些政府只靠精简机构和人员重组来重建政府，政府再造中的"减肥"之风非常盛行。但是到了 20 世纪 90 年代以后，全球化趋势在不断加强，政府间的竞争以及政府内部的竞争也日趋激烈，而许多"减肥"后的政府依然官僚主义严重，施政成本过高，效率低下，忽视顾客需求，缺乏竞争力和活力。因此，以无缝隙政府来再造政府部门机能，不仅仅是简单的机构精简和人员重组的问题，还需要改变官僚体制的独占性，并在更多的层面上对政府进行大规模的变革。竞争导向就是其中的一个重要内容。

作为非营利性组织的政府，其运作当然不可能完全与以营利为目标的企业一样，但是在市场经济的大背景下，政府应以竞争为导向，引进公共服务的市场竞争机制，转变"政府是不可替代的实体"这一根深蒂固的有害的观念，改变对公共服务的垄断甚至独占的做法，允许和鼓励民间参与和提供公共服务，使公共机构与民营机构之间、公共机构之间，民营机构与民营机构之间彼此展开竞争，提供更加有效的公共服务。政府利用竞争和顾客选择来淘汰质次价高的服务提供者，壮大以合理的价格提供优质服务者。否则，政府不以竞争为导向，就会出现停滞和萎缩，直至仅剩下那些别无选择只有面对公共服务的顾客。与此同时，政府要采取分权的组织结构，运用企业部门的管理技术和管理工具，以此促进政府改善管理，关注质量、效率、创造力和活力，从而提高政府的绩效和公共服务的品质，使政府成为效率导向、永续革新的公共组织。例如 BOT 的引入、市场测试（market testing）的进行、与社区参与的结合、与非营利组织的合作等，都有效地提高了公共服务的质量，降低了公共服务的成本，而多元选择的结果也提高了政府部门之间的竞争的机会，从而促进整体行政效能的提升。当然，竞争导向并不是倡导好处和坏处可能同样多的你死我活的竞争；也不赞成影响士气的个人之间的竞争；更不是要放弃或削弱政府对顾客需求的满足。竞争导向型政府是要在充分竞争的基础上，不断地创新、强化核心能力，学会如何更深入、更全面、更好地满足现实和未来不断变化、不断提升的顾客需求，从而为顾客创造更大的选择空间，并快速地服务顾客，大幅度地提升顾客满意度。因此，竞争导向是振兴公共机构的一种重要手段，也已成为今日高绩效无缝隙政府的共同特征。

3. 结果导向

过去层级节制的政府官僚部门在职能专化的情况下，无法有效发挥整合作用，大多数在官僚机构工作的专才习惯于从部门和职能的角度考虑问题，工作内容是以职能为导向而不是以过程和结果为导向，对自己的角色和对整个机构可以发挥哪些更多的作用以及对什么样的结果负有责任所知甚少，更无法控制自己工作的结果，以致整体绩效不彰。而顾客对公共产品和服务的速度、多样性、质量和便利的要求在不断提高，顾客有权获得高质量的服务，政府有责任回应顾客的需求，并以较合理的成本提供优质服务。而按照部门和职能分工的陈旧体制却不能满足这一点。

　　无缝隙政府以结果为导向，通过顾客和过程，强调积极的目标、具体的结果与产出，强调工作的实际结果、预算和绩效并重。全面质量管理、绩效管理、自我管理团队和其他方法都是通向结果的手段。在决定采用什么手段之前，必须务实地制定能实现的可衡量的目标。一旦想要实现的目标很明确，处于同一工作进程中的人而不是执行同样职能的人在一起共事，围绕目标进行工作，改变传统的组织结构中均是按职能划分，过于强化部门之间的领域和界限的弊端，建立扁平化的组织结构，超越局部利益，面向整个过程和整体利益，让每一个人都直接面对顾客，同时展开工作，并要求按照预定的时间表提出阶段性的成果，及时控制自己工作的结果，形成以结果为导向的管理体制。

　　当政府机关围绕结果运作，通才取代专才，工作人员就具有了获取相应成果的工具、权力和责任感，也就具备了任何组织应有的关键性因素，改变了传统官僚机关的事前审慎、事后敷衍的通病，为顾客提供方便、快捷、高质量的公共服务，提高政府回应能力、政府政策能力和政府效率，实现开放政府和责任政府，满足顾客的各项需求，处理各类公共问题，最终提高政府生产力和竞争力。

　　总之，无缝隙政府是以满足顾客无缝隙的需要为目标的一种组织变革。无缝隙政府不是全盘推翻现有的行政运行程序，不是以部门、职能为导向或以数量、规模为导向，而是以顾客为导向，以结果为导向，以竞争为导向，使政府每一项资源投入、人员活动、公共产品或服务的提供等，都能真正而有效地符合顾客的需求，顾客能够在"任何时间"和"任何地方"得到服务，真正实现"为民服务"的目标。无缝隙政府为政府再造这一新领域提供了公共机构迫切需要的东西：一种面向未来的公共机构自我改革的模式，一种为顾客提供无缝隙产品和服务的方式。无缝隙政府对政府和顾客来说是双赢，要求抛弃，要求再造，要求为顾客创造价值，也要求学习。正如美国公共管理学会会长、约翰·霍普金斯大学政策研究学会特别会员司各脱·福斯勒指出的那样："《无缝隙政府》是政府探究公共部门再造这一新领域的指南针。"

　　参加本书翻译的有：汪大海、吴群芳、彭春晖、刘晋芳，全书由汪大海统校。由于译者水平有限，加之时间仓促，译文中疏漏之处尚望读者和专家教正。

汪大海

献　辞

政府治理与改革系列
公共行政与公共管理经典译丛

这本书献给我的两个孩子——丽贝卡和乔舒亚。他俩亲密无间的生活是我所理解的"无缝隙"的切实表达。我们大多数人正设法忘却，以便重新挖掘他们已经经历的事情。

致读者

我的三个想法：

1. 你将会发现在前 5 章里，在阐述再造的原则和概念时，用了一些私营部门的例子。我这样做是因为和政府部门相比较，私营部门提供了更多的再造案例。最后的 6 章，谈论的例子全都来自政府部门。

2. 那些熟悉公共和私有的官僚制发展历史的读者会觉得第 2 章和本书的其他章节不大相关。那些没注意到这段历史，认为现有的规章和监督机构是由目光短浅的、想要保全自己地位的官僚创造出来的人应当了解这段历史。

3. 那些在政府机构里做事，感受到了改革压力的公务员会跳过一些章节，直接翻到第 4 章至第 6 章，了解那些原则、模式和步骤。我理解这种急切心理，但我极力建议你不要这样做。再造确实会带来深刻的变革，但只有当人们理解了它，再运用它时才能收到好的效果。那些只读了部分章节，粗略地看过了模型，就想直接寻找一个解决方案的人，不免是要失望的。他们的顾客和员工也会很失望。为提供无缝隙的服务而进行的再造包含了一整套新的思维方式。你要慢慢地学，认真地思考这些原则和例子，和同事一起探讨它。当你以全新的眼光看待你的机构时，你就可以开始着手改革了。

拉塞尔·M·林登

弗吉尼亚州　夏洛特维尔

致 谢

政府治理与改革系列
公共行政与公共管理经典译丛

　　我的《无缝隙政府：公共部门再造指南》一书在很大程度上要归功于几位朋友，他们详细分析了本书草稿，提出了富有洞察力的深刻见解。我衷心感谢这几位朋友，他们是：美国农业部的丹·斯通，维吉尼亚大学的贝思·哈派珀，美国森林服务部的比尔·德莱尼和卡尔·梅特克（卡尔提供了美国森林服务部第9区案例的有关材料），夏洛特维尔城的加里·奥康奈尔，汉普顿市的撒伦（她帮助我掌握了她所在的城市的革新情况）和伊夫林·林登·鲍德温（她把感觉到的东西用句子表达出来，并有意识地教她儿子重视应用巧妙的措词）。

　　非常感谢三位大学教师，他们的评论极大地增加了本书的价值。他们指出了我一直没有看到的问题，并提出了我考虑不到的解决方法。他们是：俄亥俄州大学的保罗·纳特教授，波士顿大学的斯蒂芬和宾夕法尼亚大学的李·弗罗斯特·孔普夫。

　　一位阅读了本书草稿的人评论道："事例中蕴藏着力量。"很久以前我就认识到事例在教育和引导方面的价值，我非常感激从业者给我介绍他们的经历。这些案例素材来源于：安·安特罗伯斯，吉姆·弗拉纳根，拉里·福克斯，杰克·弗兰克，斯泰尼德拉·霍杰，卡罗尔·亨特，黑兹尔·约翰斯，约瀚·洛克，伊莉莎白·麦奎因尼，汤姆·麦莱斯克，沃伦·马斯特，迈克·米勒，卡伦·莫伦德尔，道格拉斯·迈尔斯，安·尼科尔斯，鲍勃·奥尼尔，厄休拉·帕尔默，博·帕克，安妮·鲁施尔，加里·

谢弗，达莱尼·斯塔林，约翰·特纳，菲利斯·沃森和查尔斯·沃纳。

　　从几位绅士那里我了解了并行再造的实践、即时管理和精益生产，他们慷慨地花费了宝贵的时间，献出了独特的思想。我衷心地感谢迈纳尼·海罗斯，塔德希，基约塔卡·纳卡亚玛，凯·奥根萨沃埃，雷·史密斯，凯吉·楚奇亚和亚玛海罗·沃坦阿贝。

　　本书提供了一些政府管理者群体工作的原则和模式。我希望他们能够从这些讨论中获益——我知道我做到了。在我与一些参与者共事以后，我的观念得以澄清。这些参与者有：海军家庭住房管理协会的成员，弗吉尼亚大学质量管理系列的参加者，森林服务再造团队的成员，联邦行政学院的学生，美国劳动部职业与培训机构的管理者，乔治·华盛顿大学当代行政发展项目的参与者。我衷心感谢所有这些参与者。我也感激尼尔·卡兰德和拉斯·伦特尼尔两位，他们在我履行教学职责和完成本书写作的过程中尽心尽力，耐心帮助。

　　还有一些人对本书提供了大量的默默无闻的帮助。他们善于鼓励我，知道在何时作出反应，何时耐心倾听，他们为我提供了智力上和精神上的支持。为此，我要感谢泰科·布朗，埃利奥特·韦斯，特别是我的妻子杰基。

　　最后，我要特别感谢比尔·范·多琳。比尔是一位真正有灵感的作家、编辑、设计家和思想家，比尔有一种非凡的能力，他能感觉到人们正在想什么，能客观地叙述事件的来龙去脉，并提出探索性的问题，寻找解决思路，完善基本概念，使之清晰化。他的语言运用极富艺术性，并且他提升他人工作的天赋能力也极强。他应当得到我的深深谢意。

拉塞尔·M·林登

前　言

　　这本《无缝隙政府：公共部门再造指南》完全纪录的是我对我们的政府和国家的个人看法，它源于一个坚定的信仰，一个无可辩驳的事实，和一个不可避免的结论。

　　信仰：我们作为一个国家所取得的巨大成功是和我们的公共机构的成功分不开的。我们的政府不是一个外在于我们的势力，和我们毫不相干。在一个民主国家里，我们的政府就是我们自己。它反映我们的愿望，我们和政府共命运，同甘苦。

　　事实：许多美国人都看不起自己的政府；很少有人尊敬它；几乎没有人相信它能发挥什么效力。最近的一次民意测验显示，只有 20％的民众相信政府在大多数时候做了正确的决策（Gore，1993）。自从 20 世纪 60 年代以来，公众对政府的冷嘲热讽有增无减。人们相信他们选出来的官员不在乎民意，被任命的官员根本不能胜任自己的工作。

　　结论：我们的公共机构正面临着一场危机。如果这个国家要重建对它自己以及对这些公共机构的信任，这些公共机构就必须大刀阔斧地改革——从字面上讲就是要改变自己。当一个民主国家里的人民不再信任他们的政府，他们就会丧失自我管理的信心，这将为那些蠢蠢欲动的独裁者制造机会，这真是一个非常可怕的前景。

　　如果我们的公共机构如同我所认为的那样面临危机，他们应当如何改革呢？官员和公务员应当采用什么新的方法和模式呢？

他们如何重新赢得公众的信任？

在过去的八年里，为了找到答案，我研究了许多管理创新的方式。有些创新方式是大家都非常熟悉的，比如说不断地提高质量，提供顾客导向的服务，创建自我管理的团队和前瞻性的领导团队等等。除此之外还有一些政策性上的创新，比如教育选择，私有化，政府的项目如提供公共住房交给社区来管理。所有这些都令我沮丧。这些革新措施虽然很有效，它们使员工们最初感到很兴奋，但它们似乎缺少一些很重要的东西。我的许多顾客和学生对这些潮流和模式都有类似的看法。

当我开始学习并运用商业流程再造的原则，我终于意识到为什么别的模式让我不满意：他们都把现有的组织结构及其设计视作为给定的，只需在现有的组织结构中寻找改善的契机。但公共机构是在 19 世纪工业化的结构上建立起来的。这些支离破碎的机构无法满足当今顾客的需要：及时、便利、多样化、面向客户。有些机构的领导最具前瞻性，员工拥有最大自主权，他们努力创建一个以共同体为基础的董事会，对项目完全负责，即便如此，他们仍然无法满足顾客的要求。在今天的形势下，这种机构必定要失败。

我对再造——一种给顾客提供无缝隙服务的方式——了解得越多，我就越是坚信它能够提供一些独一无二的东西。更重要的是，它提供了我们的公共机构迫切需要的东西：一种面向未来的公共机构自我改革的模式。

无缝隙组织和商业流程再造，这两个术语对大多数的人都比较陌生，需要解释一下。和过去四分五裂的官僚机构不同，无缝隙组织让它的顾客感到这个组织有透明度，办事顺畅，毫不费力。在这种组织里，员工行使其全部职责，和最终的用户直接接触。

当然，商业流程再造是一个拗口的术语。我承认我也不喜欢再造这一称谓，因为这意味着我们的组织首先是被设计过的。正如第 2 章指出的那样，这些部门以官僚化的作风对待出现的问题、陋习、过失、人们对欺诈的不满情绪等等。

正如我曾说过的那样，我选用再造这个术语是因为人们用它来指称一整套强有力的原则，而这些原则正在彻底地改变一些公共和私有的官僚机构。再造要求我们对那些官僚机构得以建立的重要观念提出挑战，围绕想要达到的结果，而不是职能或者部门，彻底地再造这些组织。在这一过程中，它迫使我们建立新的思维方式和观察这个世界的方式。

对读者的益处

阅读《无缝隙政府：公共部门再造指南》这本书，你将从两个方面获益：首先，它将帮助你理解再造的政府的特性，以及为什么一个面临危机的政府需要再造？再造是怎样进行的？其次，它将向你展示如何运用商业流程再造的原则来应对危机，使你的机构向着提供无缝隙服务的方向转变。

谁应当读这本书

这本书是写给那些公共部门的从业人员、学界人士和那些关心我们的公共机构的活力和变革的人的。那些早已厌倦陈腐的管理方案，坚信我们的机构能够运行得更好的人阅读本书会有所收获。这本书也是写给这样的一些人的：他们和我一样相信公共服务是一个为世人瞩目的行业，只要我们停止抨击官僚，彻底地转变官僚体制，它就能够重获声望。

本书的话题和结构

这本书的结构遵循了最为重要的再造原则：围绕结果来重组。再造的结果是一个无缝隙的机构。这样，我们先来看看无缝隙服务的特性。第 1 章描述了一场在公共机构中正在发生的"静悄悄的革命"，但是政府部门面临的危机和列为报纸头条的坏消息使这一改革黯然失色。导致这场革命的是顾客社会，这一章描述了顾客社会的特征和无缝隙组织对顾客社会需求的回应方式。第 2 章回顾了公共和私有的官僚体制的历史，它展示了最初的无缝隙的商业和政府机构如何在 19 世纪中叶变得日益官僚化和各自为政。这段历史是很重要的，因为构建出历史上一个工业化的官僚体制的压力仍然存在，若我们想要承受得住它，就必须先理解它。第 3 章深入地考察了无缝隙组织的特性——在这个组织中工作的感受，它的顾客的感受，以及它和支离破碎的官僚机构的根本不同之处。

接下来的 7 章论述的是商业流程再造，组建一个无缝隙的机构所需的手段。第 4 章详细地论述了再造的七个原则，它们的来源，以及它们是如何转变官僚机构的。第 5 章描述了再造的模式，探讨了这一模式的第一个阶段：评估，列举了开始这一过程所需的条件，以及在再造过程中需要有人来充当的主要角色。第 6 章和第 7 章谈论的是再造模式的设计阶段。第 6 章描述了再造的四个步骤，并用案例加以阐释。第 7 章谈论的是在公共部门再造中出现的问题：你是否可以像再造所要求的那样，从头做起，像在一张白纸上作画那样再造你的机构？机构里有众多的顾客和不同的构成因素，他们之间的需求经常发生直接的冲突，你如何从顾客的需求这一终端着手，逆方向地进行改革。

第 8 章至第 10 章谈论的是实施的问题。像其他那些引人入胜的模式一样，如果管理者不仔细地思考实施的问题，再造在人们心中激起的美好希望，就会很快地销声匿迹。具体说来，第 8 章论述的是整合的一些重要问题，在工作的程序和结构做了改动后，下一步必须采取的措施就是整合。在再造中，这一阶段显得不那么激动人心，不那么引人注目，有关再造的报道很少涉及它。整合意味着重新设计各种制度（绩效评估、预算、信息资源、奖励等等），使它们和新的组织方式保持一致。

这对于再造是十分必要的，甚至是关键的。在组织采取了革新措施之后，如果它的制度和过程不能整合到这一变革之中，被淘汰掉的工作方式就会卷土重来。

第9章详细地讲述了两个政府部门的再造事例。第一个讲的是康涅狄格州劳工部的再造过程，他们大刀阔斧地使一个提供失业援助的服务体系简化而富有效率，把整个文化整合到这一新的过程中。第二个是国防后勤局的再造事例，这个庞大的联邦机构大规模地改变了它为国防局管理和采购物资的方式。

第10章提供了一些建议，教大家怎样应对技术专家、核心员工和其他因为再造而惴惴不安的员工的抵制行为。我还分析了一些在实施再造过程中失败和成功的事例。

最后，结语部分研究了创造一个无缝隙政府机构所面临的挑战。再造必须克服好几个组织结构上的障碍——政府指派官员的微观管理，各方面的利益冲突，这些障碍使得一些过程几乎不可能实现简化又富有效率。还有一个障碍是我们被陈旧的官僚机构下各自为政的职能陷阱训练出的思维方式。我提出了几个创新方式，帮助大家解决这些看似无法逾越的障碍。

拉塞尔·M·林登
弗吉尼亚州　夏洛特维尔

目 录

第1部分 公共机构面临的新现实

第3部分　齐心协力进行政府部门再造

第1部分

公共机构面临的新现实

第 *1* 章

3

美国政府中静悄悄的革命

如果公民能够在他们的政府中拥有股份，那么现在应当是购买股票的理想时机。尽管有关政府绩效的表面上可见的指标仍然非常糟糕，但是，潜藏在下面的基础却很强大，而且有越来越强大的趋势。事实上，我确信历史学家们回顾 20 世纪 90 年代时，他们会认为这是一个美国公共部门发生静悄悄革命的时代。

有关政府衰败的明显迹象以及公众的不满到处可见，它们充斥了形形色色的报刊杂志的大字标题：每年以 2 500 亿美元的速度递增，联邦政府债务总额达到了 4 万亿美元；从 20 世纪 80 年代开始，美国住房和城市发展部丑闻不断；1992 年总统大选中公众抗议性地投向罗斯·佩罗特，选票总额达 19％（这是第三党迄今为止获得的最多选票）；26 000 多座桥梁濒临倒塌的危险，基础设施质量低劣（NBC News，1993）；全国各地的州立法机构通过期限限制，等等。我们投入了几十亿美元用于学校的建设，而这些学校没有发挥教育的作用。我们在过去的十年里建造的监狱数目打破了历史记录，监禁的犯人在全体公民中所占的比例也比其他任何国家都要高（Feldman，1993）。但是，我们仍然比其他任何工业化国家的暴力犯罪要多，毒品和麻醉剂也越来越猖獗。对于所有这些问题，我们的民选官员们似乎更多地热衷于彼此指责和攻击，而不是共同努力来解决它们。

值得注意的是，在这些表面的衰败迹象下，一种真正的转变正在我们的一些公共部门发生，这是一种即便在十年以前也完全没有人能够预见到的转变。它静悄悄地发生在我们身边，然而却

4　又是那么深刻，那么势不可挡。尽管在现今不计其数的有关政府失败的迹象和传闻给这种转变蒙上了一层阴影，但是，对于我们的公共部门和我们所生活的社会来说，它还是预示着巨大的希望。

这场"静悄悄的革命"主要是以无缝隙组织的出现为特征的。我所谓的"无缝隙组织"是指可以用流动的、灵活的、完整的、透明的、连贯的词语来形容的组织。对于那些和它相互作用、相互影响的人和事物来说，无缝隙组织提供了一种流畅的、真正的不费气力的经验。无缝隙组织的顾客与服务提供者直接接触；两者之间不存在繁文缛节、踢皮球，或者是诸多遁词。顾客的等候时间大大缩短。无缝隙组织以一种整体的而不是各自为政的方式提供服务。并且，无缝隙组织的一切都是"整体的、全盘的"，它是一个完整统一的整体，无论是对职员还是对最终用户而言，它传递的都是持续一致的信息。

1.1　本章概述

我们可以看到，无缝隙政府服务的趋向至少表现在以下三个重要的方面：政府机构内部"柏林墙"的倒塌；政府机构和它们的顾客及供应商之间同盟关系的发展；在为顾客提供服务时对速度的强调。在这一章中，我们具体阐述这些表现，分析引发这些表现的顾客社会以及与此相关的内容。

1.2　政府机构内部"柏林墙"的倒塌

任何一个曾经在政府机构辛勤工作的人都明白为什么老板会担忧没有人能看到全局，这是因为客观上没有人能够展示全局。我们的高度组织化、官僚化的机构到处构筑了无形的墙壁，这些墙壁对部门内部的信息实行封锁，而对其他部门的信息则实行绞杀。对组织内部的成员来说，如果只要达到本部门的直接目标就可以获得回报，他们自然就没有考虑全局的动力和动机。并不是因为人们不愿意合作，而是因为这种合作往往会导致他们受到那些热衷于扩张地盘的官员的惩罚（部门规模越
5　大＝预算越多＝权力越大）。

阿尔文·托夫勒在 1980 年写道："我坚信我们今天已经处于一个新的综合时代的边缘。在所有的知识领域……我们都可以看到对大思路、对普遍理论以及对将零碎的部分重新整合为整体的回归"（130）。通过清除内部障碍、组建职能交叉的团队、为顾客提供一步到位的信息和服务，以及以一种综合的而不是分散、常人的眼光评估自身的工作，我们最优秀的组织确实正在将支离破碎的部分重新整合为一个整体。

1. 自我管理的团队

越来越多的公共部门（同样也表现在私人部门）使用自我管理的团队。自我管

理的团队在将高层管理减少到最低限度的基础上自我规划、实施和评估自身的工作。它们首要关注的是外部顾客的需求，而不是内部官僚的需求。自我管理的团队的使用减少了管理人员对普通职员的比率，在美国农业部的人事科，这一比率从过去的 1∶7 降到了现在的 1∶21。在旧金山地区的国税局，自我管理的团队的使用导致每位职员单位工作时间内的工作量增长了 22％，这一数据相当于每位职员每年多征收了 600 多万美元的拖欠税款（National Performance Review，1993）。

2.　职能交叉的团队

职能交叉的团队正越来越多地得到使用。这些团队由来自不同职能部门的成员组成，在过去主要被特别用于短期项目。而在今天，一些机构正在永久性地组织这类团队。位于佛罗里达州杰克逊维尔的海军飞行航空站，在重新设计它对 P—3C 反潜艇飞机的检修步骤之前，使用的是传统的做法，即由技术单一的员工专门负责每架飞机的某个部分的工作。而在今天，小规模的具备多种技能的工作团队可以完成一架飞机上所有的检修工作，结果是不仅赢得了更低的成本和更高的质量，而且大大提高了工人的责任感（Carr and others，1992）。旧有的不同职能部门之间森严的壁垒已经消失了。

3.　一次到位的服务

政府为顾客提供的一次到位的服务和项目，大大减少了顾客不得不与政府打交道的部门和工作人员的数量。来自五个不同机构的六个社会工作者，在共同为一个 *6* 遭受虐待的儿童提供服务的过程中，产生切实有效的帮助的概率并不会因此增加——相反，这一概率反倒减少了，因为这些工作人员会在浑水摸鱼和彼此推诿中迷失方向。而在今天，地方、州和联邦的各级机构都在学习如何通过一种简单的接触来提供服务。美国劳工部和 40 多个州正在创建一次到位的职业发展中心，以便为那些在过去不得不忍受各自为政的、互不协作的服务的公民提供一次到位的服务（Hall，1993；U. S. Department of Labor，1993）。最终的结果是：客户们明白了他们有资格获得迅捷的服务，而职员则将他们的时间用于帮助人们切实地解决问题，而不是填写一张又一张空洞的表格。

4.　"主题学习"的方法

某些学校曾经一度是组织划分的堡垒，它们也开始学习如何打破界限和将支离破碎的部分重新整合。在过去，我们想当然地认为学生的学习包括了不同的"科目"，这些"科目"必须在 45 分钟内完成，而不同科目的老师压根就不知道他们的学生在其他课堂学了些什么内容。在今天，一些进行创新性教学的学校开始使用一种"主题学习"的方法，把教师归入小规模的团队，以便他们的教学围绕特定的主题展开并进行协作。譬如说，假定某个团队把本单元的教学重点放在有关法国问题的学习上，或者是为了学习政府管理去参观当地的市政厅，那么各个教师都会围绕这个主题来设计他们的课程，从而使得孩子们有一个完整统一的学习框架。

5.　真正的团队

许多政府机构正在清除内部障碍，从而创建真正的团队——能够在任何时间、任何地方组织起来并且一旦任务完成就立刻解散的团队。通过利用各种各样的被称之为"组件"的软件，政府机构可以使在分布广泛的各个办公室的成百上千的职员在很短的时间内通过电子手段联系在一起。这些途径正在消除联邦航空局的团队技术中心、商业部的决策分析中心的森严壁垒。事实上，联邦航空局目前正在想方设法地将"真正的数据库"接入整个航空领域通用的系统（National Performance Review，1993）。

6. 动物园的分类

7　　即便是动物园也正在清除壁垒，至少是在象征性的意义上。作为全国最重要的动物园，圣地亚哥动物园正在开始根据有关生物与气候的区域重新组织它的展览。与过去的根据分类学（诸如哺乳动物、鸟类、爬行动物等等）划分动物的做法不同，动物园现在采用的分类标准是动物的自然栖息地（如非洲热带雨林），从而使得游客对不同的自然环境下生存的动物有了一种无缝隙的体验。

1.3　发展政府机构与顾客及供应商之间的同盟关系

有别于传统的智慧，政府机构之间以及政府机构和它们的顾客之间要协同努力地来解决问题或是改进服务，这已经变得毫无新意。真正有新意的地方是政府机构已经形成了特定的结构，使得这些同盟成为可操作的标准步骤。

1. 伙伴关系

伙伴关系正在改变政府订约的对抗性质。几十年以来，政府订约的游戏仅仅是一种游戏而已——并且是一种昂贵的游戏。这个游戏包括：政府事无巨细的微观管理；承包商对政府面面俱到的过度监督心怀不满，并且千方百计地寻找漏洞，以及一种正在进行的"我抓到你了"的游戏，它频繁地导致腐败、过度超支和法庭诉讼。伙伴关系在很大程度上改变了这种状况。一份伙伴协议将政府机构、承包商以及其他力量团结在一起为同一个项目而努力。在正式开始工作之前，他们会先花费几天的时间建构一个联合的团队。他们会把彼此看作是同一个合资企业里的伙伴，共享在以前一定要牢牢封锁起来的信息，并且强化了某些在以前根本不敢梦想的东西——信任。在 20 世纪 80 年代中期，工兵部队发展了合作关系这一概念，并由此为自己节省了数百万美元。

2. 社区政策

8　　社区政策正在为过去互为敌手的团体之间牵线搭桥。在全国的 400 多个城市和郡县中，警官们重新走进了社区的大街小巷，和当地的居民们打成一片。他们认真地了解居民的恐惧和担忧，他们共同致力于社区的建设方案，他们变成了社区的一部分。并且，警察部门重新找到了与商业和社区团体以及其他机构共同协作的价值。他们不再单枪匹马地为制止犯罪而孤军奋战，而是鼓励警员与商人、集团领袖、街区社团建立牢固的联盟，并利用这种联盟关系来预防和制止犯罪。一项调查研究表明，在那些实施了社区政策的地方，犯罪率以及对犯罪的担忧通常都呈下降趋势（Trojanowicz and Bucqueroux，1990）。

3.　科学技术

科技正在过去互不关联的团体之间建立起沟通网络和联盟关系。其中的一个典型例子就是法律技术网的建立，这一网络利用电子化手段将州立法机构的法律顾问、联邦研究室、公共利益研究团体以及技术职业协会连接起来。法律技术网鼓励寻求创造性解决问题的途径，促进具有重要公共使命的团体之间的信息共享。如果某个立法者或者是职员对某个技术问题产生了疑问，他或她可以把这个问题发送到网络上，并可以在几分钟之内就能得到回应。诸如此类的专家网络要比电子邮件或者是计算机会议更加有效，它们更能够满足急迫的要求，而且，专家网络支持"任何时候、任何地方"的政府管理的发展（Peters，1992）。

1.4　强调为顾客提供服务的速度

从某种意义上来说，这种趋势是所有良好倾向中最为迷人、最令人振奋的。因为官僚机构本质上就是办事拖沓，反应迟缓。官僚机构并不是基于速度这一目的建立的，它们最初建立的目的是为了实施控制。它们擅长于分配责任，提供了职责明晰的工作职位。它们能够大规模地制造产品和提供服务，能够处理大批量的信息。它们在许多方面有着独特的优点，但速度并不是其中的一项。然而，这一"事实"本身也正在屈服于美国政府的静悄悄的革命。

1.　办理护照

为了提供更快捷的服务，美国领事机构使签发和更新护照的程序简化并更有效率。在过去，更新护照通常的等待时间是一至两个月。现在这一时间已经缩短为一到两周。对于那些具有紧急需求的人，更新一本护照的时间大约是几个小时。

9

2.　提供许可

在过去，从一个政府机构获得许可的过程是相当漫长、繁琐而累人的。而在现在，一些地方政府部门在几个小时之内，而不是在几天或几周之内就可以为新的企业和建筑物提供许可。在马克·吐温国家森林公园，获得放牧许可的时间从过去的30天锐减为几个小时。

3.　社会服务

在人们的印象中，传统的社会服务部门强调控制和形式，它们是行动迟缓的官僚机构。但是现在，一些地方的政府部门正试图扭转这种看法。在从加利福尼亚到华盛顿特区市郊的各个社会服务部门，原先人们不得不为申请医疗补助和有子女家庭补助金而等候一至两个月，现在他们在几天之内就可以得到接待和服务，有的时候甚至是在几个小时之内（Hall，1993；Martin，1993）。

4.　收取高速公路通行费

即便是高速公路通行费的收取也变得对用户越来越友善。在经过收费站时，越来越多的驾驶者可以在丝毫不减速的条件下"交纳"他们的通行费。在他们的挡风玻璃上有一张塑料卡片，高速公路沿路的扫描仪会在这张卡片上记录下不同的数字。驾驶者每月都会收到一份显示他们应交纳费用的说明。

5. 政府机构的采购

这股强调速度的旋风同时也波及了政府机构的"内部顾客"，即它们的雇员。对过去的政府公务员来说，进行采购一直是一个令他们极其头疼的问题，因为即便是最常规、最普通的采购也需要无数的签名盖章，甚至出现踢皮球和延误。而现在，一些地方政府部门、州机构和联邦机构开始把它们的雇员看作是负责任的成人，允许他们使用信用卡进行特定的采购。例如，加利福尼亚的一个军事机构每个月让指派的雇员使用信用卡采购，采购的数额达到了25 000美元以上。

6. 非营利组织

10   非营利组织也认识到了速度的重要性。国家地理学会过去对顾客订单作出反应要花费四周或者是更多的时间，这种反应速度再也不可能被顾客所接受，因为顾客能够打电话给比恩，并在4天之内就能得到回应。因此，国家地理学会简化了它为消费者提供服务的过程，现在，它可以在24小时至48小时之内就对顾客的要求作出反应。

1.5　新的顾客社会：这场静悄悄的革命的推动力

如果我们对前面的例子所知不多，我们很可能就理所当然地认为它们都是关于技术方面的。毕竟，这是一个信息时代，由于日新月异的技术进步，我们的周围充斥了令我们眼花缭乱的信息。这场静悄悄的革命的确包括了技术因素，但它所发挥作用的程度并不像很多人所认为的那样。快速发展的技术可以完成许多了不起的事情：它可以加速问题的解决，可以使得我们同时处理几个问题，可以将传统的纸张和办公用具"请"出我们的办公室。但是，它无法使四分五裂的、官僚主义的组织更为高效。

这场静悄悄的革命始于全球范围内的一个重大变化：顾客态度和期望的巨大转变。从工业时代的最初来临一直到20世纪中期，经济发达国家的国民一直生活在一种生产者导向的社会之中。大规模生产的要求——一支庞大的产业大军，他们受过部分教育，愿意从事重复单调的工作；各自工作职责的细碎分工；可互换的零12 件；在同一专业领域内可互换的劳动者；同一种产品的大批量生产；稳定的需求；大小（或颜色/类型/样式/风格）一致的产品；劳动分工——驱动着我们庞大的组织体系的工作程式和步骤足足持续了150多年。工业时代基本上塑造了我们的角色、期待和相互之间的关系，它倾向于将生产者和顾客隔离开来。它大力支持和鼓励从传统的大家庭中脱离出来的核心小家庭。它产生了专门的、单独的机构负责从事一度是由家庭和社区来承担的工作，诸如孩子的教育、健康保障、对老人和贫困者的照顾等等。

11   从20世纪60年代开始，美国逐渐发展成为一个顾客导向的社会。大规模生产的诸多优点在它越来越明显的弊端和限制面前黯然失色——少得可怜的产品种类、对市场变化的迟钝反应、差强人意的产品质量、对个体偏好的毫不关注。

对绝大多数美国人来说，大规模生产体系的运转是如此顺畅，以至于它最终成为了自身改进和完善的牺牲品。一旦供需矛盾得到解决，我们的工厂能够生产出这个国家所需要的足够的产品，顾客就开始追求更多的花样和种类。一旦价格得到了控制，顾客就开始要求更好的质量。一旦我们达到了生产的高效，顾客就开始强调起个性化的选择。心理学家亚伯拉罕·马斯洛的需要层次理论在这里得到了典型的体现：低层次需要的满足会导致更高层次需要的提出。我们已经满足了生产的基本需要。我们已经制造出了超过我们的 26 000 万公民所能消费的更多的食品和耐用商品。我们现在面临的挑战就是如何来满足顾客更高层次的需要和需求（见表 1—1）。

表 1—1　　　　　　　　　从生产者导向社会到顾客导向社会的转变过程

从	到
少得可怜的种类——"美国人民可以要求任何颜色的汽车，只要它是黑色的"	丰富多样的种类——在 1958 年，美国的顾客可以从 10 个不同的制造商那里买到 21 种不同款式的汽车；而到 90 年代早期，他们可以在 570 种不同款式的小汽车、有篷货车、卡车中作出选择
相当不方便——只有在从早上 9 点到下午 3 点的时段，我们可以从银行取钱	强调便利——人们可以通过自动取款机在任何时候和几乎任何一个地方取到现金
接受基本服务的限制性通道——只有在美国邮政局，从周一到周五或者是周六上午的时间，我们可以邮寄包裹	真正畅通的服务通道——通常是服务上门：美国邮政局和联邦快递公司都上门到你的办公室打包，并且，美国邮政局是每天 24 小时都提供这项服务
屈指可数的选择机会——我们可以在电视上看到任何想看的东西，但只局限于美国广播公司、哥伦比亚广播公司和国家广播公司播放的内容	无穷无尽的选择机会——我们可以通过光缆和按次计费收看，我们可以在任何时候看到任何我们想看的内容，并且，有 500 个频道可供我们任意选择

少得可怜的种类、相当不方便、接受基本服务的限制性通道、屈指可数的选择机会，这些都显示了大规模生产社会颓败的趋势。

顾客导向社会的兴起是以选择机会的日益增长为特征的。那种大规模市场和产品单调的社会已一去不复返。一直到 20 世纪 70 年代，三大汽车制造商对汽车发展趋势的预测还被我们视为权威，我们只看美国广播公司、国家广播公司和哥伦比亚广播公司三大电视网络的节目，诸如埃德·沙利文和沃尔特·克朗凯特这样的偶像还可以在很大程度上影响和塑造我们的欣赏品位和价值观。而在今天，我们的选择机会几乎是没有穷尽的——500 多种款式的小汽车、有篷货车和卡车；成百上千的光缆电视台传播的铺天盖地的信息；浩如烟海的出版物；令人眼花缭乱的电子公告牌。

信息爆炸以及我们接触这些信息的迅捷、方便而畅通的渠道，大大增加了顾客的选择余地与权力。正如哈默和钱姆普（1993）所写的："顾客在和销售者的关系中部分地占了上风，因为现在的顾客有着更多的机会接触到更多的信息"（20）。奥

斯本和盖布勒（1992）在他们的《改革政府——企业精神如何改革着公共部门》中
13　有着同样的观点："我们正从大众社会朝个性社会发展……我们希望产品和服务能
够适合我们各自的风格和品位，从电视网络到餐馆再到啤酒，无不如此。"（168）

　　顾客选择机会的增加在很大程度上影响着政府机构的活动。从1985年以来，
明尼苏达州开始了一个小规模的试验项目，允许父母亲将孩子送到自己选择的公立
学校（有时是私立学校）接受教育，这样，学校选择运动就在全国范围内轰轰烈烈
地扩展开来。私人安全警卫已经成为增长最迅速的工作门类之一，这一现象反映了
许多公民和店主要求在地方性的警察保护之外有其他选择的愿望。地方政府也正在
寻求提供有多种选择的服务，竞争手段的采用（政府部门可以通过对私人公司招标
的方式决定由哪家私人公司提供某项特定服务）越来越普及，从垃圾收集到垃圾掩
埋、高尔夫场地和游泳池的管理、街道清扫和卫生维护、食品和饮料的特许经营、
印刷乃至保管服务，无所不包。一旦顾客有了更多的选择余地，他们就会大声地表
达他们的倾向和偏好。那些置身于公共部门并错误地以为自己所在的机构能够垄断
服务的工作人员，越来越清醒地看到了现实。即便是那些从技术上来说的确是处于
垄断地位（譬如说，管制性机构）的机构，其工作人员也意识到了当公众对机构的
服务和效率不满时，他们并不会消极地作壁上观。非管制政府运动就是这一事实的
一个典型表现，该运动从20世纪70年代末卡特总统任期内开始，并在里根总统的
任期内得到了加速发展。

　　顾客导向社会同时也反映出经济全球化的趋势。经济全球化主要是依赖于技术
进步和我们在前面提到的信息爆炸。此外，交通的发展、关税屏障的取消或放松、
横跨国界的区域性市场的出现（诸如欧洲的欧洲共同体、亚洲的统一市场、北美的
14　北美自由贸易协定等等）都有助于推动经济全球化，促使国内的公司跨出国界到万
里之外接受它们强大的竞争对手的挑战。这种经济全球化的结果是顾客选择机会的
增多。

1.6　顾客社会：居于领导地位的组织是如何应对的

　　政府组织这场静悄悄的革命的标志是三个重大变化：机构之间的战略同盟，机
构内部的"柏林墙"的倒塌，以及在为顾客提供服务时对速度的强调。我们这一章
的内容主要就是从研究这三个重大变化开始的。这些变化趋势都是由原来的生产者
导向的社会朝顾客导向的社会转变的反应。它们同时也是组织对技术、政治、全球
经济、公民需求和偏好等各个领域发生巨大变化的最初反应。

　　无论是公共部门还是私人部门的创新性组织都在努力学习适应新的现实。成功
的组织应达到的标准在安东尼·卡恩维尔（1991）为美国培训与发展协会以及美国
劳工部所作的研究中得到了很好的阐述。卡恩维尔提到了在未来十年内检验所有组
织的六个"标杆"：

　　（1）质量。

（2）效率。

（3）种类。

（4）用户化。

（5）便利。

（6）及时。

正是因为顾客的这些需求与大规模生产的力量和官僚科层制的作用不一致，政府机构才会发生这场静悄悄的革命。如果过去的那种自上而下、控制导向的、分散的提供商品和服务的方式能够符合这些标杆，那也就没有必要作出改变了。但是，事实是等级的官僚科层组织无法保证效率和质量，无法确保用户化和及时，也不能够提供高质量和多样的种类。这些都是大规模生产必然的代价和派生物。顾客可以拥有效率、庞大的生产规模和低成本的好处——但这是以便利、用户化、种类和及时为代价的。

1.7　三叶草、篮球队和无缝隙组织

一些公共和私人组织正在摆脱它们旧有的形式和风格，并学习如何在一个顾客导向的社会成功地应对挑战。名称和比喻的变化描述和反映了崭新的组织形式。

1. 三叶草

这个词的使用肇始于查尔斯·汉迪，主要用来描述一种由三个部分组成的组织形式：核心员工；频繁地为组织服务的转包商；由临时的、短期的、季节性的员工所组成的弹性的劳动力。其中第三个部分成为当今劳动力增长最快的部分。

2. 小型爵士乐团

马克斯·德·普里（1992）和查尔斯·萨维奇用这个概念来形容在今天喧嚣吵闹的环境中所需要的灵活应变和即席发挥的组织。创新性的组织就跟爵士音乐演奏家一样，必须分享领导权力、对变化迅速地作出反应、进行横向交流和沟通，并保持良好的心灵共鸣。德·普里提到一场爵士乐演奏"取决于如此多的因素——环境、在乐队中义务演奏的志愿者、要求所有人既是作为个体又是作为群体演奏的高标准、指挥者对乐队成员的绝对依靠、指挥要求他的追随者发挥出良好水平的需求。所有这些不都是一个组织的综合吗！"（8—9）。

3. 精益生产

这个术语最初是由麻省理工学院深入研究日本汽车工业的一个工作团队发明的。它指的是以丰田汽车公司为先导的扭转大规模生产的一系列尝试：采用短期的生产周期；频繁更新流水线上的汽车款式，以提供更多的种类；建立极其亲密的厂商关系，彼此分享敏感的成本信息；员工积极参与问题的协商和寻找系统的解决方法；及时传送汽车零部件。在所有这些当中，压倒一切的主题就是：简易、单纯。没有任何东西被浪费——包括人员、空间、原材料或时间。

4. 学习型组织

这个术语因彼得·森吉的《第五项训练》（1990）这本著作而流行起来。"学习型组织"描述了组织为了持续学习和适应环境所必需的因素：系统思维，个人掌握（进一步培养个人的洞察力，从而能够让我们清楚地看到现实，并将个人学习和组织学习联系起来）；智力模型（影响我们如何看待世界的根深蒂固的假设），把组织成员联合在一起的共同远见，以及团队学习。

5. 网络

这个术语是指一些组织中出现的这样一种趋势，即通过密切的沟通和协作，把 75％或者更大比重的工作通过订约的方式转包给各类转包商。作为一个比喻，网络似乎像一面镜子一样反射出了 20 世纪的物理学，尤其是量子力学和混沌理论。正如物理学家弗里乔夫·卡普拉（1983）所说的，"当我们深入洞察事物时，大自然向我们展示的并不是孤立的单独的建筑物，而是一个错综复杂的交互关联的网络"（87）。

6. 全息摄影

这是当两束激光相遇时产生并能够在照像图版上复制的三维图片。正如斯坦利·戴维斯（1987）指出的，当一张全息图像破碎时，图像中的任何一部分都会重新复原为整体，因为每一部分都包含了整体的信息。这形成了对顾客导向社会作出反应的新型组织形式的恰当比喻，因为各个部分保持一种整体形象的能力是成功的一个关键；在一个快速变化的环境里对速度、弹性和协作性的要求不可能允许那种自上而下的、等级森严的领导风格的存在。组织的每一部分必须在与其他部分默契配合的基础上自主行动。

17

7. 篮球队

组织理论家鲍伯·凯德尔（1985）利用这个体育名词，形象地比喻在当今的某些组织中非常明显的互动、沟通与交流关系。凯德尔在描述美国的三大最受欢迎的团体运动即棒球、足球和篮球运动之间的相似性方面作了非常出色的工作，在此基础上，他进一步描述了三种主要的组织形式：强调专业自主性的分权化的、个体取向的组织形式（诸如律师事务所、医疗诊所、大学机构、研究与发展中心等等）——"棒球队"；强调控制的集权化的、自上而下的组织形式（诸如传统的大规模生产工厂、麦当劳、管弦乐队等等）——"足球队"；强调通过协作而获得速度、灵活性以及创新性的小团体基础上的协作型的组织形式（诸如一些像 3M 这样的高科技组织、广告公司、咨询公司等等）——"篮球队"。建立在协作基础上的篮球队类型的组织形式在那些需要创新的地方大有用武之地。通过小团体的协和作用，对不断变化的顾客需求作出迅捷高效的反应，它们大大提升了价值。

8. 无缝隙组织

通用电气公司执行总裁杰克·韦尔奇（1990）创造了"无界限组织"这个概念。我个人认为"无缝隙"要比"无界限"更能够揭示新型组织形式的本质。曾经存在于组织内部和组织之间的壁垒现在变成了网络。随着时间变化，多面手的、要求同时具备多项技能的职位已经代替了狭窄的、封闭的、刻板定义的职位。无缝隙组织的形式和界限是流动和变化的，具有渗透性，有时又是无形的。在很多时候，一个组织的消亡和另一个组织的兴起的界限是不明显的。

例如，你和一个诺福克城的雇员谈论，该雇员在联邦海军家庭住房中心工作，而谈论的是即将出现在你的居住区，由一个非营利组织提供的无依靠少年的管教服务，此时，所谓的"组织"在哪里呢？或者，当收款柜台的扫描仪"阅读"你所购商品上的条形码，并用电子化手段将信息传送给供应商，再由他决定在什么时候将新的商品运送给零售商——没有任何购买的订单——并且在接受付款时没有一张发票的条件下，所谓的"组织"又在哪里呢？再或者，当你存钱和取钱，核查你现有账户上的数额，从某个账户把钱转入另一个离你存钱的银行或者甚至是离你的住家几千英里之遥的自动取款机上的账户时，所谓的"组织"又在哪里呢？

无缝隙互动是那些能够成功地适应新环境组织的标志。如果要改革我们的政府机构，它们将不得不学习如何进行这种无缝隙互动。事实上，它们中的一些组织早就已经开始了这方面的努力。无缝隙组织并不主要是有远见的领导者、私人化的服务、发展速度令人难以置信的硬件和软件系统，或者是全面质量管理的产物。不，所有这一切都不过是学习以一种整体的、全盘的、联合的方式来组织工作。它们正在用通才取代专才，用职能交叉的工作团队取代在职能单一的孤立的部门工作的个体，并从专注于内部活动朝专注于外部结果的方向转变。

这是一个放弃零碎分割的工作方式并沿着有机的、自然的途径重新设计的过程。有些雇员或许花费了 90％ 或者是更多的时间在那些丝毫不能使产品和服务增值的工作上，许多机构已经意识到这一问题。被浪费的时间和精力并不主要是由懒惰的员工，或者是旧式的、实施自上而下控制的、压制和打击创新性的管理人员导致的。对许多公共部门和私人部门的领导者来说，他们首要的局限性在于他们组织工作的方式，这也是他们对刚刚过去的几年最为深刻的反思。作为他们自身成功的牺牲品，他们将官僚科层制和大规模生产的原则运用到了如此无以复加的程度，以至于他们压根无法对顾客社会的需求作出反应。我们大部分政府和商业组织建立的原则是——劳动分工、专业化、标准化、明确的等级制度、个人责任、可互换的零部件和员工，这些原则产生了以隔离为特征的高度分散的组织：部门之间的隔离，部门和职员的隔离，机构和顾客的隔离，机构和供应商以及卖主的隔离。

无缝隙政府机构正在将支离破碎的部分重新整合，并且学习以一种整体全盘的方式进行组织。与过去的那种将一个政府项目分割为若干不同功能的专业区域的做法不同，无缝隙政府机构为顾客提供了一步到位的采购和简单灵活的服务。譬如，与以往的迫使一个病人和 50 多个不同的医务人员打交道，并不得不忍受无穷无尽的表格和漫长难熬的等待的现象截然相反，无缝隙医院组建了由护士和医生组成的，具备多项技术的"护理搭帮"团队，这个团队能够为病人提供绝大多数医疗服务和帮助。与过去政府机构和供应商及合同商保持僵硬、刻板的关系不同，现在的无缝隙政府机构正和他们团结协作，组成一个有着共同目标的工作团队。

无缝隙机构正在努力消除过去的大规模生产的痕迹，并围绕一些简单、精简而高效的模式进行重新设计。公共部门向无缝隙服务的转变导致了特殊的挑战：在尊重公众对正当程序的要求的同时，政府机构如何能够满足顾客对服务速度的需求？当其中的一些壁垒是用于避免利益冲突和公众信任的滥用时，政府机构如何能够消除它们的壁垒，并将顾客纳入设计和提供服务的过程之中？我们将在探讨无缝隙机构的新型模式及其再造原则时解决这些问题以及其他问题。并且，正如下一章所显示的，这些"新型"的模式其实并不真的是全新的。事实上，它们借鉴于我们最早的工匠和艺人，并在这个高科技时代得到了新生和发展。

第 2 章

公共和私人官僚机构中工作的演变

为顾客提供一种无缝隙服务的努力或许会在许多人中激起一种愉悦的感觉。行动快速并能够提供品种繁多的、用户化和个性化服务的组织,正在重新学习某些原本是自然而然的东西。实际上,无缝隙组织是 19 世纪中期以前在美国经济中占绝对主导地位的个性化的商品生产和服务方式的再生。当然,由于今天在生产规模、沟通及交通速度上的巨大变化,它不可能完全地如出一辙。但是,正在兴起的无缝隙组织和那些在 200 年前作为国家商业贸易体系的支柱的商人、工匠、技师以及农场主有着非常相似的特征;它重新引进了一种整体的工作方式以及与顾客的直接的、人性化的联系。

2.1　本章概述

本章的目的是要说明我们的公共和私人组织是为什么变得四分五裂以及官僚主义化的。我相信理解这一历史是十分重要的,首先可以使我们避免重犯过去那种政府管理各自为政的错误。

尽管政府部门和商业机构有着本质的不同,它们同时在许多事情上也有共同点。官僚主义蔓延的历史就是它们的共性之一。正如我们将要看到的,由于工业化模式对我们的政府组织结构的发展产生了重要的影响,美国的商业和政府组织也就经历了同样的发展阶段。无论是商业还是政府组织最初都是由一些通才领导

22 的小规模的行业类型的单位，它们逐渐发展成为庞大的、分割的、零碎的官僚机构，这种官僚机构以各种各样的划分为特征：劳动的划分、专家的划分、管理层次的划分、生产者和顾客的划分，等等。在过去的两个世纪里，这些划分似乎带来更多的是好处而不是代价。然而，到了今天，它的代价却变得越来越大，迫使我们去探讨如何用围绕结果的无缝隙来取代这些划分。

2.2 无缝隙的工匠生产

正如艾尔弗雷德•D•钱德勒（1977）所指出的，一直到19世纪40年代，美国经济基本上都是通才一统天下的局面。毫无疑问，这个时期大多数人仍旧还在农场里劳动，而农场主几乎掌握所有的劳动技能，因为他们要亲自干所有的或者近乎所有的工作。在商业领域，通才的商人占据了统治地位。他负责实施所有的商业活动，从购买商品到财务会计到实地交易，无所不包。这些通才都具有跟他们的产品的使用者保持直接的、个人的联系的典型特征。由于绝大多数美国的劳动者都知道他们将频繁地见到自己的顾客，因而他们都感觉到一种责任感，由此生产者和顾客之间的信任关系得到了发展，这种信任并不是来自某些罗曼蒂克的理想，而是源于彼此之间的相互依赖和长期关系。或许对今天的我们来说，最重要的一点就是：这些通才对顾客需求的高度负责，并且能够根据不同顾客的偏好和品位来提供商品或服务。

随着19世纪中后期的到来，工作的本质发生了巨大的变化。个人联系逐渐让位于非个人的联系，整体的全盘的工作设想和实施演变成为了劳动力的分工和零碎分割的最细化的劳动，而劳动对许多美国人来说变成了工作。在19世纪40年代之前，不存在监督其他管理人员工作的中层管理人员，也不存在告诉部门经理应当做
23 些什么的参谋专家：他们直到19世纪50年代末才出现。随后发生的工业革命导致了生产者和顾客之间以及企业所有者和管理者之间的分离，现代的组织层级制将人们归入了不同的部门和科室，并将他们划分为管理人员和普通工人。曾经一度根据他们的手艺或行业对自身进行分类的美国人越来越习惯于根据他们工作的公司性质来描述自己。

2.3 从工匠生产到大规模生产：工作中的效率和专业化

亚当•斯密在1776年出版的《国民财富的性质和原因的研究》中，满腔热情地表达了他自己的一个新观点，即劳动力分工的原则。他在一个专门制造大头针的工厂研究了两种类型的生产形式：工匠生产和将工作分割为细小的、狭窄的任务的团队生产。结果表明，那种细化了劳动分工的团队生产表现出了高得多的生产效率。

在 17 年后的 1793 年，伊莱·惠特尼发明了轧棉机，这一发明迅速改变了美国的棉花生产。根据钱德勒（1977）的统计，在此后的 8 年里棉花出口增长了 5 倍以上。如此突飞猛进的巨额增长急需建立财务、管理和销售体系。一系列的专业人手——从批发商、进口商到棉花代理商（主要在市场上销售农作物并为农场主提供资金）到经纪人，再到收取佣金的中间商——全部参与了将棉花推上市场的高效运转的、非个人化的链条。这些变化导致了农场主和通才商人个人化的直接关系的终结。正如钱德勒所指出的，"一个商人很少能够同时认识处于由中间商、运输商以及金融家等组成的漫长的链条两端的生产者和消费者"（48）。专业化至少已经在我们经济的一个重要前沿初露端倪。

通往我们最早的现代层级制之路

科学技术的发展同时也导致了道路的四通八达，后者直接推动了美国最早的现代商业企业的发展。整个国家的道路系统面临着一个前所未有的任务：管理一个庞大的、分散的组织，该组织由成千上万的工人和成千上万的汽车组成，并迅速地在整个大陆蔓延。这个任务的艰巨性丝毫不亚于它的危险性。在一个将原始粗糙的信息作为管理工具的年代，要确切地找出危险的潜在地点是非常困难的。有许多铁路在同一段铁轨上行驶多辆火车，列车运营安排上的一个小小的失误就有可能造成致命的灾难。在 1841 年马萨诸塞州发生了这样一次灾难之后，由此引起的公众的强烈呼声迫使州立法机构对此事故进行调查。一个由一流成员组成的特别委员会调查了整个事件并提供了一个令所有政府雇员喜笑颜开的报告。由这个特别委员会提供的建议产生了我们最早的官僚科层制。

科层制包括了由监督者和管理人员组成的若干层级。它为三个铁路部门各自确立了明确的职责和权限，并专门产生了负责管理它们的职能经理。它包括了一个高层管理人员监督部门经理工作的总部。此外，还增加了其他的管理职位（交通运输专家、交通运输助理专家、专业技师、监工等等），每个管理层级都要求完成一系列报告，并沿着管理链条层层上报。精确的时间表得到了制定，关于如何处理故障的详细指示也传达给了列车长。本着安全和高效的目的，一种精致的、高度理性化的组织模式得以设计完成。它很快就变成了其他铁路和其他行业的大型组织效仿的榜样。

到了 19 世纪 80 年代，铁路的领导者们完成了现代企业组织的层级制建设，发展了直线参谋制的概念和现代财务核算步骤，并建立了控制和评估众多负责运行系统的管理人员工作的信息系统。19 世纪 70 年代的某条典型铁路线的组织图可能代表了当时或者现在最大规模的官僚机构的组织图。

无论是在工业层面上还是在组织层面上，铁路的影响都是十分广泛的。它们的增长需要新的财政资源。全新的电报技术为铁路提供了一个沟通体系，从而大大增加了它的吸引力。铁路运送速度的加快导致了邮件数量的猛增。而邮件数量的猛增反过来又刺激美国的邮政系统发展了一套非常类似于铁路系统的层级制。

科学管理的开始

到了 19 世纪末 20 世纪初，随着一群工程师开始运用科学方法来杜绝工厂和组织中的浪费和低效率现象，并通过财务核算、成本控制以及激励工人的利润分享计划来提高劳动生产率的努力，组织中的专业化和分工化倾向进一步得到了发展。

在这群人中最为著名的是弗雷德里克·W·泰勒。泰勒极度沉湎于工作的合理化，他对不同工厂的绝大多数处于生产第一线的工人进行了科学的时间和行为研究，以便确定所有人都应该奉行的独特的工作方式以及在利润分享计划中工人应占到的份额。泰勒的目标是把工作分解为能够被那些只接受了极少教育的工人迅速掌握和完成的最简单的任务："在他（泰勒）的体系中，单个工人的判断被法则、规则、原则等代替，通过科学管理工作来寻求从事每项工作的最佳方法……泰勒在这方面的全部态度都由一个与他一起工作的机械师描述了出来……泰勒会告诉他，他的工作'并不是思考，我们付钱请其他人专门来这里从事思考的工作'"（Marshall and Tucker，1992，5）。

为了使工厂的工作流程达到合理化，泰勒提议设立一个由高度专业化的"职能领班"组成的计划部门，这些专业化职能人员分工负责被他们取代的总领班的活动（钱德勒，1977）。新设立的计划部门将监督整个工厂的运作，为每个生产单位和每个工人安排每天的工作计划。它还将负责招募、雇佣和解雇工作，监督工人的产出并分析成本。又一个通才型人物——工厂的总领班——将被专家所取代。

尽管没有多少证据表明企业主全盘采纳了泰勒所提出的组织体系，泰勒还是对管理的本质以及组织工作产生了巨大的影响作用。他的思想同时影响了私人部门和公共部门的管理人员，许多工厂把泰勒提出的职能人员的管理职责融入了对部门经理报告工作的参谋专家团体的范围。泰勒的工作进一步推动了朝着劳动分工、专业化、严格控制以及计划者与执行者分离的方向发展。

福特和斯隆：系统与结构

汽车制造业的发展是美国从工匠生产到大规模生产的巨大变迁的一个缩影。在亨利·福特的革新性改革之前，绝大多数汽车制造商都还停留在利用工匠来生产和组装汽车的原始阶段。技术高超的工人使用灵活的工具来制造顾客定做的汽车。顾客并不到汽车经销商那里购买汽车——在当时并不存在任何汽车经销商。他们会专程到一家机器制造公司，并根据自己的偏好定制一辆汽车。这些汽车出自一小群工匠之手，这群工匠完全了解这些汽车的机械原理和设计原则。

这种工匠系统是以分权化为特征的。数目不多的几家机械商行制造出各种各样的汽车零部件，然后再由一个和所有相关人员都有着直接联系的同时兼具业主和中间商身份的人进行组装工作。没有两辆车是完全相同的，因为它们都是根据不同的订单定做的，而且，当时的工具也不足以将坚硬的金属切割成精确的模具，并根据这一模具进行大规模生产。而到 1906 年，这样的工具就出现了，其结果就是汽车制造商可以利用它们生产可互换的零部件。这一技术进步意味着汽车制造很快就将迈上一个新的台阶，而传统的工匠将丧失他们在这一刚刚兴起的产业的地位（Womack，Jones，and Roos，1990）。

　　汽车业巨擘亨利·福特继承了弗雷德里克·泰勒的精神，继续研究生产过程并力求将其标准化、合理化，彻底根除浪费，以提高劳动生产率。通过使用新型的精密器械，减少在汽车制造过程中所需要的零部件的数目，并使得它们更容易组装，福特在劳动生产率方面取得了革命性的突破——并导致了工匠在汽车制造业中的主导性地位的最终消亡。

　　福特是一个组织方面的天才，与此同时，他对除了自己之外的任何人都抱有一种复杂的不信任感。这两个方面的结合导致他把能够分工的任何工作都进行了分工，由此最终导致了大规模生产的出现。

　　　　福特想当然地认为他的工人不可能志愿提供生产过程中的任何信息——例如，某台机器出现了故障——更不用说为改进作业程序献计献策了。这些职能各自由监工和工业工程师负责，他们向高层管理人员报告他们发现的情况，提出相应的建议。由此就产生了技术单一的间接工人——修理工、质量检测工、返工专家，以及监工和工业工程师等等，福特不仅仅在工厂里实行劳动分工，在机械加工车间里同样也是进行了细致的分工。除了设计最关键的生产机器的制造工程师之外，居于次要地位的就是工业工程师，此外，还有设计汽车本身的生产工程师。（Womack，Jones，and Roos，1990，32）

　　除此之外，沃马克和他的合作者还指出了最初的"知识工人"——那些负责管理信息但并不明白汽车的制造原理，甚至连工厂内部的具体情况都不了解的工人——是如何取代在过去谙熟整个生产过程的方方面面的熟练工匠的位置的。

　　福特的革新远远不止于此。在他的工厂里出现了第一批可互换的工人。由于福特对工人的分工达到了如此细致的程度，使得我们现在的劳动力看起来极其相似。他众多的雇员所说的语言超过了 50 多种，有许多人压根不说英语。面对这些挑战，他将劳动力的分工达到了极致。例如，他给装配工分配的就仅仅是一项任务。一个工人在一天里成千上万次地重复同一个简单的动作（诸如把两个螺母拧在两个螺栓上）。此外，福特还在泰勒的参谋专家的概念的基础上设立了质量检测员、返工专家、修理工，以及其他的工人——过去在由熟练工匠制造整辆汽车并检查他们自己工作的情况下，这些人员压根就不需要（Womack，Jones，and Roos，1990）。

　　福特以当时闻所未闻的一天 5 美元的高工资为成千上万的工人提供了稳定的就业机会，他在劳动生产率方面获得的迅猛提高以及庞大的销售量，使得 T 模型汽车的价格有可能控制在一般工薪阶层可以接受的范围之内。与此同时，他对美国工人的"技能下降"也有很大的影响，这是一个直到现在我们才开始面对的问题。

　　艾尔弗雷德·斯隆在通用汽车公司创造了部门组织结构，从而完成了现代的大规模生产体系。斯隆将专业化又推进了一步，除了由不同的生产单位制造不同的汽车零部件之外（发动机由 Delco 制造，转向器由萨吉诺制造，诸如此类，等等），他还为每种汽车模型建立了单独的部门（诸如老式汽车生产部门、别克车生产部门、庞蒂亚克车生产部门、雪佛兰车生产部门、卡迪拉克车生产部门）。不同的部门围绕相应的功能进行组织（诸如会计、制造、工程等等），而每种功能都由特定的专家负责。与此同时，斯隆还设立了财务管理和市场营销方面的新型的参谋专家，并为各个部门配备了各自的专职专家。劳动力的分工由此日臻完善。

汽车制造商和工会之间的关系仅仅进一步加剧了整个经济体系的分化。工会最终接受了大规模生产模式的基本原则，并致力于争取工作保障和工作权利。它们要求在这个经济体系中获得更多——更多的工作保障、工作资历基础上的更多的权利、更多的工作规则，当然，还有更多的报酬和福利。我们很难因为这些要求而责备他们。不幸的是，工会优先考虑的这些重点和管理阶层对工会的态度仅仅只是造就了一支更为僵硬的劳动大军，这支劳动大军注重公平而不是组织结构上的成功和改进。

29

在大规模生产模式中，很少有人知道从开始制造一辆汽车到车子最终完工的整个过程和工序，但是，每个人都对他或她个人的任务及其所在的生产单位的职责了如指掌。在大规模生产原则的指导下，部门组织结构实际上变成了所有制造工业和绝大部分服务行业的首选模式。工人的工作和工作场所本着降低生产成本和增加产量的主旨进行了合理化和分工化的改革，并为不计其数的人们提供了就业机会。在20 世纪 20 年代，很少有美国人会相信展示了如此显著优点的组织体系在某一天会因为其自身的内在局限性而举步维艰。

2. 4　从工匠生产到大规模生产变迁过程中的政府：邮政、教育、卫生保健、警察工作

我们的政府机构及其结构如同一面镜子折射出了美国企业从工匠生产到大规模生产的变迁过程。正如 200 年前的商业活动中一统天下的是作为通才的商人、农场主和工匠一样，我们的政府同样也是由一小群通才人物掌控。1800 年的一个典型的联邦政府部门是由部长在职员和少数几个机构的协助下进行管理的（White，1963）。在当时不存在所谓的办公署和中层管理人员，专家也是寥寥无几。政府机构的这种简单结构主要是由当时的政府职能和规模决定的；整个国家的人口数量不需要一个庞大的、中央集权的政府官僚机构。此外，它同时还受到了意识形态的影响。正如马修·克雷森（1975）在他对早期美国的官僚机构所作的研究中指出的，"对'官僚机构'的敌意是一连好几代美国政治生活中的一个持久特征"（ix）。

但是，随着国家的疆域拓展和政府管理事务的增加，我们的政府机构开始受到新型的管理思想的影响。它们发展了一种专业化分工的层级组织形式，这一组织形

式是正在私人部门中兴起的官僚科层制的反映。在这个过程中，政府管理事务的增加和科技的发展起到了部分推动作用。除此之外，政府部门中的欺诈和腐败现象也对加强控制提出了要求，而这些合力作用的结果就导致了制约和平衡、更加严密的等级制以及更多的管理层次。在政府部门中出现的组织形式最初是类似于铁路部门的组织形式，接着就是与汽车制造业的组织形式看齐。政府机构合理化的努力以及对腐败欺诈行为加强控制的需求共同孕育了高层管理者和参谋专家占据了很大比重的官僚机构，而官僚机构将曾经一度由专业人员完整地从事的工作分割成了若干细小的部分。并且，在每一种情况下，专业人员和服务的最终用户之间的距离都进一步拉大了。

一个国家不希望出现一个庞大的、控制性的联邦政府；它对职业文官的概念有着本能的怀疑，但它的确又需要这样一个政府来处理特定的事务。我们的第一任总统为这个尴尬的困境找到了答案，那就是把政府交到那些基于个人品质的基础上挑选出来的人的手中。如果考虑到我们的宪法要求建立的是一个法治的政府，而不是人治的政府，我们不难发现，我们的开国元勋的做法蕴涵着一定程度的讽刺性。但是，直到安德鲁·杰克逊在 1829 年成为美国总统，正式规章和制度、非个人的标准以及绩效评估等这些概念才正式建立。在安德鲁·杰克逊之前的整整一代人，我们选举政府官员的标准就是他们的个人品质和诚实的美名。

安德鲁·杰克逊继承的政府是一个高度个人化的、非正式的政府："命令……是个人化的。对某个机构的所有事务的权限和责任集中在某个单独的个体身上。一个政府部门所发挥的功能更多地取决于它的行政首长的个性品质和倾向偏好，而不是其正式的组织机构。事实上，正式的组织机构几乎不存在。在相当大的程度上，政府机构可以说是其行政首长的创造物——他的品质、他的命令以及他的个人情趣的创造物"（Crenson，1975，51）。

但是，杰克逊并没有放任政府的这种状况不管。在丝毫不顾及他个人的倾向和偏好的基础上，他开始了美国政府中官僚机构的发展和专业化进程。促使他这种转变的动因主要是当时公职人员普遍的滥用权力现象。正如层级化的、官僚科层制的体系最初开始于铁路部门为了应对一个特定问题（安全问题），联邦政府的管理层级体制的创建也是为了处理和解决另一个不同的难题：文职官员利用公共权力来谋取私利。既然杰克逊已经因为在政府中推行政党分肥制而招致一片骂声，他当然不得不尤其小心翼翼地避免受到他任命的官员徇私贪污的指控。公职人员的滥用权力现象最初在邮政部门得以发现，也正是在这一部门，生长出我们最早的非军事化的政府科层制。

邮政服务

直到 19 世纪 50 年代，美国的整个邮政系统还是由三个助理邮政大臣和一些职员管理：不存在任何中层管理人员、参谋专家，或者是交通中枢。在 1849 年，几乎 17 000 个地方邮局中的每一个都是由地方上运营的（Chandler，1977）。从本质上看，整个邮政系统在它最初的前 30 年都是由一个人掌控的，这个人就是亚伯拉罕·布拉德利。当 1800 年政府在华盛顿建立之时，布拉德利作为前往华盛顿的最初的公职官员之一，是邮政部门的真正权力中心。可以说，这个部门变成了"一件他自己的创造物"，因为他监管着合同的签订和履行、所有的财政事务以及地方邮政局长的所作所为（Crenson，1957，112）。当他在杰克逊的第一个任期内被迫离开时，他的继任者发现自己面临着一个巨大的困境。看起来老布拉德利压根没有留下什么书面的文字材料！尽管也有一些官方的正式记录，但最重要的信息都被零乱地记在破旧的碎纸片上，或者是保留在他的脑袋里，他由此使自己变得不可或缺，从而奠定了自己的权力基础，他肯定是利用这一策略的最早的美国官僚之一。

　　在亚伯拉罕·布拉德利离职之后，他的个人化管理风格并没有能够得以在邮政系统延续，因为杰克逊在他的总统任期内发现了该系统存在的问题。其主要的问题涉及到递送邮件合同的签订和监督。由于邮政部门本身不具备运输能力，它就花钱雇请合同商来递送邮件。当议会的一个委员会着手调查这些合同时，发现了许多值得注意的问题。例如，以 4 500 美元一年的价格承包给某个合同商的一条邮件递送路径，在 24 个月之后摇身一变为令人瞠目结舌的 38 500 美元。为了哄抬价格，合同商们想方设法提供各种不必要的服务，一些合同商甚至无中生有地为他们从来没有递送过的邮件索取费用（Crenson，1975）。

　　国会对邮政系统滥用权力的调查导致了一次彻底的整顿革新，产生了一位新的邮政大臣阿莫斯·肯德尔。肯德尔在 1835 年走马上任之后，引荐了一个忠实可靠的同事来掌管财政事务。然后，他做出了一个今天的许多官僚在他们想要大造声势并引起人们的注意时经常会做的一个举动：进行机构重组。他把整个国家的邮政业务按照地理位置划分为两个区域，然后每个区域各指派了一个助理邮政大臣。最为重要的是，他将对财务会计的监督工作从其他的管理职能中分离出来，并亲自担负起了监督职责。他由此在联邦一级的管理中确立了权力分割的原则，制衡原则也就从宪法框架扩展到了政府部门和机构之中。

　　一年之后，国会为邮政系统配备了一个来自于财政部的审计师，从而进一步强化了权力分割的趋势。这个审计师（还有 40 个职员）专门负责监督检查邮政部门的账目，对合同签订和履行过程中的权力滥用现象尤为关注。随后，它又专门设立了一套独立的班子控制经费开支和权力滥用，这又进一步加剧了政府的权力分割。改革的结果就是邮政部门的所有收入都被送到了美国国库，并且只能以年度拨款的形式在以后返还。国会对约束徇私舞弊的关注要远远超过对管理效率的关注。正如经常被提到的，我们的宪法制定者担忧的问题是权力的滥用而不是行政效率，国会遵循的也是同样的逻辑。最终，肯德尔使得权力分割更加复杂化，他的做法就是用一种更加新型的三驾马车模式取代他原来的按照地理区域划分的两部分组织体制：任命的官员、合同商及监督者，其中每部分又都指派一个助理邮政大臣负责。在很短的期间内，阿莫斯·肯德尔和国会就在这个国家最为庞大的一个政府机构中推行了劳动分工、专业化以及一定程度的官僚科层制。

　　在随后的十年中，邮政部门发展了一种与铁路部门极其相似的组织结构。在

1855 年，为了处理日益增多的邮件，国会又出资成立了 50 个由中层管理人员负责的邮件递送中心。这些中层管理人员都有一份约定的详细的职位描述说明书，该说明书规范了如何协调邮件递送工作。专门的邮车也开始投入使用。尽管在今天很难想象，但新组织起来的邮政系统被认为是效率很高。在当时，邮政部门是联邦政府最大的工作机构，政治捐献更是源源不绝。并且，邮政部门形成了一个由监督其发展的管理人员组成的高度职业化的管理核心（这种状况一直持续到 1992 年，面对 20 亿美元的巨额财政赤字，邮政大臣马文·T·鲁尼恩的应对之策是进行几十年来规模最为庞大的政府重组，他大刀阔斧地削减了 3 000 个管理职位和支持职位，并促使了 47 000 名员工的提前退休）。层级制和官僚制开始大规模地在联邦政府中蔓延。

教育

在 19 世纪的前半个世纪，那些进入公立学校的美国人由同一个老师教授所有的科目。这个老师既传授知识，又灌输社会共同体的道德价值观，他个人被视为是他在课堂上所灌输的高标准的道德伦理规范的典型代表。这个有着多方面知识的通才型老师，通常是单身的男性（在 19 世纪后半期女性占据了主导地位）在帮助灌输和延续社会共同体的价值观和信仰方面担负着重要的职责。

正如马歇尔和塔克（1992）指出的，在 19 世纪 50 年代早期，开始传播一种新的教育模式：只有一间房子的校舍开始让位于学生按照年龄分级的建筑，一些课堂逐渐由精通不同科目的不同老师分别传授知识，而学生也开始划分为不同的能力小组。 *34*

到 19 世纪末 20 世纪初，公立学校的性质和目的发生了巨大的转变。进入学校接受教育的孩子数量激增，并有许多孩子继续接受了高中教育，这是以前从来没有过的。强制性的义务教育意味着规模教育，而规模教育需要一种全新的组织形式。19 世纪和 20 世纪早期的改革家们出于对政客和他们的亲信的贪污腐败行为以及滥用公职权力行为的愤恨，正在试图通过引进一个政务会——管理人员方案来重塑地方政府，他们在让一支职业管理队伍保持一般行政管理职能的同时，把制定政策的职能交到了通过民选产生的官员的手中。改革家们对所谓的科学管理充满信心，并雄心勃勃地想要把科学管理原则应用于教育领域。

他们首先从体制入手，即用一种类似于企业的体制代替学校董事会的任命，将政策制定的权力交给了相对于以往数量少得多的人。然后，由董事会负责选举一个管理学校的专业人士即督学。被选举出来的督学关注着新的科学管理方法，显然是借鉴了泰勒庞大的计划部门的概念，并在此基础上建立起他们自己的核心管理队伍。最终的结果就是：管理人员的膨胀。根据美国教育部提供的数据，在 1899 年接受调查的 184 个城市中，核心职员的平均数目是 4 个。在 1890 年到 1920 年之间，职员的数目呈指数级上涨：巴尔的摩从原先的 9 个增加到了 144 个，克利夫兰从原先的 10 个增加到了 159 个，纽约则从原先的 235 个增加到了 1 310 个（Marshalll and Tucker，1992）。不幸的是，这种趋势一直到今天还在延续。在纽约的公立学校中，管理者人数对学生人数的比率要比纽约城的教会学校系统高 60 倍（Peters，1992）。

35　　　与学校管理中的变化相比，更为重要的是运用科学管理方法进行课程设置和教员管理。为了满足国家欣欣向荣的工业发展需要和大量蜂拥而至的英语不是母语的移民孩子接受教育的要求，学校转变成了一种教育"产品"的输送者，这种产品完全符合亨利·福特的大规模生产的要求。如此一来，一致性、精确性、规则性等这些产业大军所需要的技术和态度在学校教育中得到了前所未有的重视。工厂劳动需要工人每天准时上班，心甘情愿地接受命令，并毫无怨言地完成单调重复的任务，而学校学会了如何生产出这样的产品。富兰克林·博比特是芝加哥大学的教育管理学教授，同时也是一个主张在学校里推行泰勒制的颇有影响力的号召者，他认为学校培养人才的效率取决于"权威的集中和管理者对所有工作程序的明确的指导……工人（在这里指教师）必须得到有关要完成哪些工作、需要达到什么标准、使用什么样的方法以及借助哪些器具等这些方面的详尽细致的指导……对一个教师来说，他对教学应达到什么样的效果或者是使用什么样的教学方法等不能有丝毫的误解"（Marshall and Tucker，1992，17）。

　　　学校把知识划分为不同的"门类"——自然科学、社会科学、数学、阅读——而每一个大的门类又可依此类推不断细分。按照亚当·斯密的思想，许多学校的领导者得出结论，即这个国家的学校只有在划分课程和让教师承担特定课程的基础上才能达到最高的办学效率。正如工厂中的组织管理工作存在着一条"最佳途径"一样，在学校教学中肯定也存在着一条最佳途径。

　　　在运用科学管理方法和提高办学效率的基础上，学校取得了惊人的成就。它们每年输送出成千上万的接受了教育的孩子（包括许多移民的孩子），这些人具备了用英语写作和阅读的能力，掌握了基本的数学计算，明白守时的必要性，理解工作的规则，并愿意从事工厂所需要的工作，这是一个了不起的成就。直到 20 世纪的
36　后半部分，当我们经济上的竞争对手的劳动生产率和产品质量开始超过我们——部分原因是由于它们的工人掌握了先进的技术——我们为之付出的代价才开始显露出来。当其他国家正在对它们年轻一代的教育和发展进行大规模投资时，我们则在大规模地生产温驯顺从然而绝大部分却是技术低下的劳动力。这种将知识分割得支离破碎并对教师的一举一动严加控制的所谓的"科学"方法，最终将给整个国家带来灾难性的后果。

卫生保健

　　　出生于 1950 年之前的绝大多数美国人都会有接受家庭医生治疗的记忆。对旧日的和蔼可亲、技术全面的家庭医生的回忆并不仅仅是一种怀旧情绪：因为这个世纪的许多医生的确扮演了一种通才的角色，他们可以提供绝大部分（如果不能说全部）的门诊病人治疗。在当时，医院的大夫远没有达到今天这样的专业化程度。而

促成变化的催化剂又一次表明是技术。在盘尼西林和其他神奇的药物出现之前，绝大多数医生都是通才型的全科医师，因为在当时的条件下要达到专业化几乎是不可能的。

20 世纪 40 年代和 50 年代的家庭医生很难想象我们今天的医学领域——内科医师的专业和分支专业的划分达到了如此细致的程度。在第二次世界大战之前，77％的内科医师属于全科医师。这个数字到 1955 年下跌为 56％，到 1966 年进一步锐减为 31％（Starr，1982）。根据发表在弗吉尼亚的夏洛特维尔的《每日进展》上的一篇美联社文章（1993 年 6 月 6 日），到 1992 年，毕业的医学院学生中选择从事全科医师的比率下降到了 15％。对今天的病人（他在一次普通的上医院看病的过程中要与 48 个不同的医务人员打交道）和专业人员来说，医院已经变成了一个分工的大本营。例如，有 629 个床位的印第安纳波利斯的圣文森特医院在它重组之前有 598 个职位分类，而在这些职位中的半数以上都只有一个工作人员（Lathrop，1991）。

存在的问题并不仅限于专业化。整个医疗卫生领域都充斥了各种各样冗长琐碎的活动，它们对病人的康复几乎毫无益处。布兹艾伦与汉密尔顿医院对此进行了长达 3 年的研究，他们用不加遮掩的语言描述了医院的状况：病历记录、日程安排、交通、巡视、会议、清洁工作、饮食服务以及纯粹的闲暇时间占到了医院工作人员日常活动的 84％。"换句话说，我们每花 1 美元用于直接的医疗，我们就需要花费 3 美元～4 美元等待着它的发生，为它作预先安排，并将它记录下来"，布兹艾伦医院负责卫生保健工作的副院长 J·菲利普·莱斯罗普这样说道（Weber，1991，24）。

布兹艾伦研究选取的对象是一个急性病治疗的机构，它有着 650 个床位，能够提供全面的医疗卫生服务。这个医疗机构与它所在州的其他医疗机构相比，有着充足的经费供应和先进的器械设施。研究发现，在这个机构用于雇员工资的每个美元中：

（1）14 美分流向了治疗的日程安排和协调。

（2）29 美分流向了记录治疗进展情况。

（3）20 美分支付给了纯粹的闲暇时间。

（4）8 美分流向了医院提供的住宿服务。

（5）6 美分用于支付交通服务。

（6）7 美分流向了管理和监督工作。

最终只留下了微不足道的 16 美分用于真正的治疗。莱斯罗普（1991）把导致这种现象的大部分原因归罪于医疗卫生行业本身："没有人告诉我们把我们的大型医院分裂为 150 个责任中心，或者是以一种将整个管理层级划分（从执行总裁到临床看护划分为 7～9 个层级）的方式来经营我们的事业——治疗病人……没有人指示我们为了给一个住院病人做一个简单的胸透，我们应当完成 40 道手续，牵涉 15 个不同的工作人员，或者是整整花费 3 个小时来做它"（18）。

当然，情况并非一直都是如此。我们的医疗卫生系统经历了许多与私营企业完全相同的发展阶段。在 19 世纪的前半部分，绝大多数美国人都是自己动手来对付疾病的，这是一个个人问题和家庭问题，他们很少会去看医生。随着城市化逐渐成为现实，越来越多的美国人将工作从家庭生活中分离出来，在家里照顾病人变得越来越困难，专业化在医疗卫生领域慢慢地出现了。医生变成了人们日常生活中被接受的一部分。到19世纪70年代，已经出现了200多所医院，但它们更多的是用于慈善事业和精神健康问题的治疗，而不是用于一般的大众医疗。

在美国人民对科学技术日益高涨的热情的刺激下，到1920年，全国医院的数目激增为6 000多家。技术进步以及财政刺激导致越来越多的医生卷入了专业化大潮。医院能够提供许多检查所必需的先进的器械设备。此外，医生（在19世纪这从来不是一个报酬丰厚的职业）发现他们在办公室可以比在家里治疗更多的病人；那些因为病情太严重而无法到办公室的病人可以住院就医。这样发展的结果是：随着医院从公共的、非正式的场所发展为高度官僚科层制的组织，医生到病人家里拜访的现象近乎绝迹了。原本定位于社会慈善事业的机构转变成了疾病的治疗机构。医院经历了"从外围设备到医疗教育中心和医疗实践中心的转变"。曾经一度是"无家可归的穷人和精神病人的避难所"的医院，现在变成了"医生治疗所有类型和所有种类的病人的工作场所"（Starr，1982，146）。

部门化、分类化和专业化代表了今天的医疗卫生组织的特征。正如在教育领域和私营企业领域一样，我们在医疗卫生领域的分工也达到了非常细致的程度，曾经一度以自己的技艺为荣的全科医生风光不再，并日益地脱离病人。

警察工作

39　　　那些在记忆中曾经接受过家庭医生治疗的人可能同时还会回忆起街区巡逻的警察。就在没有多久以前，美国的绝大部分警察部门担负的主要职责就是支援附近街区的巡逻者。街区巡逻的警察认识许多当地的居民，并经常在预防犯罪和抓捕嫌疑犯时得到他们的协作和帮助。技术的发展和"现代"管理方法的应用改变了这种状况，总的来说，改变的趋势是朝着坏的方向发展。不过，现在已经有许多部门意识到了这个问题，并在努力朝着整体性的方向回归。

从担负多种职能的街区巡逻警察演变到90年代受过专业训练并配备了高科技尖端武器的警察，除了在某一点上存在显著的不同之外，这一演变基本上和我们的医疗卫生系统的发展有着同样的轨迹。跟医生一样，在整个19世纪和20世纪早期，警察扮演的都是通才的角色，他们认识当地的居民，他们熟悉巡逻的社区，他们了解社区的事务和存在的问题。从30年代开始，专业化伴随着警察工作的日益职业化出现了，而随着技术时代的到来和60年代都市问题的大爆发，专业化的趋势进一步得到加剧。不过，在警察部门的官僚主义化和医疗卫生机构的官僚主义化之间，存在着一个显著的区别，那就是腐败的不同。

从19世纪中期到末期，警察部门是给美国政府带来了如此大的损害的政党分赃制度的牺牲品。早在19世纪30年代，作为对城市骚动和暴乱的反应，市区的警察部门就开始出现。警察部门的首脑通常是由通过选举上台的官员任命的，后者利用他们手中的任命权力来回报那些在竞选中支持他们上台的政治支持者。许多警察部门变成了政客的腐败工具，被用来作为打击他们的政治对手的武器，并在政客的亲信和朋友违反法律时包庇遮掩。19 世纪末的改革减少了一些腐败现象，尤其是在政府公职人员的人事任免方面的腐败现象更是有所收敛，但是，权力滥用现象仍然非常普遍，主要的原因就在于通过选举上台的腐败官员继续任命部门领导。大规模的改革发生于 20 世纪 30 年代，当时由胡佛总统成立的一个特别委员会提出的建议导致了警察部门的专业化。而更高的受教育程度的要求，系统的训练，雇佣和提 *40* 升的专业标准，犯罪预防工作小组的建立和专业任命的领导将政治化的警察部门转变成了职业化机构（Trojanowicz and Bucqueroux，1990）。

具有讽刺意味的是，在 20 世纪 30 年代、40 年代和 50 年代，促使警察部门有了很大改进的专业化改革却导致了 60 年代和 70 年代的严重问题。因为随着警察部门变得越来越专业化，它们开始运用将巡逻员和社区隔离开来的科学管理工具。警察的劳动分工、对技术的过度依赖以及专业化倾向，使得警察在许多社区内造成了一种孤立无援的感觉，这种孤立感随着 60 年代城市问题的大量涌现变得更加明显。

到 20 世纪 60 年代，警察部门到处受到围攻。街头出现了激烈的抗议运动，而警察经常成为了暴力攻击的对象。后来，抗议运动逐渐销声匿迹，但城市的街头暴力继续延续并不断升级。绝大多数警察部门将它们的街头巡警撤离了巡逻区域，并采取了随机巡查/快速反应的做法。它们让警察待在警车里，为他们配备了最新的技术装备，扩大了他们的巡查区域而不是仅仅局限于原先巡逻的街区。这种做法似乎收到了成效。随着犯罪现象的蔓延和罪犯犯罪手段的越来越老练以及使用枪支频率的增加，警察的角色变得越来越狭窄和专业化。日益严重的团伙犯罪、毒品犯罪和暴力犯罪进一步加剧了这种专业化。除此之外，911 紧急呼叫系统的建立和推广也迅速地增加了警察部门接到的报案数目。

法庭审判的需要使得情况更加复杂。为了保护被告的权利，警察部门不得不花费大量时间详细地记录他们在破案过程中的一举一动。就和医院的工作人员在文字记录、日常管理和报告上面所花费的时间要远远多于在实际治疗上的时间一样，整个国家的警察部门在 70 年代和 80 年代也面临了越来越多的文字工作。诚然，困扰 *41* 我们的社会问题是否会因为警察部门少处理一点文字工作就有所改善令人怀疑。不过，跟他们在教育领域和医疗卫生领域的同僚一样，警官们发现自己脱离了分配给他们的工作，并且，由于大量负责处理文字工作和管理信息的中层管理人员的存在，他们发现自己日益远离他们的首脑。他们扮演着高度专业化的角色，他们发现自己的选择范围受到了高度限制，与那些曾经一度是他们潜在的合作者的街区居民也失掉了联系。

2.5 大规模生产的结果和代价

由此，在几个重要的公共部门和私营部门，我们看到了同样的组织管理模式在不断重复。庞大的、非个人化的官僚科层制逐渐代替了与顾客保持着密切的个人联系的通才，在这种官僚科层制下，工作被分解成若干最细小的部分，工人与顾客之间以及工人彼此之间是分离的。考虑到19世纪和20世纪早期的技术发展，以及整个国家养活和管理日益增加的人口的需要，除了官僚科层制之外的任何其他模式能够发展起来是值得怀疑的。一个生产者导向的时代要求中央集权的、划分明显的组织体系与之相适应。

商业活动中的划分（劳动力的划分、专业化的职位、"职能人员"和"参谋人员"的划分，等等）也同样反映在政府部门中。公共部门采用了相似的管理模式。并且，许多政府都应用了权力划分原则进行改革，以满足责任感和诚实的公共需要。例如，1883年的《彭德尔顿法》就试图在联邦雇员中将负责政府日常行政管理工作的业务官与负责政治决策的政务官区分开来；在20世纪早期出现的地方政府的理事会管理形式则将政策制定与政策管理分离开来；而监督委员会和理事会的兴起则创造了一种将管理职能划分更为细致的额外的管理层级。

权力和功能分割的代价是巨大的。尽管劳动力的划分和专业化的确使得政府机构有能力管理更加复杂的问题，但与此同时，它们也导致了政府职能的四分五裂、职责重复和无效劳动。更为严重的是，大规模生产时代留下的这些遗产束缚了卓有才华而勤劳尽责的政府文官的手脚，大大降低了政府活动的质量和效率。

首先，这种代价表现在政府项目的增加上：联邦政府一共有150多个就业和培训项目，这些项目由14个不同的部门负责（Gore，1993）。这种代价也表现在人员数目的急剧增加上——根据美国管理和预算部门一个官员的估计，雇员数量已达到了70万人，约占联邦政府非邮政工作人员的1/3，而这些雇员的全部职责是监督、检查或控制其他人的工作。此外，这种代价还同样表现在所有的州政府和地方政府。一个全国委员会针对州和地方政府的公共服务状况进行了研究，州和地方政府在这份研究报告中被描述成"四分五裂"。许多州的预算过程的繁杂程度简直就像是一个梦魇，一项简单的预算被分解为几百个议案。在地方政府层次，权力被数十个委员会和理事会分割得七零八落，行政权和立法权互相抵触制约，由此导致很难围绕共同利益结成联盟关系。由于不计其数的委员会的存在，立法过程把原本应当是普遍广泛的议案分解为无数个小的议案，其繁琐细致达到了无以复加的程度。人事制度的专业化也达到了荒谬的程度，其结果是日益狭窄的职位分类，在南达科他州，公职人员的职位分类有551种，而在纽约，这个数字更是达到了令人瞠目结舌的7 300种。正如这个委员会的研究报告的结论中所指出的，1 500万州和地方政府雇员需要从束缚了他们的手脚的规章制度及"命令和控制"中解放出来，并被赋予明确的任务以及完成这一任务的相应的职责和权限（Ehrenhalt，1993）。

其次，这种代价表现在管理人员为扩张势力范围而进行的你争我夺中，因为人事制度倡导的是拥有更多的编制和预算就意味着拥有更大的势力范围。这种代价表现在顾客所得到的劣质服务中，他们不得不忍受拖沓迟延、低劣的质量、诸多借口以及不负责任。并且，也许最糟糕的是，这种代价反映在一种没有明言的假设中——政府部门的效率不得不低下，它们将一直从出价最低的投标人那里购买服务，并且只能够被以一种过于细分的方式组织起来。正是这种假设，再加上陈旧过时的结构和体系，迫使原本可以是能干尽责的政府文官变成了愚笨无能的代名词。

顾客社会的兴起和新技术的发展促使某些组织发生了转变，使得它们有能力为他们的顾客提供无缝隙服务。在下一章中，我们将探讨无缝隙组织的本质，由无缝隙组织提供的服务是怎样的，以及在无缝隙组织中工作又是怎样的。

第 3 章

新的工作方式：再造与无缝隙

3.1　本章概述

给新的"无缝隙"组织形式下定义是一回事，而掌握无缝隙组织到底是什么又是一回事。本章的目的是帮助读者了解什么是无缝隙组织，它与条块分割的官僚机构有什么不同，顾客对无缝隙组织提供的服务有什么看法，以及无缝隙组织发挥作用的方式如何。

要想知道和一个没有官僚机构办事拖沓、派系分割严重等弊端的组织发生联系大致是一种什么情形，请看一看下面的内容。

3.2　医院见闻

你刚刚得到消息必须到医院里接受一系列检查。医生认为你可能没有太严重的问题，但是为了保险起见，她让你到当地的医院里检查一下。你没有反对——因为到底是你自己的身体——但是你怀疑，如果没有出现一个值得大动干戈的时刻，医生会不会建议你接受所有的检查。

不管怎样，第二天早上 8 点钟你还是出发前往医院了，并且坚持不让妻子陪同。

"上次我到医院的时候，多亏了你陪我去。但是医院现在和以前大不一样了，它们经过了重组——真的变化很大。"

"怎么不一样呢？你的意思是说，现在你要花 3 个小时而不是两个小时等待书 *46*
面结果吗？"

"噢，我知道你不相信，但是确实不一样了。上星期我去参加预约检查的会面，在那个可怕的住院部几乎没有和任何人说话。我和自己病房的一名护理人员见了面，她似乎知道我需要接受所有检查和护理，实际上她为我做了化验，拍了 X 光片。她非常认真地出具了所有的书面材料，甚至把我介绍给她的几位同事，而他们都知道我的情况。"

"我离开的时候她为我准备好了一切。她安排了我的住院时间，我的书面材料已经填好，初始检查也做了，他们告诉了我病房号……事实上，今天我直接就到病房去。整个过程是高效率的。"

当你到达病房的时候，这样的印象会继续伴随着你。入院前见过的两位工作人员正等着你的到来。他们把你介绍给一位医生，由他负责检查你的总体情况，在整个检查期间，他们一直陪着你，检查结果出来后，他们向你说明医生对你的解释是什么意思，使你对检查结果有一个确切的了解。这两个人和上夜班时陪着你的另外两个人似乎随叫随到，不管你什么时候提出什么要求都可得到回应。后来你才知道，在医院的新组织里他们被称为"双人护理组"，他们负责满足你的所有医疗需求，或是他们自己提供服务，或是协调别人来做不属于他们职责范围的事（比如说用药）。他们陪你去康复部，当他们回答不了你有关用药和康复的问题时，就利用你病房里的电脑终端查找你需要的信息。

有一次，你们三个人静静地坐在一起，你问他们两人觉得这种新方式怎么样。"好像你们一直不能停下来。我的意思是，你们什么事情都做，是不是感到压力很大呢？"

"你在开玩笑吧？"其中一个回答说。"我们喜欢这种新的方式。我们加入健康护理是因为我们希望帮助病人康复，但是过去我们得花太多时间准备书面材料，而不是陪护病人，很多人都在考虑辞职不干。采用这种新制度以后，我们真正开始了 *47*
解病人。我们估算现在陪着病人的时间是过去的两倍，我们非常乐于协调病人的总体需要。你看，在老制度下，即使我们见到病人的时候比任何人都多，还是没有办法对他们进行护理；我们眼看着事情每况愈下，本来很容易避免的，但是我们没有任何力量去做什么。现在，他们留在医院时我们观察他们所有方面的情况，并保证用药准确无误，保证书面材料没有过度占用时间，保证医生了解您的需要，您也明白医生的意图。"

"医生们和我们一样都很喜欢这种新制度"，第二个人说。"在这种新制度开始实施之前，他们有些担心，害怕自己失去控制，但是实际上现在他们觉得自己把握更大。采取这个制度后，他们的书面工作像我们一样减少了。对检查结果进行分析的速度快多了。这样确实是两全其美。医生有时间做他们喜欢的事情，我们有更多时间和病人待在一起，这也正是我们来这里的目的。你们出院后我们还会进行跟踪观察的。"

他们确实所言不虚。医院里为你诊断的医生与你以及你的家庭医生见了面，还见到了双人护理员，他简要地总结了你的身体状况，告诉你该怎么办。双人护理员陪你到药房，你在那里领取药品。出院的时候他们替你办理所有的手续，告诉你这笔费用保险公司支付了多少，你自己还需要支付多少。他们还把自己的服务卡留给你，请你一周内给他们打电话，让他们知道你身体康复的情况。

当你向他们道谢离开时，其中一个说："如果你不给我们打电话，我们会给你打的！"

3.3　无缝隙组织的结构

48　　上面的故事并不是虚构的，虽然看起来似乎过于理想，不像是真的。实际上，这种无缝隙护理在湖地（佛罗里达）地区医疗中心的病人每天都碰得到。这家医院拥有 897 张床位，提供全套的卫生护理服务，他们在 1989 年经过一次分析之后开始改变，该分析表明工作人员只用所有时间的 16% 来进行医疗、技术和临床护理。医护人员拆除了过去的职能壁垒，这些壁垒导致了工作拖拉、各自为政和护理质量下降等种种弊端。现在已经有四个科室发生了转变，以病人为中心的护理模式开始运作。

在这种新模式下，双人护理员和三人护理员（注册护士和技术人员）为病人提供大部分服务。为了承担各种各样的工作任务，他们集中进行六个月的培训，学习以前由专门科室负责的程序：心电图、呼吸和理疗，实验室检查，以及诊断性放射等等。经过各个领域的集中测试之后，他们作为一个团队开始工作。每个病房都有电脑终端作为支持，他们和医院的整体结构联结起来，可以自始至终监控包括入院、出院和床位护理的复杂过程。这给他们节省了不少时间，并且，优点还不止如此：这样使得信息和控制各归其位，由大部分时间都陪着病人的人掌握。

各个方面反馈的结果是极具建设性的：

（1）常规检查需要花费的时间周期从过去的平均 157 分钟减少到现在的 48 分钟。

（2）双人护理员和 3 人护理员用于护理病人的时间多了一倍。

（3）4 个以病人为中心的科室用药错误的发生率降到医院的最低水平。

（4）医生、护士和病人的满意程度迅速提高。

（5）病人平均与 13 名医院工作人员接触，而在传统的制度下需要和 53 位工作人员接触。

（6）直接的护理费用降低了——比传统方式减少了 9.2%。

49　　促成这些变化的代价可不小。医院总共花费了 500 万美元用于培育和支持这种新的方式。但是这些成本正在由低廉的运作成本加以补偿。在以病人为中心的科室，护士的退职率是医院里最低的，这进一步降低了成本。而且这种观念正在得到传播。湖地计划 10 年之内在所有的科室都推行这种新模式，美国的很多医院也在试图采纳类似的模式。(Lathrop，1991；Weber，1991)

对最终用户来说，与湖地这样的无缝隙组织打交道是一种令人难以置信的积极体验。一切都是和谐流畅的，都是统一一致的。服务人员照料病人的全部需要；没有扯皮推诿，没有不近人情的对待。服务随时随地都可以得到；医护人员之间没有截然的分工（双人护理员和三人护理员陪着病人接受医生的检查，这样不会有任何遗漏差错的地方）。和我们最早的手工业者非常相似，无缝隙组织中的工作人员负责整件工作，直接与最终用户接触。

但是，把一个组织转化成无缝隙组织远远不能说是一件轻而易举的事情。从工作到技术再到角色定义和绩效评估的每一个方面，都必须作出相应的改变。表 3—1 详细列出了从大规模生产到无缝隙组织需要进行哪些转换。接下来我们依次讨论这些转换的方面。

表 3—1	从大规模生产到无缝隙组织的转化 *50*
为了提供无缝隙服务，机构转化……	
从	到
	工作
狭隘，条块分割，很难控制工作的过程和决策的制定	广泛；具有多种技能的团队；通才能够较好地掌握工作程序和做出决策
	测评
建立在投入与活动，员工与预算规模的基础上	建立在结果，顾客满意的基础上
	技术
用于控制，集中各种活动	用于下放各种活动
	内部组织
条块划分的部门和职能，受到组织内部需要的驱使	完整统一过程的团队，根据顾客需要提供服务
	时间敏感度
低下，按自己的步骤运作时效率最高；对外部需求和机会反应迟钝	很高，对终极顾客和结果的关注，使迅速的反馈成为首要因素，提供快捷及时的服务
	角色的明确性和清晰度
很高；内部分工；组织、顾客与供应商之间区别对待	低；由跨职能的团队进行组织；供应商和顾客共同承担以前由公司执行的任务
	产品或服务的性质
标准化，以组织生产最简便化为导向，缺乏变化性，高投入，几乎没有顾客参与	顾客导向性，致力于顾客的需求，灵活多变，高投入

工作

层级制的大规模生产模式要求工作分工细致。虽然，在健康领域，印第安纳波利斯的一所医院拥有 598 个科室，分工明确，似乎非常适当，因为医学领域的信息和技术发展如此迅速，随时需要专家保持对本领域最新动态的关注，但是，由上而下过细的分工使医院不可能高效地运作。一位顾问指出，这种制度导致"医院里养活大量专家和技术人员，除了他们自己的范围非常狭窄、自我界定的职责之外，我们做梦都没有想过会让他们来做其他任何事情，即使他们在大部分时间无所事事"

51 (Lathrop，1991，17)。同样的问题也出现在以职能分工的警察局和其他高度专业化的政府机构中。

在无缝隙组织里，人们的责任范围非常广泛，在工作过程中也具有较大的权威。他们经过专门训练，能够承担新任务，他们的培训和教育持续整个职业生涯（见第 8 章）。印第安纳波利斯的圣文森特医院开始了自己的三人护理员模式（由一名注册护士和两名训练有素的技术人员组成）。在三个人负责运作的科室里，他们把 598 种不同领域的专家分门别类归纳到 5 种工作范畴之中（Weber，1991）。

无缝隙组织承担广泛责任的另一个例子可以在社区警察局看到。看看凤凰警察局的官员们得到哪些指示：

（1）这件事对整个社区有没有好处？

（2）它对凤凰警察局有没有好处？

（3）这是道德问题还是法律问题？

（4）你愿意为此承担责任吗？

（5）这件事与你的警察局的价值和政策有冲突吗？

如果对这些问题的回答都是肯定的，指示就是"去做吧"，用不着专门请示。这样的"政策指南"鼓励工作人员自己动脑筋去思考；他们思考的结果是为自己的最终用户找到灵活多变的、富有个性和创造性的解决办法和服务。

这里的问题不是把权力交出去，甚至也不是权力下放的问题。在无缝隙组织当中，工作的定义方法是不一样的。工作人员不需要得到更多授权；管理者无须接受训练以鼓励下属承担更大的风险。相反地，工作和具体的任务在很多方面发生了巨大的改变，最为显著的变化是工作人员训练有素，并为更大范围的任务和结果负责。责任明确以后，决策之前不再有其他一系列的推诿塞责，下属或者工作组清楚明白：这是他们的任务，他们受过专门训练，知道该怎么做才能出现预期的结果。

52 测评

我们都听朋友或亲戚说起过这样的事情："警察为什么拦住你？高速公路上每个人都超速，又不是你一个人。"

"我不知道，一定是因为到了月底，他还没有完成指定开出的罚款单。"

这种解释唯一的问题是，往往实际情况确实如此。罚款单、逮捕令、结案率——这些是可以计算的标准。在很多官僚机构、政府部门和公司组织里，一个人的预算大小和直接管辖的人员多少往往被用来衡量他的责任大小（和实际工资）。这种方式除了堂皇的办公大楼外一无所长，仅仅制造了部门之间更多的障碍和争斗，让员工不知道自己那样做到底为什么：他们的目的应该是完成任务，满足最终用户的要求。

无缝隙组织则试图把测评制度建立在更加重要的标准基础上：那就是结果。组织，不管是公共的还是私有的，一直把投入和产出作为测评的标准，却很少看结果。投入是很容易计算出来的，比如雇佣员工的人数、缴纳的税金、购买的技术设备。当然问题是这些内容与市民关心的问题没有关系，市民关心的是结果。产出是一个机构所做的事情的标准，也很容易计算。随着人员、金钱和设备的投入，某个机构实现了特定的产出：某个机构修建了一座桥，某个机构为低收入家庭的儿童注射过一次流感疫苗，某个机构逮捕了犯罪嫌疑人。产出似乎就是结果，但实际上并非如此。产出测评的是组织的活动，而不是结果。

　　测评结果的制度应该着眼于减少桥上事故的发生率，而不是高速公路上汽车行驶的速度。它们应该汇报生病儿童的人数，而不是注射流感疫苗儿童的人数。它们应该反映街道的安全程度，而不是被逮捕的人数。这样的测评体系在政府部门很难展开，因为许多政府部门的公共服务不太容易量化。比如说，怎么来量化国家卫生院的研究质量和结果呢？诸如同行的认可、得奖的多少，这样的标准并不是结果的测评，虽然在实际中经常采用这些标准。 *53*

　　俄勒冈的政府在基于结果的绩效测评方面进展最好。1986 年州政府就开始实施一个名为"未来使命"的项目，州政府的领导和数以万计的市民组成一支大军共同创建长远目标，该长远目标详细划分成 270 个标杆或具体结果，这些结果由州政府的不同机构负责实施。由俄勒冈进步董事会管理，这些标杆应用于三个领域：人、生活质量和经济。目标是可以量化的，它们着眼于结果，由各机构为结果负责——预算反映了机构完成标杆目标的情况（或好或坏一定会引起管理者的注意！）标杆目标的例子包括：到 2000 年青少年怀孕率由 19.5‰降为 8‰；到 2000 年适龄儿童数学能力的五级水平从 77％提高到 91％。

　　在州长芭芭拉·罗伯茨的领导下，标杆已经成为州政府公务员实际应用的标准。机构必须形成与标杆相关的具体绩效测评方式（立法部门也在积极朝这个方面努力）。由一名州政府高级官员正式负责本州突出的（或亟待解决的）17 个水准点。因为很多公共问题（犯罪、卫生、教育等）跨越若干政府部门，责任集中于某个具体的人或部门就显得尤其重要。俄勒冈正在不断学习怎样实现这一点。

技术

　　在官僚机构中，技术往往变成一种控制机制。实际上，我们曾经依赖的庞大的机构主体框架，显然是用来进行控制的。机构的主体框架强调集权，所有的信息往来都要经过它。即使在计算机化的组织里，信息体系部门的人员也往往被看作是一群骄傲自大控制一切的能人，他们相信只有他们才可以决定员工真正需要什么样的软件和硬件。 *54*

　　在计算机网络时代，我们同时享受着集权和分权的好处。湖地的双人护理可以检查病房的终端来监控和协调所提供的全部服务，这样其他任何人都可以帮助这些病人了。现在大量机构中经理们在用自己的信用卡购买材料。他们不需要填写其他表格，一张信用卡和银行的账单提供了所有必要的书面交接。无缝隙组织当中的信息技术不是用来控制的；它的目的是提供更多的便利。专家体系这个词并没有完全反映在无缝隙组织中新的网上数据库为综合型管理人才提供了多少便利。一种较好的表述是代表专家的体系，这些专家了解客户/消费者和他们的需求。

四种关键的技术正在帮助多技能的工作组和综合型的人才处理诸多任务，它们分别是：图表使用者界面、网络软件、相关数据库和图像软件。

1.　图表使用者界面

图表使用者界面已经成为一种大受欢迎的操作简便的软件。熟悉 Windows 或者苹果 Macintosh 的用户在选择屏幕上作为"对象"的图表来处理电脑文件时，会知道与打印指令和通过使用对内容敏感的下拉菜单相比，他们节省了多少时间。

2.　网络软件

网络软件是打破传统的官僚机构模式的关键手段，在官僚机构模式当中信息以让人昏昏沉沉的缓慢速度在上下层级之间传播。据估计，现在美国 60% 的商用电脑能够利用电子邮件来传输文件和档案，进行网上交易，共同的网络把他们连接起来。网络使每个人都有平等的机会及时获得有关信息。

3.　相关数据库管理系统

相关数据库管理系统使零售商可以浏览在每个收款台售出的商品，并立刻把信
55 息传给供应商，让他们及时准确地了解已经售出的是哪些商品，它们又是哪些颜色、型号等，以及什么时候需要为零售商再次供货。相关数据库同时还提供了新的存储信息的方式，即以若干小文件的形式来存储信息，而不再依赖于一个庞大的中央处理机。代理机构能够把顾客信息储存在一台小型电脑里，而把应付账款存入另一台电脑。然后在需要的时候把两台电脑联结起来。这种办法可以节约费用，使管理者能够以各自负责的方式维持自己的记录，避免与其他集中处理信息的部门混在一起。

4.　图像软件

图像软件把书面复印件转化成电子图像，这样使文件可以在公司的电子系统之间互相转发。它通过使所有相关部门和人员都能够获得信息，鼓励以平行的而不是连续的过程使用信息（见第 4 章）。利用图像软件，一份文件——比如一份保险单——可以被一名协调员和他的老板（或者其他人）同时阅读、使用并归入其他文档，而不需要多余的数据输入，也不用像流水作业那样从一张办公桌转到另一张办公桌。（Schwartz，1993）

内部组织

自从艾尔弗雷德·斯隆引入分部门组织结构和专业人员的部门分工之后，就使大规模生产达到了登峰造极的地步，几乎所有的大中型公共或私有企业都开始按照职能形成等级制的组织。员工的身份和组织根据职能决定：如产品开发、公共信息、预算、人事、管理等。这种组织模式变得如此强大而普遍，以至于我们大部分

人很难想象还有其他组织形式。

在无缝隙组织里，这些"柏林墙"正在倒塌。人们在"过程团队"中工作，这一过程团队履行了从生产到发货的大部分关键职能。在银行组织贷款发放的过程中，由发放项目来决定适当的贷款。处理贷款的过程团队包括贷款抵押负责官员、项目研究者以及信用检查人员，他们共同合作（而不是先后进行）来处理每个申请的各个方面事务。如果工作组是三个人的社团警察小组，他们经过专门培训，可以处理社区居民各种各样的投诉和需求，而过去这些投诉和需求人们要报到不同部门。医院里的双人或三人护理员利用这个办法，现在可以处理病人90％以及更多的需求。将来的组织很可能围绕关键性步骤展开活动。一位公司管理人员说过："每笔交易可能只有六个主要步骤。我们将从这些步骤着手。负责这些关键性步骤的人就会成为公司的领导者。"（Steward，1992，92）

时间敏感度

我们在前面提到过，速度是20世纪90年代满足消费者需求最重要的因素。科层组织本身的目的不是速度——它们是为了稳定、明晰、效率和数量。找私人医生为自己或者孩子看病的人可能体会过大规模生产的某些特征。你下午两点钟到达。预约、挂号、就座，然后等候就诊。像所有批量生产的工作场所一样，门诊部是为了满足生产者（尤其是医生们）的需求，而不是顾客。与伯格·金不一样，我们在医生的办公室得听他们的。

无缝隙组织对时间非常敏感，这也是它们得到发展的原因之一——就是为了很快对混乱的外部环境作出反应。在湖地地区医院，在双人护理的病室常规检查的一般时间几乎减少了70％。采用合作方式的建筑工程（见第1章）与其他工程相比按时完工的比率要高得多。造成这种对时间的高度敏感的原因之一是：越来越少的人陷于传送信息、相互推诿、复核审批等问题。

角色的明确性和清晰度

几十年来，管理顾问们（包括我本人）都在强调明确角色分工的重要性。这确实是官僚机构的长处。工作范围狭窄，部门之间界限分明，各自只重视自己掌管的部分（所以，部门分割和内部保护突出）；在等级制官僚组织中工作的大部分人都明白自己以及本部门的具体职责。

在无缝隙组织中情况正好相反。如果某个过程由两个人、一个三人警察小组，或者四至七名来自两个组织的经理联合负责，角色分工是流动而变化的。实际上，无缝隙组织的重要特征就是几乎没有分界线。这一点很重要——去掉部门分割、去掉专门分工，拆毁隔绝和分裂自然工作过程的多重壁垒，代之以小规模的多专多能的小组负责整件事情，从开始直到结束都是如此。

当组织停顿（用现在的行话来说叫"拖延"）时，角色也会变动。渠道较少的时候信息流动迅速通畅，因为传统的中层管理人员往往是信息经纪人（回想一下铁路的等级官僚机构的发展），而在高科技时代却正面临挑战。局域网、电子邮件、电脑网络和其他技术奇迹比管理人员更快更直接地提供着信息。

针对拖延趋势的反映之一是自我管理的团队的出现。工作小组在尽可能少的管理下计划、实施和评估他们自己的工作（往往也彼此评价各自的贡献），这是无缝隙组织的一个显著特点。这样的工作团队往往共同承担多种任务，互相学习，与终极产品和服务保持直接联系，不必费神考虑谁"应该"做什么工作，他们想得更多的是顾客对产品是否满意。

58 　对于自我管理工作团队中这种模糊的角色分工，我自己最常引用的例子是音乐。在纽约，奥菲士交响乐团自从1974年开始一直都在演奏非常美妙的古典音乐，没有指挥。这并不是因为他们的乐手技能超群，而是因为他们的组织形式就是没有指挥的交响乐团。奥菲士的音乐家们在世界上最好的音乐大厅里演出，他们选出一个执行委员会来计划每年的音乐会，而为每一部乐曲注释的任务由音乐家们轮流担任。

这样，他们没有领导者；领导当然是有的，只是演出的时候没有人站在大家前面。与爵士乐非常类似（或是篮球队、足球队），奥菲士的成员们在相互交流沟通的过程中共同领导。一位音乐家注意到她在传统的交响乐团演出的时候总是需要中断自己的感觉，因为需要抬头来看指挥。加入奥菲士以后，她可以让感觉延续下去，因为现在她只用眼睛的余光扫一下旁边的其他音乐家就知道该什么时候结束（CBS Sunday Morning，1987）。

模糊的角色在无缝隙组织外部也有一些有趣的反映，这大多发生在供应商和顾客之间。请看下面的例子：

（1）随着成为自己所服务的公司统一的组成部分，合同方及其下属合同方正在担任新角色，他们之间的关系也发生着新的变化。专业化停车服务机构为许多大规模的美国宾馆提供专人停车服务，他们希望开车的人相信他们的服务员是宾馆的雇员，而不是与宾馆没有任何利益关系的合同方。形成无缝隙印象的一个办法是：专业人士停车服务机构派自己的服务人员参加马里奥特宾馆为自己的员工开展的培训。作为专业人士停车服务机构的供应商，它的客户宾馆把很多工作转给他们来做（比如门卫等）。有的马里奥特的顾客说他们分不出谁是马里奥特的雇员，谁是专业人士停车服务机构的雇员。（Peters，1992）

59 　（2）在很多方面，在制造产品和提供服务的过程中开展以顾客参与为导向的运动，已有时日：我们自己拍电影——用便携式摄像机。我们可以测量自己的胆固醇水平、血压和血糖，还可以自己进行妊娠检测。我们用自动取款机取钱，自己排出废气，不用跟任何人说话就可以用信用卡付账。快餐店和咖啡厅在"饮食生产过程"中接待的顾客不仅可以通过沙拉条获得服务，有的顾客还可以不用在饮食处排队自己添加饮料。

（3）俄勒冈把州政府开发的软件交给那些希望随时与州政府保持联系以及提出建议的零售商；这些软件使零售商能够以电子方式把信件发给他们，节省了政府处理信件的时间和邮费。

（4）技术使新的网络取代了旧的直线官僚关系。1991 年下半年在匹茨堡出现了一个令人震惊的例子：电子手术！哦，几乎是这样的。在匹茨堡医学中心，多媒体网络使神经生理学家参与了遥远地方的手术。亚历山大（1991）报告说，电子网络把七家医院的生理学家联结起来共同组成医学中心。生理学家坐在距离实际的手术场所非常遥远的地方可以监测病人的脑电波活动情况，看到手术人员在手术过程中从显微镜里看到的所有情形，与手术室的医生以及其他人说话，而根本用不着到他们面前。高科技网络可以让外科医生马上听到坐在自己桌前的同事对复杂的手术过程提出的建议。

产品和服务的性质

标准化——产品和人的标准化——是大规模生产中一个关键问题。美国的规模   *60*
教育体系形成于 20 世纪早期，它是在弗雷德里克·泰勒和亨利·福特的生产原则指导下构建的。当初认为只有长期标准化的产品才会建立高效而生产力强大的工厂，教育界的领导人希望学校出现同样的情况。正如泰勒所言："这里有专门请来想问题的人"，老师们被期望教授预先规定好的教学大纲。在规模教育体系中存在可以相互转化的症结。

这样的体系产生一种完全可以预料的始终一致的产品或服务。他们不能生产的正是今天的顾客社会所要求的：多样性、顾客参与和选择。快餐业提供了美国人逐渐喜欢的可预料的、一致的、标准化的食物（尤其是当你到离家很远的地方旅游或出差时你的孩子饿了，那些金黄色的麦当劳大汉堡看起来非常诱人！）这些产品或服务的局限是不能全面满足喜欢选择的公众的愿望。

最近我给一家快餐外卖店打电话问能不能先订好吃的东西，然后再去取（希望能够避开中午的高峰期），他们客气地告诉我他们不提供这样的服务。当我提议说，这样做会给像我这样预约的顾客提供很大的便利，毫无疑问一定会促进他们的生意，并减少排队等候的人群，老板嘀咕道："噢，我的上帝，那样的话我们就得多雇人手，再设一台收款机。"她只担心能力的大小问题，而我则看到了多样性（也是一个缓解高峰期顾客流量大的好办法）。

无缝隙组织提供了我们今天所需要的选择、多样性和顾客参与，同时还保留了规模生产的许多优点。一位花时间和邻居们以及商贩们待在一起的社区巡逻警官正在想办法，让大家参与解决当地的问题。因为警察认识那里的居民和住户，他或她可以超越"警棍协助"的办法，帮助他们认识造成自己问题的原因，并参与解决这些问题——他可以形成房客理事会控制公共房地产项目的建设，组织成人识字课程帮助家长辅导孩子的作业，与居民协会合作把附近的公园从毒品商贩手里接管过来   *61*
等等。在传统的无目的巡逻模式下的警察根本没有时间了解居民的某些特定需求，只能提供"规模生产"的问题解决办法：告诉你的邻居你什么时候度假；晚上出门的时候要把浴室的灯打开；天黑以后不要让孩子在外面；告诉他们拒绝毒品等。这些好心好意的建议在 20 世纪 50 年代也许管用，但是在今天已经过时了。

3.4　与过程和结果相对的职能

　　在比较规模生产、官僚机构和无缝隙组织时，我们经常用到的两个最重要的词是结果和过程，它们二者是紧密相关的。这些例子的一个最大的共同之处是实现顾客预期结果的过程差异显著。

　　大多数在等级制官僚机构工作的人习惯于从部门和职能的角度考虑问题。譬如说，"人事"（或者"人力资源"）是一个部门。这个部门有很多职能：培训、福利、补贴和分工（"分红和分类"）、招聘，以及诸如此类的事情。大部分人事管理者按照这些专业职能来划分他们的雇员。当你的工作内容是以职能为导向而不是以过程和结果为导向时，你对自己的角色和对整个机构可以发挥哪些更多的作用所知甚少。你知道自己具体执行哪些事务，但是你知道你和你的同事们对什么样的结果负有责任吗？

　　图 3—1 显示典型的城市人力资源部看起来会是什么样子。这个图告诉了我们什么呢？它说明了一种由不同的人来执行各种各样活动的多样性；我们知道谁来为均等就业机会提出建议，谁来处理员工的不满，谁来进行员工培训。但是我们知道谁来负责作为一个整体的组织在机会均等的基础上运作吗？我们知道谁负责保证城市管理者提高工作人员的相关技能，减少对他们的不满吗？谁来考虑本市从现在开始 5 年后的各种需求，满足这些需求要求具备的各种能力，员工应该考虑的事业发展选择，和什么样的需求正好可以提示管理者为将来可能出现的情况做准备，这些又能清楚地看到吗？

　　在大多数城市里，回答都是否定的。工作人员对他们每天要做什么事情非常明了，但是讲到"宏观"的整体情况，他们可能会耸耸肩膀，指向城市管理者的办公室。

　　我们可以把这些以职能为导向的方式与美国设菲尔德护林员森林服务区采用的方式比较一下。设菲尔德地区像大部分官僚机构一样——是根据职能组织的。在设菲尔德，涉及到的领域包括木材管理、野生动物管理、再生和火灾管理、执法管理、设施管理等。区一级的工作人员处理自己职能范围内的专门工作。他们的知识局限在相对较小的技术领域内。

图 3—1　"典型的"城市人力资源部

　　大部分工作人员对这种安排相当满意，因为他们对此已经是轻车熟路了。但是，他们对由此造成的问题感到非常棘手：部门纷争、预算缺乏灵活性、跨越职能的信息共享甚少、跨越职能范围的复杂问题解决起来非常麻烦。最重要的是，各部门的专家之间几乎没有沟通和统一。这种隔膜和地盘之争使他们无法采取高效的跨越职能的方式开展工作。

在 1988—1989 年，设菲尔德拆除了职能壁垒，取而代之的是以过程为导向的方式。现在员工组成信息管理小组、设计小组和运作小组。每个组里都有职能和技术人员。这样，当某一块森林地段需要新的项目规划时，跨职能的设计小组评估需求和资源要求，制订计划。项目准备就绪可以实施的时候，设计小组与跨职能操作小组共同合作把设计付诸实践。信息管理小组在发展和运作的各个阶段帮助大家的工作。图 3—2 显示了设菲尔德从职能导向到过程导向的转变。

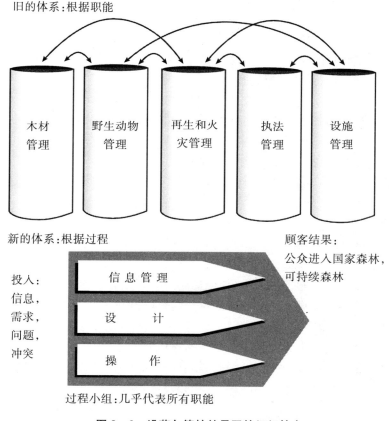

图 3—2　设菲尔德护林员区的组织转变

64

改革的结果大大加强了交流和统一管理。专家成了综合型人才，他们相互学习，从整体出发处理森林的各种情况，这和双人或三人护理小组照顾病人的各个方面非常类似。当然，以过程为主的方法也存在问题，毫无疑问——设计向操作的推诿一定要小心地加以避免，小组工作人员担心项目的质量和技术统一性难以保证——但是他们正在解决这些问题，一点没有退到职能壁垒之后的意向。（Jack Frank 和 Karen Mollander，personal communication，1993）与医院里的双人护理组以及社区的巡逻警察一样，设菲尔德的专业人士处理的是整个系统（就他们而言，是森林），而不是彼此孤立的各个环节。为了有效地针对整个系统，组织设计时一定要根据自然的过程而不是人为的职能来确定。

65 3.5 核心过程和支持过程

很多人不习惯从组织过程的角度出发考虑问题，所以需要有一个定义。为了适应我们的需要，我们把《再造手册》（AT&T）中"过程"这个定义加以改写，即过程是指用来实现特定结果的一系列相关活动。组织当中有两种过程：核心过程和支持过程。核心过程满足组织外部顾客的重要需求。支持过程则满足内部顾客的重要需求——员工和越来越多的供应商的需求。下面列出来的对过程的描述并不全面，不过它的主要目的是使过程的概念更加具体。

1. **许多政府和服务组织共有的核心过程**

（1）顾客满意：从顾客服务或产品的需求开始，到服务或产品的交付，到收到付款，到评估和顾客反馈，再到对反馈采取的必要行动。

（2）项目交付：从项目构思开始到项目计划，到项目公开，到项目注册，到项目交付和付款，再到项目评估和将来的改进计划。

（3）信息交付：从信息查询开始（关于服务、税收、项目可行性和现实性、预期的等候时间等等），到信息交付，到信息跟踪和对信息查询的分析，再到给项目部门的反馈。

（4）执照和许可证的获取：从提出许可或执照的要求开始，到申请，到发放，再到付款。

（5）投诉管理：从接到投诉，到调查，到决定的提出和讨论，到寻找解决方法，再到投诉分析和针对投诉产生的根本原因采取行动。

66   （6）合同管理：从项目分类和编号，到起草具体条款，到公开征求建议，到合同方的挑选，到协调整个工程（包括持续的评估），再到最后检查和付款。

（7）紧急服务：从接到呼救，到派遣人员，到提供紧急服务（消防、警务、救护等等），到确定需求，再到对呼救模式和必要行动的分析。

（8）决策：从政策或政策变动的需求，到了解最终用户的需求及其重要程度，到备择政策的研究，到明确每种政策的利弊，到建议政策的提出，再到决策。

2. **许多政府和服务组织共有的支持性过程**

（1）预见/计划：从辨认将来的机会和威胁，到对内部优势和弱点的分析，到提出策略的改进，再到策略制定和说明。

（2）采购：从明确采购需求，到提议，到订货，到发货，再到付款。

（3）填补空缺职位：从职位空缺到明确职位要求和相关考虑，到刊登广告，到面试和选拔，到试用，再到员工对工作的反馈。

（4）员工发展：从明确员工发展的目标与需求和（同时）明确将来机构优先考

虑的问题及其能力要求，到个人或小组发展计划，到各种具体的发展行动，再到反馈和计划的修改。

（5）预算：从年度目标和预期收入，到向所有员工说明目标和现有的可利用的资源，到预算的提出，到公共的投入，到预算的决策（和把决策告诉员工），到预算的采纳，再到部门或小组预算的修订。 *67*

（6）信息管理：从对现在和将来信息需求的分析，到制定信息计划，到采购和安装硬件和软件，再到培训、监控和更新计划和资源。

（7）团队建设：从明确团队工作的必要性，到解释团队工作的优势，到小组自我评估，再到计划、实施、评价和跟踪。

在这些例子中需要注意以下几点：

首先，没有单独的"评估"过程。在根据过程设立的组织里，不需要任何单独的评估办公室。评估是正在进行的许多活动不可分割的组成部分，应该由小组自身执行。

其次，许多支持过程可以并且应该由部门管理者自己负责。计划部门（只要有一个，其他的可以解散）应该支持每位项目管理者在计划方面的尝试；项目管理者是自己计划的"所有者"。与此类似的情况还有填补空缺职位、试用新员工、培训和团队建设以及采购。在所有这些情形中，无缝隙组织为项目管理者或者小组负责人提供内部的支持过程。员工专家（人力资源、采购代理、预算分析家等）被分配到直线型部门里，他们在跨职能团队里为项目管理者和所有参与者提供咨询和技术支持。

再次，当员工看到过程，明白自己的位置后，会出现一种"横向"效果。过程跨越几个组织；高级管理者也许在过程的某个小组中充当新职员的幕僚；一名辩护 *68* 律师也许在过程的某个小组中担任采购员。而且，正如设菲尔德护林园区表明的那样，职能完全不同的职员在一起进行合作。过程所有者是小组带头人，其他人都应该出力。（要查找过程所有者的更多内容，请参见第 5 章）当过程的预期结果非常明确后（比如，"顾客实现过程的目的和我们为满足这个目的而组成小组的原因，是保证让顾客得到她或他订购的东西，保证价格和质量经双方同意，并且尽快发货，不给顾客造成任何麻烦"），每个人都明白过程所有者的角色后，有没有经过正式的授权关系不大。事实上，与人们的贡献关联最大的是他们思想和专长的水平，而不是他们的正式权力。而唯一有关系的问题是，我们怎样设计过程，朝向明确提出的结果迈进，在平等、坦诚、各司其职的基础上尽量快捷而无缝隙地完成任务？

有些政府管理人员告诉过我，他们很难明白代理机构的核心过程。毕竟，我们的政府官僚组织还是围绕职能和部门进行组织的，这是分别预算的原因，是员工努力程度得到评价和奖惩的手段，也是选拔产生的官员们的理解方式。公务员怎样识别代理机构的核心过程呢？

有些代理机构的职员认为，明确他们的核心过程对下面的问题很有帮助。

（1）我们做的哪些工作相比于其他代理机构非常突出？

（2）我们实现的结果哪些得到顾客的高度评价？

（3）哪些工作不可能被超越，因为我们垄断了它或者它们做得非常出色？

（4）我们的哪些工作对代理机构来说非常关键，对我们的使命具有决定性意义？

69 （5）什么工作开始于重要的顾客需要或请求，跨越职能界限，结束于为顾客提供产品或服务？

国防部的高级工作人员提出了这些问题，并且，他们以下面的核心过程来作答。（美国安全部，1994）

（1）执行战略性军事行动计划和军事行动。

（2）增强战斗力。

（3）随时保持战斗力。

（4）提供战斗力。

（5）持续军事行动。

（6）撤回/恢复战斗力。

1993—1994 年美国海关服务部门的一个高级工作组花了六个月的时间为代理机构的新程序制定了一份表格。通过《北美自由贸易协议》（导致了进一步降低的关税）之后，代理机构需要重新定义自己的使命和策略。在副专员迈克尔·莱恩的领导下，工作小组认为需要明确核心过程。几个星期后，他们起草了第一份关于核心过程的文件，主要包括以下内容：

（1）过境人员遵守有关规定的情况。

（2）过境货物遵守有关规定的情况。

（3）已知的遵守有关规定的情况。

（4）战略性交易。

（5）反走私。

（6）调查和情报。

70 为了从过程的角度了解代理机构的工作内容，小组从头到尾标出每个过程，从供应商开始到产生的最终结果结束。表 3—2 显示了过境人员遵守有关规定的情况的整体情况。

表 3—2　　　　　　　　美国海关服务处过境人员遵守有关规定的情况

供应商	投入	工作活动	产出	顾客	结果
货轮	过境人员	视察	逮捕	过境人员	志愿遵守
港口当局	传达	分析	其他违法现象	纳税人	遵守边境法律

资料来源：美国海关服务处：《人，过程与合作：21 世纪海关服务报告》，华盛顿，1994。

3.6　通往无缝隙组织的道路

本章描述了无缝隙组织的性质。从官僚机构转化成无缝隙组织的运动要求一种新的思维方式和一整套不同的组织原则。这些组织原则被称为商业流程再造，它们是组织转变的强有力工具。它们把工作人员的注意力集中到顾客的结果，而不是组织的内部活动上。它们围绕过程而不是职能展开工作。它们计算出冗长、单调的过程所支付的成本。它们引发了生产率大幅度提高，因为工作人员从全局出发进行整合，直接与最终用户接触，完成整个工作任务。

　　在现在这样的组织性气候中，急剧变革的要求说明了为什么这么多人对学习再造兴趣浓厚。商业流程再造正在成为一个良好的解决办法。最近一次会议董事会的调查显示，采用商业流程再造的组织中 72％在六个月之内开始看到明显的效果，除了一个例外，几乎所有采用商业流程再造的组织的年度经济收益都高于或者与再造的一次性成本相等。

　　在下面的第 4 章将要回顾商业流程再造的基本设计原则；第 5 章则介绍了再造模式并讨论了它的第一个阶段。

第2部分

再造公共组织：原则、战略和行动纲领

第 *4* 章

公共组织再造的原则

4.1 本章概述

商业流程再造这个术语很新，但是它的设计原则在很久之前就已经开始形成和发展。在这一章里，我们将考察这些原则，包括它们形成于何处，如何运用实施，以及它们是怎样将公共官僚机构转化为无缝隙组织。

在我们考察这些原则的时候，回顾序言中提到的再造的定义是大有裨益的，这个定义是围绕预想的结果，通过彻底地重建组织的过程、体系和结构来挑战组织得以建立的基本假设。再造的设计原则无疑是重要的，但最重要的是此定义的第一部分：挑战基本假设。每一个设计原则都推翻了一直被人们所接受的关于组织的法则，这些法则认为我们需要有人来监督那些监督别人的人，以确保责任和控制，它们是一个时代以来所形成的。世界已经改变，所以我们的假设也必须随之发生变化。

4.2 设计原则的起源

再造过程的设计原则源于三方面：

第一个也是最好的来源是成功的经验。大量企业和政府机构通过它们的再造过程而取得了很多进步，它们的经验为我们提供了最有用的资料，从中我们提炼出基本原则。

76 　　第二个源于制造业中的并行工程和由大野为丰田所创造的精益生产的过程。达维多和马隆（1992）把并行工程描述为一种方法，它在设计和生产过程的开始就涉及到每个人，因此所有"后阶段"的需要都实现了："设计影响了每个人，管理、制造、服务、市场人员和销售人员，以及供应商和顾客都应尽早参与到设计周期之中。通过交流和公平交易，达成一致，从而降低生产成本，改善制造能力和服务能力，确保产品的特点与市场的需求相一致"（91）。换句话说，这个过程包括平行的而非直线型的各种功能。

　　大野创造的丰田生产体制（随着它在许多西方企业中的传播，现在常被称为精益生产）适应了丰田在第二次世界大战后日本的特殊需要。正如大野所说，这一体制"产生于以同样的制造过程，生产少量各种类型的汽车的需求"（Stalk and Hout，1990，52）。丰田的市场在战后日本严重受限，这种情况不需要像美国汽车巨头那样生产大量汽车，它本身可用于投资在车间和设备上的财力很有限，因此需要采取一种与美国的汽车生产所不同的方法。泰一以丰田公司有限的财力，在丰田于1949年签订的工会协议限制的范围内，满足了消费者对多样性、敏感性和低价格的要求。这一协议包括承诺对员工的终身雇佣，而且按资历付酬，作为交换条件的是，该协议遵守灵活的工作职位制，并积极改进工作规程。

　　大野的战略建立在日本的朴素价值观之上。对于任何浪费行为，他表现出日本人传统的反感情绪。对他在福特车间所见到的巨大浪费现象，他的反应是创造出一种简单的体制，即充分利用每一寸空间、每一点人力资源，尤其是员工们的思想以
77 及每一点时间。这种体制被许多制造型企业广泛应用。

　　第三个来源，是不断关注基于时间的竞争，其中包括并行工程和精益生产的因素。基于时间的竞争在美国逐步展开，并取得成功。日本人从这一成功中，学会了准时制生产方法。这种系统性的方法对处于价值链上的每一步都十分关注，从通过设计和制造或服务的进展而产生的与供应商的关系，到分配和销售，目标是避免在价值链上浪费时间和精力。它充分利用了准时制生产的原则，即生产运转周期短，与少量的供应商进行快速联系和紧密协调，灵活化的生产缩短了生产和传递的循环过程，为顾客提供了及时而多样的需求。它通过充实遍及整个价值链的这些原则，达到了扩展并行工程和精益生产的目的。

　　上述过程再造三个来源的主要设计原则可以概括如下：

1. 并行工程原则

　　（1）把后阶段的信息反馈到前阶段。

　　（2）使前阶段的过程一体化。

　　（3）简化设计周期：减少传递过程和步骤。

　　（4）几个过程同时进行代替按顺序操作：方案的重叠阶段或生产的进展。

　　（5）创造并授权于跨职能的团队，由它自始至终主管整个生产过程的进展。

　　（6）在团队内部和团队之间保持不断的联系。

（7）创立"多重学习法"，包括在过程之中学习，反复试错，在个人、团队和组织层面进行测试。（Sources for these items：Takeuchi and Nonaka，1986；Webster，1992；Ray Smith，personal communication，1993。）78

2. 精益生产和基于时间竞争的原则

（1）在整个装配过程中都运用即时方法，在生产目标既定的情况下，使位于生产线上的各部分必要时齐心协力，而非努力完成。

（2）通过对紧密相连的生产流程的定位，运用简单的企业布局和某一时段内只进行某一部分工作来确保生产进程连续不断的流动。

（3）避免价值链上任一步骤中浪费时间的现象，目的是从设计到消费都要节约时间。

（4）围绕主要的结果进行组织策划（那些直接有益于最终用户的活动）。

（5）同少量供应商发展一种紧密协调的长期关系，他们是企业的伙伴，应当把所有的部分都分配给他们（例如全部的席位）。

（6）在生产时，采用小规模的生产运转，快速转变产品，少量存货，各部分之间联系密切（"弹性工厂"的要素）。

（7）围绕一支独立的、功能齐备而且能够进行自我设计的工人团队进行工作，并授权他们执行主要活动，如做关键性的决定，包括停止生产线、找出错误。

（8）把信息作为关键性的变量，在实际情况中，关于工人、供应商、零售商和顾客的信息必须直接快速地交换。

（9）采用"扩展性目标"带来更加艰巨的挑战，这需要全新的思考和组织方法，以打破部门和职能之间的藩篱。（Sources for these items：Womack，Jones，79 and Roos，1991；Stalk and Hout，1990；Monden，1983；Kiyotaka Nakayama，personal Communication，1993；Blackburn，1991；Davidow and Malone，1992.）

风靡了许多西方制造型企业的准时制生产，或无库存生产（有时叫做看板），是一种讲求主要生产要素在生产过程中恰好在需要它们时准时到达的体制。准时制生产是精益生产的关键性要素，同精益生产一样，它的形成受到了一些美国组织的启发。

大野（1988）是这样说的："看板是我从美国超市得来的一个理想模式。我曾参观过美国的通用汽车公司、福特汽车公司和其他制造型企业。但给我印象最深的是超级市场在美国的盛行。在超级市场里，顾客可以得到他当时需要的东西以及需要的数量。从超级市场中，我们产生了这样的想法，也就是把生产线上的前期阶段看作一家商店。后期阶段（顾客）来到前期阶段（超级市场）以获得他当时需要的东西（商品），而且正是他需要的数量。前期阶段立刻生产出被销售的商品的数量（重新组织货源）。我们希望通过这个来实现我们的即时目标，1953 年我们将这一体制在主要企业的机器销售店付诸实践。

达维多和马隆曾经指出（1992），看板在其简易明了方面是极其成功的。通过致力于"在恰当的时候提供恰当数量的商品"，而且只同能够在需要时供应精确数

80 量的商品这样的供应商做交易，从而避免了大批量生产的企业成本。由于对在什么地方和什么时候需要什么产品的精确把握，先进企业免去了检查进货、大量存货、做账目表、订货、发运和接货的程序。精益生产归根到底促成了工作程序的简便化。而简洁明了的程序节约了很多时间。

由于企业关注的焦点是对顾客的需求作出及时的反应，所以它们的选择余地较小，而顾客在全球经济中选择余地相对较大，同时他们很乐意实践自己的选择。当企业压缩生产循环时间，将产品和服务更快地推向市场，甚至向顾客提供"实质性"产品和服务（如果顾客需要，可以随时随地得到）。他们发现时间上的具有讽刺意味的现象：快速投递产品和服务并不需要花费很多的时间，相反它花费的时间较少。在设计和生产过程上压缩时间能够提高组织的总体绩效。

从成功的再造经验、同期再造、精益生产和基于时间的竞争中，我们可以列出关于政府再造方案的设计原则。

3. 主要的规划原则

（1）围绕结果（顾客、产品、过程）而不是职能进行组织。

（2）几个过程并举代替按顺序操作。

（3）把后阶段的信息反馈到前阶段。

（4）在源头处一次捕捉信息。

（5）如果一有可能就为消费者和供应商提供单独的接触。

（6）确保"主要序列"（那些能为顾客带来直接价值的活动）的持续流动性。

1）区别能带来价值的和不能带来价值的步骤。

81 2）排除或分离每一个不能带来价值的步骤，使主要序列的流动既平稳又迅速。

3）运用分类鉴别法把复杂和危险的事例从平常的事例中挑选出来。

（7）不必为田间小径铺路，首先再造，然后自动化。

我们将逐一考察这些设计原则。

4.3 围绕结果而不是职能进行组织

当路易斯·亨利·沙利文阐述"使职能永远处于流动状态"这一基本的结构性原则时，他说明了围绕结果进行组织的本质。对于任何一位咨询员，如营销人员、图书管理员、城市规划者或其他服务领域的人员而言，这一原则是显而易见的。当一个客户问我，是否提供全面质量管理、自我管理团队、训练一线雇员为顾客进行优良服务的能力或者其他任何组织方法，我的答案通常是同样的：这取决于你想要的结果是什么。也就是说，全面质量管理和其他方法都是通向结果的手段。在决定采用什么手段之前，客户必须确定他想要达到的目标。很显然，这是一个服务领域中可能被忽略的不言而喻的道理，即你是朝着目标前进的。一旦想要实现的目标很清楚，你就能够围绕它进行工作。

就像20世纪90年代许多组织方面的事情一样，对于在结构僵化的官僚机构中忙碌的人来说，这个原则涉及到许多未被掌握的东西。在通过训练学会把方案和问题分割为部分以保证效率之前，围绕结果进行组织对大多数人而言是一种自然的方式。

以一件普通的事情为例：为一个家庭的度假做计划。当你和家人考虑下一个假期将如何度过时，你会怎么做？你首先做的是把每一个任务分配给家人吗："鲍伯，你负责装卸行李；玛丽，你和弟弟把你们想带的玩具带上；宝贝，你是我们旅行的财政部长，保证我们有足够的钱和信用卡；我来掌管后勤"？如果这听起来很熟悉的话，不是你的家庭会很早就决定去那里度假，而且不得不分摊杂事，就是你的假期会不那么愉快。

大多数家庭和个人在考虑度假时，总是先想到结果而不是分配职能。如我们想去哪里？我们希望过一个什么样的假期？我想有怎样的经历？这些都是我们会自觉或不自觉地问自己的问题，也是考虑如何度假的很自然的方式。把同样的思考方法用在购买房子、求职、读大学、添置新衣服上。一开始我们头脑中就已有了目标，除非以往的训练或某些特殊的限制严重缩小了我们的选择余地。

糟糕的是，尽管我们已经进入大批量生产的经济时代，我们的组织仍然没有以这种方式运作。当技术很简单而顾客愿意接受生产商为他们提供的任何东西时，劳动分工、专业化、自由交换和工作细分才有意义。当处于顾客对产品的速度、多样性、质量和便利的要求不断提高而进入高科技经济时代时，陈旧的分工体制并不能满足这一点。对它而言，要花费太多的时间。它的结构太刻板。对于受过良好教育，希望自己的工作是有趣而富有挑战性的员工来说，这样的工作是对他们能力的轻视。具有讽刺意味的是，这种旧体制不再产生曾经是最重要的资产，即用最低的成本生产大量产品。今天，把组织不断推向前进的是掌握这些期望，因此必须围绕需求的结果进行组织。

在斯托克和豪特《与时间竞争》一书中，他们提出了这样的问题："是什么将以时间为基础的组织同传统的组织区别开来？只需要两个简单的问题就能对其作出基本回答。一是我的消费者想要什么样的投送方式？在我的公司里哪一个组织和生产过程能够最直接地进行这种投送？"（169）"我的消费者想要什么样的投送方式？"这从另外一个角度强调了第一个原则，即围绕结果而不是职能进行组织。

斯坦利·戴维斯（1987）在他所著的《未来完成时》一书中，运用未来完成时描述了围绕结果进行组织的现象。未来完成时——"到星期五我将完成这个方案的工作"把你带到未来，然后再回顾。正如戴维斯所说，这样的远景意味着"现在是未来的过去"（26）。新兴经济要求对顾客的需求作出快速反应，成功的管理者必须以未来完成时的远景来思考、规划和领导企业："管理者在完成一个方案的各部分工作表现出来之前，就将战略提前设计出来"（26）。在今天真实的环境里，管理者成功的唯一途径是"未雨绸缪"（25）。

美国的军工企业早已懂得围绕结果进行组织的原则。一国军工产品的顾客，即国家期望得到的是国防力量方面的设备，这是主要结果。当我们的政治领导者给军工企业这样一个明确而特殊的任务时，如在海湾战争中，它做得非常好。原因在于整个组织面对国防设备和做战争准备的明确目标时，内部团结一致不断迈向预期结果。由目标引起的各种培训和教育活动，它带来的一系列要求和命令，对内聚力和忠诚的绝对支持，正义的独特代名词，这些和其他因素相结合，实现了我们的目标，即强大的国防力量。当军工企业接受的任务不十分明确时（如里根总统的第一个任期时的贝鲁特保卫战），而且与有关国防力量的争论议题联系不清楚时（它和麻醉药在战争中的作用相比），或两者兼而有之（越南战争），自然成效不显著。在这些情况下，我们要求管理者提供既定目标。

84　　　通过职能而不是结果进行设计的组织典范有：

（1）学院和大学，它们被分割为各个学术院系和学科，组织的目的是为了专业上的便利，而不是为了学生的学习。如果那些负责取得结果的部分被专业和学科分割开来，那么为了学生能更好地学习而制定的有益于教育的结果就不可能完成。

（2）警察局通常以任意巡逻和快速反应的方式运作，它的工作人员被职能分离开，如车辆管理、巡逻、调查和毒品事宜，各负其责。

（3）大多数医院、福利机构、城市的礼堂等任何规模的曾隶属于60年代之前就建立起来的各个行业的组织，都采用这种体制。组织理论学家亨利·明茨伯格（1989）指出，大多数组织，无论新老，都是由它们早期的前辈所建立的。新医院按原来的制度运行，出版社、酒店和消防局等也都如此。电子、计算机和其他高科技产业最近逐渐发展壮大，而它们并不具备同样的官僚条块分割的结构。

围绕结果进行组织的三种方法

前国家标准局局长刘易斯·布兰斯科姆曾经指出，如果要建一座新桥，有两种办法可以指定标准。一是给投标人详细的设计说明书，包括标有详尽注释的桥的图纸，各部分的细节设计，它们之间如何彼此适合，用什么材料等。二是给投标人有关桥的性能的详细要求，包括桥的最大承载量，它的最短跨度，它的最低使用年限等。

布兰斯科姆总结出性能要求往往优于设计说明（Marshall and Tucker，1992）。
85　工作人员可能按照图纸上的设计说明书来建桥（或政府方案），而它还是没有达到预期目标。如果这样的事确实发生了，谁来负责？在工作完成之前一切就已经定型了。另外，性能要求给了工作人员一个发挥创造力来满足使用者要求的机会。他们使自己的成果符合预期结果，而不是把注意力集中于实现结果的方法的管理。

围绕结果进行组织有三种方法：通过顾客、通过产品和通过生产过程。

1. 围绕顾客进行组织

围绕结果进行组织的第一步是确定客户是否要求特殊的服务。如果是，那么客户的要求就构成了投递产品，进一步说就构成了结果的基础。汉普顿、弗吉尼亚人力资源部的自我管理团队，就是围绕他们的客户进行组织的。过去人力资源部是以专门区域的分工进行运作的，有培训、补偿和分类等分工。现在他们人人都是多面手，通过专门的客户服务部进行操作，而不是在人员之间实施专门分工。每一团队的成员现在都可以"专务"于6个或更多个客户部门的工作，提供所需的一切人力资源工作。

康涅狄格州已经围绕客户和他们的要求，再造了失业救济办公室。从前的体制需要申请失业保险的人排长队等候。一旦登记成功，他们还得排第二支队，等待申请与他们的要求相匹配的工作。然后，他们不得不再次排队，接受岗位培训。这种按顺序的方法令人厌倦，费时太多，并且把善意的市政服务变成了以控制而不是以服务为中心的冷漠的互相推诿。

新方法废除了长队等候。现在，申请人按照预定顺序，接受面试。在新计算机系统的帮助下，每一个工作人员都能为申请人提供全方位的服务。他们已经被培训为工作多面手，而不是专门人员，因此他们可以处理申请人的所有要求（for more details，see Chapter Nine）。

这一转变包括新角色、新技术、有关工作目标的态度变化和大量的交叉培训。为了确保成功，在新体制实施之前，咨询了大量的工作人员，他们的许多想法都被新体制付诸实践。

围绕客户进行组织也是联邦工作培训伙伴行动的主题，该行动根据找到实际工作的人数（产出）来付钱，而不是根据完成工作培训的人数（投入）。

2．围绕产品进行组织

当客户很难确认（他们的数量太多，需求变化太频繁）或投送的是有形的商品而不是无形的服务时，围绕产品进行组织不失为一种好方法。圣地亚哥动物园就是围绕产品进行运作的典范，这里有很好的自然条件，以及教育和支持相结合的服务。以传统的方式根据分类运行，对工作人员很便利，使他们能够同懂专业的人共事。如果组织的主要目的是为了满足工作人员的需要，这样的设计很有意义。如果结果限定在客户对于产品的感受上，这样的设计将毫无意义。动植物在自然界不会以分割或专门化的方式生存。研究我们的环境就是一种一体化而非分离的训练，动物园现在正朝这个方向努力，即按照生物气候带运行。

一种有时称做"主题学习法"的教育方法显示了又一个围绕产品进行组织的例子。一些学校正在通过将几个班集中在一个共同的主题这种途径来结合学生的学习经验。在里士满、弗吉尼亚的政府和国际研究的管理者学校里，老师们分组工作，为由 100 个学生组成的集体调整课程安排。老师对自己所教的科目负责，但又共同承担学生的总体学习，他们关注的是结果，而并不是把一天分成以 45 分钟为一段的分散的时间段。他们采用灵活的时间表，制定中心主题（如南美单元）使一体化的学习更易于实施。每隔一两个月，四人教学小组的每个成员都会制定主题来作为学生学习的重心。

九年级的学生也要用一年的时间设计研究方案来获取学术技能。老师分组工作，帮助学生进行研究和调整方案的进程，数学老师在统计方面，语文老师在写作技能方面等给学生以指导。分组工作（每组既有学生也有老师）使老师成为多面手，打破了从前他们对"产品"（和结果），即学生的学习的传统束缚（Steven E. Ballowe，personal Communication，1991）。

另外一个围绕产品进行组织的典型是一家汽车公司，它常常用两到三星期的时间对所需的新部件进行成本评估。造成延误的原因是采用了一种标准的装配生产线，从开始生产到产品交到最终使用者的手中，这个过程中增加了关于六种不同职能的信息，从产品管理（准备设计图和说明书），生产管理（进行怎样装配部件的路线设计），工人管理（对制造部件的每一类工作所需的劳动力工作时间进行估算），利润（报价），经费（企业一般管理费用）到最后的销售。这个过程严格按照职能进行运作，违反了许多再造原则。它依靠的是有顺序的步骤，生产过程的后阶段的信息没有被反馈到前阶段，因此在生产过程中不准确的数字显现出来后为时已晚，需要大量地返工，信息被多次重复记录。

88

在一个小组对该过程详细考察，从中区分出有用的步骤之后，他们会见了成本评估的最终使用者，更好地掌握了他们想要什么样的产品。这个小组围绕最终产品对成本评估进行了重组。他们建议把六个步骤缩减到两个。现在，产品管理即准备设计图和说明书仍然保留。由四个工作人员代表生产管理、利润、经费和销售四个环节。这一集体每周碰两次头，并在一个办公室工作，由一人担任主管。这里没有互相传递的过程，如果遇到一个棘手的问题，一次会议解决不了，那么这一周将集中精力处理这个问题，下一次会议将它解决。带来的结果是，循环的平均时间从两到三周缩短到半周，评估的质量也大大提高（Stalk and Hout，1990；见图4—1）。

再造之前

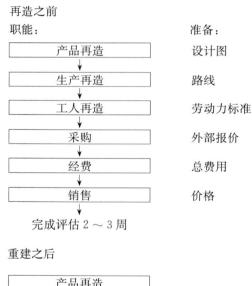

重建之后

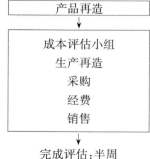

89　　　　　　　**图4—1　围绕产品进行运作：成本评估过程**

资料来源：经自由出版社和麦克米兰出版公司允许，摘自《与时间竞争：基于时间的竞争是怎样重塑全球市场的》，由乔治·斯托克，Jr.，托马斯·M·豪特所著。自由出版社，1990。

3. 围绕过程进行组织

当不存在确定的需要专门服务的客户，也没有有形的商品或产品，那么围绕结果进行组织就意味着根据过程本身进行运作。

太平洋铁路协会过去是一个僵化的层级制的官僚机构，它有充裕的时间使自己的组织形式更加完善，并在 19 世纪前半期已经做过这方面的努力。在 1986 年迈克·沃尔什被任命为首席执行官之前，这个机构具有所有政府机关的通病——臃肿不堪。从下面的例子就可以看出：这个协会中一个交易部门的管理者可以进行 2 200 万美元的预算，"但如果不经过奥马哈总部的书面批准，就无权花费超过 2 000 美元。而且这个批准过程长达 8 个星期之久！"(Peters，1992，88)

沃尔什在太平洋协会发起了一场结构和体制的变革，今天它是一个真正全新的组织。例如，在沃尔什重组之前，这个组织在操作层面上有十级管理层。当一名跟踪调查员在客户层发现不良记录时，他必须把这个消息传送到他这层以上的第八层。消息送达总经理时，总经理把这个消息交给销售层和市场层的副主管，他们将消息向下传最终到达客户手中。 *90*

这个组织和它的传递信息的过程被彻底地精简。沃尔什在他上任后的 90 天里，废除了五级管理层，遣散了许多主要工作是收集和传递信息的经理。现在，当跟踪调查员发现客户层中的不良记录后，他只需简单地告知客户。再也不需要停止工作，传递信息，不需要批准和逐级上报。如果客户的行动受挫，跟踪调查员只需同管理人员接触（见图 4—2）。

俄勒冈州再造了投标申请，方法是围绕过程进行组织。过去，当俄勒冈州希望私人承包人投标时，它像多数机构所做的一样，用一个冗长而且公文繁杂的过程来确定项目要求，编写工作规范说明，把这些东西写出来，放到信封里，然后将它们寄给许多承包人。只写地址和承包人名单以及装信封的工作就需要 15 名工作人员。单单每年的邮费就要花掉 10 万美元。

这个州的官员考察了基础性的假设。旧过程的两个根本性假设是投标申请必须以复制件送出，由州政府来决定付钱给销售方，来把握他们与州之间的交易机会。新的过程将这些假设颠倒过来。现在，投标申请通过在线方式发送，有兴趣的销售方使用由该州提供的软件，掌握投标机会。俄勒冈州不必花 1 万美元的邮费，销售方现在通过他们每月的长途电话账单付"邮费"，而且再也没有什么硬拷贝需要去完成和传送了（这些工作也被淘汰了）。而且，销售方可以进入系统，了解谁以什么价格赢得了投标，这会逐渐降低他们的投标价格（Martin，1993）。

无论一个机构围绕客户、产品或是过程进行组织，目的是一致的，就是使工作人员和他们的工作朝目标方向努力，不在于工作本身或工作量的多少。如果仅仅关注工作量的多少：职业培训部门为多少名失业者提供了培训，消防局应对紧急情况的次数，接受过产前护理的孕妇的比例占多少，这样的衡量标准意义不大。公民想知道的，管理者想了解的，都与目标而不是与工作量相关：多少名失业者找到工作而且保持就业？火灾的总体数量是否下降了？平安降生的婴儿的数字是否有所增加？ *92*

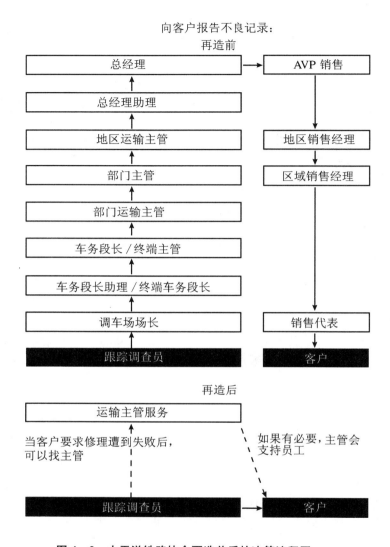

图 4—2   太平洋铁路协会再造前后的决策流程图

资料来源：1993 影像出版公司，经允许后使用。

　　当政府机关围绕结果运作，使工作人员具有获取相应成果的工具、权力和责任感，那么它就具备了任何组织应有的关键性因素——组织的核心。

　　许多公务员乐于把工作重心放在围绕结果进行他们的工作上，但是发现他们执行的政策缺乏明确的结果。这种缺乏源于立法过程，为了使一项议案成为法律，民选官员们不得不相互妥协。他们在其中增加了修正案，使金钱介入来实现附带目的，从事与我们的体制所需的公平交易。因此，对职员而言，实现"国会的意图"（以及市议会或州立法部门的意图），没人对此表示极大的热忱。立法过程含有多重意图，反映出不得不满足选民的多种利益需求。在此情况下，职员还能够围绕结果工作吗？

如果他们清楚地表达出，预期结果看来与立法或政策的官方指示相一致，并且能够为结果赢得支持，否则，答案是他们不能。当然做到这一点并不像表面上那么难。官员在面对有争议的公共政策议题而且无法取得一致同意时（对营造商而言，是否使新开发项目的评论过程既快而且为用户需要着想，或是既慢又充斥着各种公众听证会来与环保主义者相协调），他们有时私下里很乐意由工作人员帮他们摆脱困境。通过谋划一些与公共价值（公开、负责、平等）相一致的方法，工作人员能够填补政策真空。有些工作人员不愿意这样做，有些则把这视为创造性工作和前进的机会。当工作人员愿意前进的时候，他们阐明预期的（可能是有限的）结果，精心设计能够成功实现这些预期结果的方案，官方常常乐意分享这份荣誉。

围绕结果进行组织：假设上的转变

原有的假定：执行同样职能的人应该共事。我们无法控制自己工作的结果，所以除了我们直接经手的工作，我们无法对结果负责。

新假定：处于同一工作进程中的人应该共事。当我们不是围绕结果进行组织的时候，我们无法控制自己工作的结果；如果我们确实围绕结果进行组织，将会发现我们比想象中更能控制结果。

4.4　几个过程并举代替顺序操作

一个曾经为一群人做好一桌菜的人会更好地理解这个原则。如果你只是分别做菜，就不可能在预定的时间点把所有的菜都准备齐全。有经验的厨师知道，如果一个菜需要进一步操作，他马上准备其他几个菜。

不幸的是，大多数官僚结构机关并不运用几个过程并举的原则。它们仍然是按部就班。有一天我正在休假，我出去买报纸。售货员告诉我必须在前面的柜台付款，而我到那儿准备交 35 美分的时候，那里的三个售货员正忙于应付我前面的顾客，没法收我的钱。第一个售货员在等着收一个顾客的旅行支票；第二个在等着把支票记入现金出纳机（一旦支票被第一个售货员确认）；第三个在耐心地等着前两个人完成，她就可以把账单收好。这种按顺序操作的生产线，在 1914 年由亨利·福特完善起来，80 年后仍然存在而且运作良好。

组织世界中数个过程并举的一个典范涉及到了高科技的运用。在通过电子邮件联络的时代，管理者依靠按顺序操作的方法联络是毫无道理的，信息传到高层管理者手中，他又把它传给中层管理者，然后又到一线管理人，最后才到工人这一层（如果还有人注意这个）。直接给老板的电脑发信息，那么每一个有权使用电脑的人都能同时得到这个信息。

斯坦·戴维斯（1987）成功地进行了这样的联络。他把老式机械电视的按钮比喻为按顺序的、逐级的联络。从二频道到七频道，你不得不经过按钮上介于其间的频道，就如同传统的逐级联络方式。今天，在美国人的起居室里，遥控器代替了老式按钮。从二频道到七频道只需一步完成，你可以快速地从一个频道转到其他任何频道，因为从每一个频道都能直接到达其他频道。同样，组织也在不断强调快速完整的联络和交流。每个人都和其他人联系在一起，决定哪些信息应该传递，哪些信息应该拦截的中层管理者，他们作为"信息警察"也就失去了存在的意义。美国微波通信公司是同步联络的典范。该公司的领导者鼓励每个员工使用公司的电子邮件系统，直接给老板发送意见或建议，很多员工都这么做，有时甚至是在自己家里的电脑上。老板看了以后，会直接给他感兴趣的员工回复。

95 　　在再造过程中，几个过程同时进行代替顺序操作有几个非常明显的优势。过程越深入，出现错误、延误和信息被遗忘等情况的可能性就越大。当围绕产品或过程进行的某一方面的某一个环节的工作，交到下一个环节后，如果出错的话，会丧失主动权，而且会受到批评。几个过程同时进行能加快结果的实现，使错误尽早被发现并得到解决。

　　几个过程并举代替顺序操作的实例：

　　（1）在承担新产品的并行工程过程中，设计阶段、扩展阶段、生产原型和制造阶段可以协同展开（见前面的讨论）。

　　（2）在生产商、供应商、销售商和零售商之间建立电子联接，通过信息的即时传递来节约时间。这种系统叫做电子数据交换系统，它使沃尔—马特百货公司周转存货的时间比它的对手快一半。通过扫描每一种售出商品的条形码，把信息用电脑传给商品的供应商和制造商，沃尔—马特百货公司赶在其他商店之前，使宝洁公司这样的供应商了解到当地的销路需求，因此他们能"即时"地将售完的商品放在货架上（而不是仓库里）（Harmmer and Champy，1993；Davidow and Malone，1992）。

　　（3）远程电话会议使"全体员工会议"更加常见（一个分散的组织，能够同它的所有员工同时面对面交流的唯一方法）。

　　（4）现在许多机构使它们的设计人员直接同客户接触，而不是通过层层管理过滤客户的反馈意见，这样可以在方案的设计和进行中，以及服务方面得到客户的实时反应。

96 　　（5）一些放贷机构的批准抵押过程（一个顺序操作的过程，一般需要 4～8 周）正在一些特定的银行被重组。17 个员工的小组使用电子联系方式，使他们能在几个小时里处理大量的申请（Vevity and Mc Williams，1991）。

　　（6）毫无疑问你曾经在快餐店排队等待付款时，碰到一个员工，他帮你把菜单写下，交到收款员那里。

　　（7）一些保险公司正根据它们处理抵押申请的过程进行再造。旧的体制就像一条装配线。申请要经过 60 人之手，5～6 个不同的部门，30 个不同的步骤，如信用审查、报价、评估和最后承保等等，这些都是按顺序进行的。安泰人寿和意外保险公司已经完成了这个重组过程。如今，一个通才（有时叫做方案经理）能全权处理申请，从接受申请到决定接受或拒绝申请。方案经理接受过交叉培训，在以电脑为基础的专家系统的帮助下，能够处理 90％或更多的申请。方案经理确实需要帮助时，可以得到专家的指点。

1992 年在重新设计这些过程之前，安泰拥有 3 000 名员工，他们遍布在 22 个商业中心，在这些地方可以提交保险申请。申请者要等待 3 个星期，才能知道他们的申请是否被批准。

这 3 000 个位于 22 个中心的职位后来被缩减为 4 个工作中心的 700 个职位。一个独立的安泰代表，通过用电脑连接起来的工作网络，执行申请所需的全部程序。带来的结果是：申请者只需 5 天就可以得到申请结果。安泰估计，新体制一年能为公司节约 4 000 万美元，并提高工作效率的 25％（Gleckman，1993；见图 4—3）。

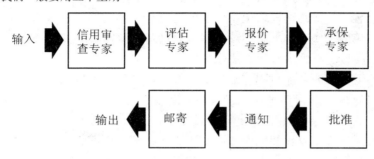

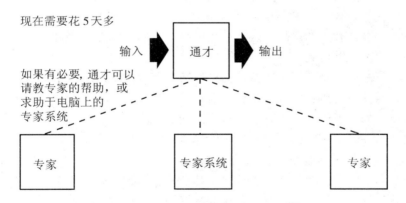

图 4—3 安泰人寿和意外保险公司再造申请过程 *97*

几个过程同时进行的方法使计算机领域的许多人感到兴奋。计算机科学家正在设计一种系统，它能够允许大量的计算机同时就一个复杂问题的几个方面进行工作。为了达到这个目的，要求工作程序从专制、分散、顺序进行转变为精益生产方式和同期再造。有人预测，在不久的将来，我们可以将成千上万台电脑连接起来，处理更大更复杂的问题（Davidow and Malone，1992；Davis，1987）。 *98*

几个过程同时进行代替顺序操作：假设上的转变

原来的假定：为了保证质量和确定责任，工作必须按部就班。

新假定：一个顾客社会不会等待顺序进行的方案和服务。聪明的人，通过恰当的技术和无缝隙的工作过程，可以同时做很多工作。

4.5　把后阶段的信息反馈到前阶段

有一次，我去看病，我的膝盖有些疼。医生诊断为软骨撕裂，可能是因为慢跑引起的。"您看该怎么办？"我问。他回答说："你想怎么办？"我不知道他的意思是什么。医生说："你想怎么对待自己的膝盖，继续跑步？接着打网球？拖着你的膝盖在地板上活动？我的建议取决于你想要怎么样。如果你只想进行一点小处理，我们可以做一些小工作。如果想继续跑步或打网球，就需要外科手术和一个很长的恢复过程。我要做的事情由你的意愿来决定。"

99　　这个医生是对的，他试图在工作的一开始，就将后阶段的信息（我希望自己的膝盖被如何处理）反馈到前阶段。而且他也运用了我们的第一个原则，围绕结果运作。

并行工程方法在设计和生产方面使我们了解到，当信息由一个过程或体制所分散时，时间和质量损失了多少，指责和批评产生了多少。当每一种职能（管理、营销、生产、会计账目等）的工作都互相独立，不了解后阶段的需要和要求，这种缺乏一体化的工作方式产生了严重的问题。同期再造通过把各种专家放在一个小组，自始至终地来设计和生产产品，既然小组里每一个职能都有，因此，每一步所需的信息从一开始就能够得到。

我们的第三个原则，把后阶段的信息反馈到前阶段，给组织中的大部分人带来了有用的东西：一切尽在掌握之中。它也直接导致了我们第一个原则的实现，即围绕结果运行。如果把所有的后阶段信息反馈到前阶段，那么围绕结果运行则很容易实现。当你到一家餐馆用餐，服务生告诉你他们的一个特色菜已经卖完，后阶段的信息反馈到前阶段，这就使当你选择这家餐馆时，头脑中的结果更具有实现的可能。并且节约了你的时间，降低了你的失望程度。（如果你先到这里，点了那道特色菜，然后又得知你吃不到，这个菜对你就更为重要了！）

"一切尽在掌握之中"的原则对大多数管理者而言当然十分重要。一个质量改善小组花几个月的时间进行工作，却不了解限制他们工作的因素，很显然违反了这一原则。我曾经与中层管理任务组共事过六个月，帮助他们就改善一个机构的绩效评估体制提出一些新点子和办法。这个任务组报告了他们的新办法，有些对这个机构而言很富有创造性，包括对评估的自我评价，对管理者实施自上而下的评估，关注目标而不是特征。不幸的是，负责人对这个报告的评价没有切中实质。他感到心

100　　烦意乱，因为任务组在做这个报告之前，并没有在该机构的所有层级上捕捉信息。后阶段信息，即负责人希望我们如何收集数据，从来就没有告诉过我们，而我们也没有花时间去问。不用说，要求任务组的成员再次从头开始他们的方案时，他们转动着眼睛，决定退出。

第 1 章提到过"伙伴关系"，从这一新型关系中可以看出关于这个原则的最有

趣的一个事例。当一个政府机构与一家私人企业就一个建筑工程签订合同时，经常会用到伙伴关系。过去这样的工程不仅超过预定时间交工，预算超支，而且质量达不到客户的要求。主要原因在于，整个过程是在相互对抗的情况下进行的，双方都想减少由对方带来的损失。

伙伴关系使两方（或几方）在一个共同的目标下结成小组，共同的目标就是满足客户（机构）的要求。在结成伙伴的这段时期末，整个小组已经完成了将后阶段信息（工程进行阶段每一方的要求）反馈到前阶段。工程开工之前，机构和承建商的负责人已经了解到可能出现的缺陷，就解决争端的方法达成一致，他们站在对方的立场上，理解了不同转折时期另一方的要求，而且他们就如何推进工程以及共同的信息基础达成共识。

除了美国工兵部队之外，亚利桑那州运输部也深信伙伴关系。1991 年财政年中（创立伙伴关系之前），运输部 27% 的建筑工程没有按时完成，而且有 2 300 万美元的索赔要求。两年以后，引入了伙伴关系，没有索赔要求，推迟完成的工程很少，运输部通过运用"价值工程"的方法节约了 40 万美元，这种方法使承建商和运输部的工作人员都致力于就提高效率改进措施提出建议（Cole，1993）。这些成 *101* 功中一个关键性的因素就是把后阶段的信息，即双方关心的问题，反馈到前阶段。

1.　一些将后阶段信息反馈到前阶段的例子

（1）有时工作人员会在一个客户进门之前，告诉他获得许可所需的信息（见第 8 章夏洛特维尔社会服务利益分担法）。

（2）一个机构的员工会拜访享受该机构的方案、产品或服务的外部客户，从而了解客户的使用方式，他喜欢什么和厌恶什么，哪些变化是有益的，哪些特点很好但不必要。（一个明智的机构，在拜访对其给出不同绩效单的客户之后，会发现它应该重视那些从未有人看过的绩效单！）

（3）当设计一个创新的产品或方案时，创建原型会是一种有效的战略。与传统的计划不同的是，在原型产生出来并推向市场之前，需要大量的时间来进行创新设计。原型产生出一种"又快又特殊"的样式，可供生产过程中的其他人，以及潜在的使用者对此作出反应。这些反应构成了可以反馈到设计者那里的"后阶段信息"。设计者可以赶在对初始模型花费大量时间和资源之前，进行改变。在软件开发领域中，申请创建原型（使用测试方案）是很普通的，一种软件模型生产出以后，把它交给可能的使用者以确定他们的要求。美日在汽车制造上的联合投资就运用了创建原型的方法，从那些必须生产和营销新模型的人那里获取信息。创建原型有很多益处，包括加强了工作人员之间、供应商之间和客户之间的合作，更好地利用了时间，因为设计和生产是平行的过程。这使反馈的循环缩短（Marsters and Williams，1993）。

2.　将后阶段信息反馈到前阶段的假定转变 *102*

原来的假定：信息会随着时间的改变而变化，是按顺序产生的，只能在顺序的相关点上得到（或"只有我们到达那里，才会得到信息"）。

新假定：信息可以在任何时间、任何地点得到，预先得到信息的才最有价值。

4.6　在源头一次捕捉信息

　　每次我去干洗店的时候，都会经历同样的过程。服务人员很礼貌，能够记起我的名字，而且很快找出我的衣服，然后我留下一些衣服干洗，他们填完纸条后，问我的电话号码？为什么他们会持续问我同样的问题？我的电话号码已经很久没有变过了。当我在自己经常光顾的假日旅馆连锁店登记住宿时，我问了同样的问题。在高科技时代，为什么接待人员每次都问同样的问题呢？

　　为什么他们不能领会多米诺比萨所领会的道理，即多次获取同样的信息是浪费客户和工作人员双方的时间。多米诺拥有它所需的所有老主顾的资料。当工作人员看到他们的顾客身份系统中顾客的电话号码时，他们只需接受订单准备出发。多米诺不再需要顾客的地址。他们在源头一次捕捉信息。

　　信息每传递给另外一个人，就多一分出错的危险，像我们小时候玩的打电话的游戏，一条信息由一个孩子悄悄告诉另外一个孩子，到最后，它已面目全非了。

　　第四个原则，即在源头一次捕捉信息，是许多高级管理人员长期以来追求的目标，他们对经常收到错误的迟到的信息感到失望，这使他们只有很小的选择余地和很短的决策时间（Peters，1979）。

103　　一次获取信息不仅仅对管理者重要。对于一名要在三个机构的三个队伍中，填写三个不同的表格的失业申请者而言，这是对他的不尊重，是浪费他的时间。而且这也增加了不必要的管理层级和管理费用，容易引起信息出错和丢失。它将一名专业人员变成了花费很多时间检查信息准确性而不是提供服务的办事员。对申请者和职员来说，在源头一次获取信息非常重要。

　　在一个分散的批量生产的组织中，一次获取信息实际上是不可能的。各个部门太专业化，它们使用自己的计算机系统，独立地从同样的客户和销售方那里收集数据，而它们的技术又不允许它们共享信息。而且，独立的任务和报酬系统导致的信任缺失使它们没有理由共享信息。

　　在线数据库、条形码和电脑网络时代，一次获取信息成为可能。在顾客占主导地位的时代，这一点已经非常必要。许多顾客完全不愿意浪费时间来填很多表格，随着时间的推移，顾客要求专业人员用整体的而不是分散的方式对待他们。

　　技术的进步使铁路运输能够从源头一次获取信息。为了跟上列车的轨迹而使铁路产生了早期的组织层级制。今天列车的标志是可以用计算机处理，通过传感器并输入计算机系统来进行跟踪。正是先进的管理者接管保守的层级制以后导致了这样的变化的产生，就像太平洋铁路协会所做的一样。

　　在源头一次获取信息也可以在国有公路上体现出来。许多公路上的收费亭都被电子征费系统代替。司机不必减速，没人站在收费亭那儿收费。相反，扫描器通过扫描挡风玻璃上的像信用卡大小的牌照，把交费单送到家里或办公室。这种电子系*104*统始于80年代末，它的快速普及有三个原因：为了方便司机；为了节约公路管理局的费用；为了减少交通阻塞。电子系统与人工收费相比，每小时能提高三倍的工作效率，而它的费用还不足人工系统的 10％。

在源头一次捕捉信息的其他例子

（1）夏洛茨维尔和弗吉尼亚消防局向曾经遭受火灾损失的市民发布了事故报告。过去准备这个报告的过程是非常乏味冗长的，部分原因是必要的信息必须被记录和输入至少五次，由两到三个工作人员多次输入信息。这个过程已经被再造，现在只需一个工作人员输入信息一次就足够了。

（2）比尔·马里奥特坚持数年翻阅由马里奥特旅馆送来的投诉卡。他知道只有这种同客户的直接联系才能使他真正地了解客户的需求和他们的喜好。

在源头一次获取信息：假设的转变

原来的假定：必须经常获取信息，以保证控制和准确性。

新假定：信息必须一次获取，使过程更有效率并保证准确。

4.7　尽可能地为顾客和供应商提供单独接触的机会

你对这种感觉体会太深了。你打电话给一个政府机构（或任何大的机关）要求了解某种产品或服务的信息。等了一会儿后，你又打电话给另外一个机构，重新说明你的要求。你被告知要找的单位不对："我们这里没有这种服务，你应该给 X 部门打电话。"两三次以后（每次都得重复你说同样的话），如果你要找的人当天正好在场，你可能会得到所需的东西。

顾客在同政府和大的商业公司打交道的时候，得到的常常是推脱之辞，并认为这是约定俗成的。官僚机构对用户并不友好，因为它们只满足自己的需要，而不是满足用户的需要。因此为了购买一种产品或服务，我们不得不同三个、四个、五个或更多工作人员打交道，对此我们并不吃惊。在一个以生产者为导向的世界，顾客只能被动接受为他提供的一切。

在一个以顾客为导向的世界里，我们拥有选择权，而我们所做的大部分选择是，在进行商业活动或与政府机关打交道时，尽可能减少与人的接触。客户服务专家指出，在获得一种服务时，我们接触的人越多，就越不满意（Albrechat and Zemke，1990）。在传统的金字塔形的机构和缺乏现代信息技术的条件下，选择余地很小，只能使顾客接受几个服务人员的服务。

随着方便和快捷对顾客越来越重要，在投递服务时，为顾客提供单独接触的原则成为实质要求。单独接触需要组织方面的几个重要转变：从专家职位转向通才职位（由专家和在线系统支持）；从储存信息的部门转变为自由分享信息的活动小组；

105

从与大量供应商之间的对立关系转到与一小部分供应商之间长期的紧密关系；从部门、职能之间明显而严格的界限转变为一种流动的状态，工作人员可以在其他部门、在供应商的位置、在家、在顾客所在的场所开展工作；从定位在控制支配上转到定位在为直接与顾客打交道的第一线工作人员提供服务上。

106　　大的政府机关也在学习如何提供单独接触。如前所述，康涅狄格州失业救济申请者要与至少三个不同的工作人员接触，被确认符合接受失业救济和相关服务的条件。进行了重大再造之后，一切都改变了。现在申请者按约定的时间会见一名提供服务的工作人员。等待、填表所花的时间和机构本身的推脱早已成为过去。

单独接触服务的其他例子

（1）为诺福克（弗吉尼亚）海军造船厂服务的家庭住房服务办公室在1991年开了一家欢迎中心。目的是满足军队中的工薪阶层和他们家庭的服务需要。欢迎中心通常在海军家庭住房办公室提供服务，但是它做的远不止这些。它为部队家庭与房东之间的争端提供调解服务，为人们提供食品券信息、宗教服务以及大量的社区服务。工作人员会帮助军队家庭审阅与军队的租约，为那些需要特殊服务的人提供咨询。同时它也为诺福克登记新家庭进行投票的城市职员提供空间，办理车辆登记和提供公立学校的信息。

（2）加利福尼亚的默塞德县再造了社会公益服务的申请过程。申请者曾经要等四个星期才得到一次会见，现在只需等三天或更短。单独一名社会工作者，在专家系统的帮助下，处理所有的申请者提交的申请方案，极大地减少了这一过程所需的时间。确认是否符合资格的准确性大为提高，人员更新的频率也降低了，10个月内工作效率提高了148%（Mechling，1994）。

（3）美国劳动部正在雄心勃勃地创造一种一步到位购买法。为了给失业者提供
107　更简单更平等的服务，劳动部正在实施一项全面的工人调整战略。联邦政府只提供了150种职业和培训方案，使许多人对他们的选择权一无所知。劳动部声称，这个系统是分散复杂的，只为那些符合条件的人提供了极少量的服务。

对于为那些需要失业服务的人实现一步到位法的州，劳动部计划通过发放补助的办法使工作一体化。劳动部打算建立职业中心的全国性网络，使工人、学生和雇主获得关于工作、劳动力市场、职业教育、培训机会、财政选择权、学徒方案和特殊工作资格要求的信息和服务。代替过去自上而下的官僚机构的方式，华盛顿告诉各州应该做什么（但是几乎不提供任何资金），劳动部想用补助和资金来激励那些愿意简化它们现有的操作程序，加入职业中心网络的州。只要各州提供单独的服务、快速反应、工作和培训要求的信息和服务、职业计划和求职帮助，并通过招募和审核申请者为雇主提供帮助，劳动部就为产生创造性方法提供施展空间。

提供单独的接触：假设的转变

原来的假定：组织应围绕明确的职能来组织，为各个部门提供便利。

新假定：组织应围绕各个过程来组织。顾客和销售方应与代表整个过程的代理人进行接触，为顾客提供便利。

4.8 确保"主要序列"的持续流动

快速的转变和即时的服务无论是对政府机关还是对商业组织都越来越重要。斯多克和豪特（1990）确定了快速转变和即时服务的两个关键性途径。为了压缩时间，有必要：（1）围绕主要序列运行；（2）保持工作的持续流动。

围绕主要序列运行的原则意味着，关注于能够直接为最终用户增值的活动。所 *108* 有其他的活动应该或被排除，或被减少，或进行离线的工作（与主要序列分开）。定义"增值"有不同的方式，如果希望顾客或最终用户掏腰包，最应该做的是下面的活动（Harrington，1991）。

1. 能够增值的活动：顾客愿意为此掏腰包

（1）使产品或服务离顾客更近（把顾客购买的商品送到家里，而不是放在后院）。

（2）把产品和服务更快地送达顾客手里（传真、24 小时投送和 911 突发事件处理系统）。

（3）添加我们关心的特色（例如，比萨上的蘑菇、对车辆的巡逻控制和为优秀学生提供丰富的活动方案）。

（4）结合或提炼一些内容以创造一些更有意义的东西（清理和美化一块空地，修建一个城市公园，把部件装配成一辆车或一台立体声收音机）。

（5）使一种产品或服务更好地为用户着想（安装调制解调器和传真的电脑）。

（6）使第一线的工人更好地满足我们的需求（训练专业人员变成多面手，并提供一步到位购买法）。

（7）为顾客提供准确的实时信息（看病的程序，公路上的车辆运行情况）。

许多组织活动与顾客完全无关，这些无益的活动应该被减少、排除或从主要序列中撤走。

2. 无益的活动：顾客不愿为此掏腰包 *109*

（1）检查。

（2）监管。

（3）会计、预算和其他企业一般管理方面的活动。

（4）一个部门到另一个部门的互相推诿或退出。

（5）信用审查。

（6）返工。

（7）调解。

（8）文件。

当然一些无益的步骤通常也是需要的，我们的原则强调，这样的活动必须从主要的增值活动中分离出来，使整个过程平稳向前。

我们的几个原则（在源头一次捕捉信息，提供单独接触，几个过程同时进行代替顺序进行）的目标是保持持续流动。如果站在顾客的角度考虑，这一点很容易理解。比如，很少有人认为排队等候有价值。在四季酒店，他们最好的客户在到达之前就办好了入住手续（通过它们的信息系统），客户到达之后唯一要做的就是取房间钥匙（Stalk and Hout，1990）。这种方法就是保持持续流动。

已经对过程完成再造的大学里也能找到这样的例子，如学生注册。从一个队伍跑到另一个队伍、填表、得知想进的班级已经满员、完成补充或遗漏的表格、排队等待第二次或第三次选择，时间在这个过程中流逝。如今所有无益的步骤都省略了。许多学生找出自己所在的年级、核对课程和登记注册都不需要离开自己的房110 间。所有的一切都通过电子方式完成。许多大学使用学生信息综合系统使注册工作对学生和工作人员来说，都很简便。学生会得到一张工作单，教他们如何使用按钮电话，几分钟之内就能完成注册选择。一个有声提示系统告诉学生按哪个纽来获得信息和选择班级。而且会通知他们哪个班已经满员或有限制。学生马上就可以知道他们什么时候能进入班级，无须争先恐后或填写表格就可注册完毕。整个过程的中心是增值的步骤：获得信息和作出决定。一切都是那么井然有序。

保持工作的持续流动不仅免除了客户的等候时间，而且更好地利用了工作人员的时间，因此也就更好地利用了组织的资源。一些全面质量管理的权威如 J.R. 朱兰博士估计，服务机构中的工作人员要花 30% 或更多的时间重复工作。当所有的活动进行改革以后，重复工作无疑是最无用的活动，它不仅增加了成本，减少了工作人员的责任，而且使工作中心从客户身上转移。

那么组织怎样围绕增值的活动运行，以保持工作的持续流动呢？

确认增值和无益的步骤

首先，必须确认增值的步骤。对一名高级管理者而言，最有用和最具威力的活动之一是同那些执行人员检查每一个步骤。结果往往是令人震惊的，发现工作过程中一个正常的部分是大量的浪费和重复工作。而对现存过程的深入了解带来的震惊引起了改革的动机。有时一个简单的流程图就足够了。

勾画出原来步骤的轮廓之后，其中包括每一步都要问的相同的问题：顾客或最终111 用户愿意为此付钱吗？我曾经在一个市政府工作，通过画出流程图和问这样的相同问题显示出巨大的威力。在一次质量服务的专题讨论会中，我们讨论了现在的组织过程。我要求取代现在的过程，它太长了，有人主动提出"内部实用账单"。一些人转动着眼睛，我知道我胜利了。这个过程必须确认每个部门这个月使用的公用设施，并列出准确的账单，一些部门占了好几座楼，他们很小心地使账单准确无误。

然而，当我们看到现有的流程图，每个人都震惊了。3 个使用不同计算机系统的不同部门都有一个包括 19 个步骤的过程，这个过程是难以置信地冗长，而且其中能够增值的步骤很少。当我开始确认那些不能增值的步骤或和别人相连的步骤时，一个老记时员微笑着对我说："你好，60 年代初我开始在这儿工作时，我们没有任何步骤。财政部门仅仅在每个月末通知我们，我们的待遇是多少，这占我们预算的多少。"这个过程很快从 19 步简化为 3 步。如果我们不画出现存的流程图，那么一切都不会改变。

<h2 style="text-align:center">从主要序列里排除、减少或分离不能增值的步骤</h2>

当不能增值的步骤无法排除，那么它们应该被移出主要序列并同时操作。福莱特纳重型汽车有限公司在学会缩短投递时间后，市场份额双倍增长。它将标价和信用审查这样不能增值的活动从主要序列里移走，对它们进行"离线"工作（Stalk and Hout，1990）。图 4—4 显示了简化后的系统。

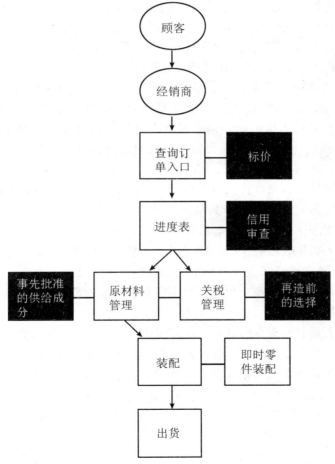

■ 方框表示不能增值的步骤

图 4—4 从主要序列中把不能增值的步骤分离出去：福莱特纳简化后的系统

资料来源：经自由出版社和麦克米兰出版公司允许，摘自《与时间竞争：基于时间的竞争是怎样重塑全球市场的》，由乔治·斯托克，Jr.，托马斯·M·豪特所著。自由出版社，1990。

113 　　康涅狄格州哈特福德县国税局的征税区分法，通过确保主要序列的持续流动，1992 年以来取得了很大成绩。通过使用统一体之后，哈特福德办公室的工作人员发展了一种自动化事务管理软件方案，征税区分法基本上改变了管理集体和税收官员的作用以及他们之间的相互关系。通过把所有纳税人的信息输入到计算机里，统一体使税收官能很快确认他们所需的信息，结束从前大量的文件工作。它为第一线的税收官创造了无纸办公系统，他们现在可以为纳税人提供一步到位的服务。一线税收官很快就能看出每个纳税人的状态和他的优先需要，因为一线税收官一次处理 50 件～100 件纳税事务，所以这非常关键。

　　在使用统一体之前，一线税收官只能为纳税人处理单个问题，如纳税人前几年没有交税这样的事实。如今，他们发挥着显著的作用，他们对纳税人的纳税状况进行评估，教他们以不同的方法遵守国税局的规定，就相关财政问题对他们提出忠告，同时征收拖欠的税款并保证拖欠税款顺利上缴。

　　使用这种自动系统后给税收官带来极大的便利，征税区分法揭示出简化主要过程的可能性。一个重要变化是，他们废除了管理集体从前要求税收官所做的工作，即乏味的事务检查，将管理集体的作用从控制器变成教练和推进器。管理集体每月要检查每名税收官的 4 个案例，包括对每个案例的 5 个要素和 102 个子要素的检查。征税区分法的主管伊丽莎白·麦克奎尼，受到富有创新精神的地区主管吉姆·奎因的启发，使工作人员确信，这些检查没有任何增值作用，只能使过程进度放慢。1992 年，经过与税收官、管理集体、联盟领导人和处于国税局层级中的其他人的广泛讨论，她的区分法取代了每月的检查。通过注意税收官的主要活动，即解

114 决拖欠税款的事件，以及取代耗时较长的检查，处理事件的时间从 40 周降到 21.6 周。同期拖欠税款的征收增加了 14%。

　　工作人员实现了一个更为显著的转变，他们缩短了确认"当前不能征收"的过程。过去，从一名税收官决定一种情况属于不能征收到把信息输入到电脑中，平均要花 14.7 天。这既浪费了工作人员的时间，也造成了出错的可能。工作人员画出现在的流程图，仔细检查每一步，找出那些不能增值的步骤，比如他们废除对同一个文件的多重处理。

　　随着工作人员研究现存的过程，他们确认出哪些步骤是浪费时间，哪些应该同其他结合起来，哪些应该排除。经过共同努力，他们找到一种更快、更简单的决定不能征收的方法，并将其付诸实践，结果是，过去要花 14.7 天现在只需花 1.4 天（Elisabeth Mc Queeney，perSonal Communication，1993）。

使用分类鉴别法

　　对一个过程而言，上述步骤的变化提供了更多的选择。大多数组织过程相对比较刻板。对每一种需要都采取同样的过程，使我们在大规模生产企业中保持一种"一刀切"的心理，如每一个想取得建筑许可的公民都要经过相同的步骤，无论情况的复杂性如何；每一个希望得到贷款的人都要实施同样的程序；就业申请、晋级

决定、客户投诉似乎都有固定的模式，并不考虑实际情况。

最能体现这种刻板的方式的事例是采购。在大多数组织里，进行采购是很头疼的事情。10 美元的采购也需要经过相同的程序，打报告、签字批准，甚至像 1 000 美元采购那样进行论证。海军怀尼米港机构研究他们的采购过程后发现，无论是数额多小的采购，都要在讨论中花掉 250 美元。这个过程如此漫长，尤其是在政府机构中更是如此，原因在于过去形成的陋习。有人曾经从其亲戚（或政府官员）开办的公司垄断性地进行采购，这样导致采购的成本比在其他任何地方都要高出许多，结果就使人们对制度不放心，要求制定更多的命令和文件。

115

先进的组织用不同的方法处理不同的要求。他们引入分类鉴别的概念，以便复杂的和危险系数大的情况适用于一种过程，而常规行为则采用不同的简化的过程。这种思想是从医院处理一群突然受伤的病人时采用的方法而得来的，有些病人可以救活，有些不能，有些比别人更需要马上治疗。机场的机票柜台使用了分类鉴别的方法，需要买票的人和有票只需检查行李的人在不同的队伍排列。这样做非常精确，因为这种观念并不是什么新东西，而那么多的组织都缺乏这一思想是令人吃惊的。

领事事务局在发放护照上创造性地运用了分类鉴别法，简化了这个过程。这个变化是应 1993 年更换护照的需要大量增加，以及领事事务局本身减少人力和财力的需要而产生的。

在旧体制下，一个公民要到当地的邮局或联邦机构，或去大城市的地区护照办公室填写申请。每次申请，包括第一次申请、更换和紧急要求都要在一个地区护照办公室完成。完成以后，护照送到申请者手里。更换护照一般需要六个星期或更长的时间。

领事事务局的工作人员发现，地区办公室的工作负担太重，他们采用了分类鉴别系统来改善这种状况，现在，想更换护照的公民可以把一页纸的申请和现在的护照直接寄给匹茨堡的一家银行，在资料初次进入方面它和政府有联系。它把资料录入磁带，给申请标上条形码，并把磁带、申请和护照在第一天晚上寄到位于新罕布什尔州的朴次茅斯护照办公室。在那里，工作人员进行最后的确认，完成更换。由电脑打印出新护照，发回到申请者手中。

116

现在更换护照的时间一般是一至两周。而且，减轻了 13 个地区办公室的工作负担，使它们可以更快处理不断增加的初次申请。有紧急情况的人可以直接到联邦大楼，在几个小时内完成护照更换。这种分类鉴别的方法，把要求更换的寄到一个地方，初次申请的交到地区办公室，并在当地处理紧急要求，使有关护照的工作能力上升了 25%（Gary Sheaffer, personal Communication, 1993）。

确保主要序列的持续流动：假设的转变

原来的假定：为了保证质量，放慢进程。所有的申请必须经过同样的程序（一刀切）。

新假定：不必牺牲质量就可以实现客户的主要需求，即速度和便利（不同情况要区别对待）。

4.9　不要为田间小径铺路：首先再造，然后自动化

最后讨论这个原则（Hammer，1990）是将它作为一个提示，即自动化是最后的而不是最初的关键性步骤。为了在工作中取得显著的成绩，你不能以技术开始。引入最先进的技术可能非常有用，然而，在重新设计过程之前，它并非时时处处都有用。首先工作过程必须进行再造，然后才能自动化。正如哈佛商学院教授加里·W·洛夫曼所说："取得成果并不是因为技术是突破口，而是因为它支持了商业流程中的突破性思想"（Gleckman，1993，57）。

"为田间小径铺路"这个术语来自波士顿和它修建的街道。显然，在比恩镇修建第一条街的时候，他们确实重新铺设了旧路。今天，赞成进行过程再造的人使用"为田间小径铺路"来描述我们对先进技术的滥用。就像波士顿早期的街道一样，我们对过时的工作方法进行大量的计算机化。一张卡通画中一个人骄傲地夸耀他的现代化计算机系统，说："现在我们实现了自动化，我们做错误的事情也会更快"（Carr and others，1992，89）。长期宣告的由计算机带来的办公室革命从未发生，主要原因是我们试图把效率低下的、分散的工作程序自动化。

历史上曾发生过类似我们滥用现代技术的事情。如詹姆斯·马丁所说："第一辆汽车被叫做'无马的马车'，形状就像一辆没有马的马车。很久以后人们才认识到一辆汽车可以有不同的形状。与此类似，第一台收音机被叫做'无电的电报机'，而没有人认识到广播与电报机并不像。今天我们都在谈论'无纸办公室'和'无纸公司'，但是我们只是重复原来的工作组织方式"（Carr and others，1992，88—89）。如果现在的工作设计是一种笨拙的方式，将笨拙自动化是没有成果的。即便有，只会使事情更糟，因为以现在的方式投入资源，不过是耽搁时间，使管理者观望不前。他们会说："已经付出了成本，我们只好忍受下去。"

没有首先改变基本的工作实践，就进行自动化这种经常被人引证的典型发生在通用汽车公司。在80年代，这位汽车业的巨人投资300亿美元~400亿美元对工作进程实施自动化。然而遭到失败，反而引起大规模的骚乱。例如，在通用汽车公司1985年新成立的企业里，使用260个机器人焊接、装配和为汽车上漆；55辆自动控制的车服务在生产线上；还有其他高科技的装配，包括使用激光检查和控制整个过程。

这个结果，被自动工业分析家马瑞安·凯勒（1989，206—208）形容为："读起来就像50年代的B级片，可以被命名为来自地狱的机器人……"

（1）用来为汽车喷漆的机器人实际上在互相上漆。

（2）用来安装挡风玻璃的机器人总是故意将玻璃打碎。

（3）生产线被停止几个小时，而技术员在抢着调试软件。

（4）机器人变得混乱不堪，它们冲进汽车，毁坏车辆和机器。

（5）计算机系统下达了错误的指令，导致零件装错了车。

麻省理工学院就汽车工业做了一项研究，得出了滥用科技的结果。1989年自动化程度最低的日本企业，也是世界上效率最高的汽车企业。研究中自动化程度最高的汽车企业是欧洲的工厂，与效率最高的企业相比，它需要70%或更多的努力实现标准化装配任务（Womack，Jones，and Roos，1990）。

几乎所有的再造方案都运用了最先进的技术，包括当地的网络、客户/服务器计算机系统、图形用户界面、电子成像等。但是，只有工作重新设计以后，技术才能发挥作用。80年代美国工业在信息技术上花了令人难以置信的1万亿美元，除了停滞的生产力几乎什么也没有得到（在那10年中生产力增长不足1%，而日本几乎达到5%）。而且，接受超过8 000亿美元新技术投资的服务部门，生产力增长最低。如今，巨大的投资终于盈利了，但不是因为技术，而是因为"管理和组织结构上横扫一切的变革，正在重新定义工作是如何完成的……'再造'一个过程对传统的假设和程序构成挑战，这些传统的假设和挑战开始走向终结"（Gleckman，1993，57）。 *119*

早期记录的几个再造的例子表明了运用技术的正确顺序。一些城市和州的社会服务机构运用了单独接触法，如俄勒冈的新的提案征集过程、康涅狄格的失业救济机构和湖地地区医院，它们并没有接受技术的领导。只有在假设改变和过程再造，关注目标之后，才引入技术。

首先重组，然后自动化：假设的转变

原来的假定：先进技术提高了生产力。

新假定：在过程中技术强化了力量（或弱点）。

这一章讲了七个基本的再造设计原则和一个常被忽略的主题，即挑战基本假设。因为再造这个词听起来很技术化，人们有时会认为它的原则很难掌握并付诸实施。然而，正像本章所列举的例子，设计原则只是普普通通的常识。而大多数官僚教他们的职员怎样在各种各样的人和部门之中采取自然的工作过程，并划分成若干步骤，则不是常识。再造要求抛弃，也要求学习。 *120*

当这些再造设计原则可能是最自然和简单的时候，从业者在着手进行根本的改革之前，他们会明智地和同事一起对这些原则进行反思，并讨论这些原则应用的可能性。他们也需要找到一种应用这些原则的有效方式，这种方式对职员和顾客都有意义。下一章我们将介绍一种应用这些设计原则的模式，并说明这一模式最初阶段有关的步骤。

第 5 章

为公共部门再造创造条件

5.1 本章概述

本章为公共部门再造提供了一个基本的设计模式，并详尽描述了该模式的第一个阶段：评估。我们将着重探讨成功的公共部门再造所应当具备的四个条件以及在这个过程中的几个关键角色。

5.2 关于革新者

我在 1986 年开始为一本著作收集资料并进行研究，该书分析了那些成功的革新者，他们在公共部门促成了重大的管理和组织变革（Linden，1990）。他们中的一些人是中层管理人员，还有一些人是高级行政主管，其中有一位是选举产生的政府官员。我发现他们具有同样的个性特征：他们都是坚持不懈地以极大的专注和充沛的精力投入所追求的目标——当然，除了专注和精力之外，他们还共同遵循了七个策略。我把其中的一个策略称之为"从具体的步骤开始"。我发现这些革新者在他们采取行动之前进行了大量的战略思考，但在正式规划上他们却费时甚少。革新者通盘考虑期望达成的目标，决定从哪里获得支持，然后就从一些具体的步骤开始起步。这些步骤包括了收集顾客的反馈意见，重新组织，重新设计一个运行系统，以及把潜在的同盟者放在关键位置上等等。革新者都是非常明显的行动导向的管理人员，他们不会纠缠于琐碎分析之中，从而使自己陷入麻痹瘫痪的危险状态。他们积极行动，获得某些反馈，根据反馈意见修正既有的路径，然后再度投入行动。有着敏锐眼光的公共管理理论家鲍伯·贝恩（1988）把这称之为"通过摸索进行管理"。

　　然而，跟这些革新者不同，那些成功地再造了组织过程的管理人员并不是从具体的行动起步的。那是因为再造过程实际上在组织生活的每一个层面都引起了复杂 *122* 的变化，对这些变化必须有预期，并且必须为之作好规划。对某个特定的组织过程所作的重新设计肯定会影响和波及其他的组织过程。很快地，员工们就意识到需要其他的变化来支持组织再造过程：绩效评估（从以个体为基础到以团队为基础），预算（从以职能为基础到以行动为基础），管理信息的方式（从控制到授权），等等。也就是说，组织必须进行重新排列，以便支持新的目标。因而，那些对组织再造感兴趣的人必须花费大量的时间来考虑这样一些问题：他们需要什么？为什么要进行组织再造？他们是否愿意对其进行长期的积极支持？他们需要谁的帮助？从哪一步骤起步？如何解释变化的目的？他们必须了解成功的组织再造所应当具备的条件，明确在这个过程中的几个关键角色。这些条件和角色以图表的形式展示在下面的图 5—1 中。

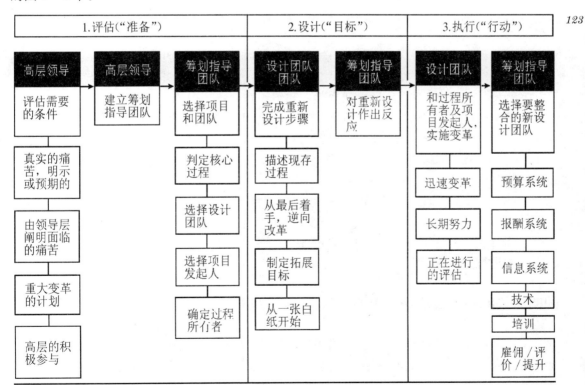

图 5—1　过程再造模式

5.3　再造的必备条件

如图5—1所示，决定再造的条件是否得到满足主要取决于高层领导者在评估阶段的活动。四个条件中的第一个条件在绝大多数情况下都不是领导层所能控制的；另外三个条件则需要高层官员的行动。

明示的或预期的真实的痛苦

据说绝大多数组织变革都是受到痛苦的驱动。很少有组织会仅仅因为一点细枝末节的烦恼或不适而进行大刀阔斧的革新。相反，通常只有在组织面临极大的威胁或者遭受重大损失的情况下，组织内部的成员才会在刺激和推动下放弃他们所熟悉的一切，进入未知领域。正如某些人忽视医生有关他们日常不健康的生活习惯的告诫，直到他们的生命受到心脏病或者是其他严重的疾病的威胁时才如梦初醒、追悔莫及一样，组织为了克服惯有的惰性也需要强烈的威胁和刺激。

124

福特汽车公司、施乐复印机公司和摩托罗拉公司是私营公司中进行革新的三个典型代表，它们都是在面临市场份额和利润额丢失的严重痛苦和挑战下，成功地在公司文化和经营方式上进行了革新。此外，在痛苦驱动下进行革新的例子也出现在政府部门：美国国税局、联邦紧急事务管理署、佛罗里达州的杰克逊维尔和弗吉尼亚州的诺福克的海军基地。不是在紧急和迫切压力下进行的重大的组织变革是极其少见的——诸如，在80年代早期，通用电气公司大刀阔斧地削减规模（从1981年开始总计有20万名雇员遭到遣散）和组织重建；1993年，普罗克特与加伯尔公司实施的削减12％的劳动力和工厂里20％的生产工人的雄心勃勃的计划。事实上，管理学教授吉布·戴尔对40家公司进行的研究结果表明，在所有情况下，公司在它开始真正的变革之前无一例外地不得不经历一段非常困难的时期（Dumaine，1993b）。

由于再造在最初充满了危险性、分裂性和潜在的昂贵性，因而对于组织来说，经历真正的痛苦和压力便是非常重要的。如果缺乏这种现存状态和理想状态之间的痛苦或压力，组织成员就不会感受到进行重大变革的迫切需要，从而有可能对变革不进行全力支持。

阐明面临的痛苦或威胁以及对之置之不理的代价

组织领导者的工作是清晰地阐明组织面临的痛苦或威胁。如果威胁和压力来自于财政方面，通常可以很容易地描述这种状况。除非领导者在组织成员中毫无威信，否则，丢失的市场份额（或者是政府机构的日益下滑的财政预算）便成为组织按照日常模式难以为继、不得不进行革新的明确信号。其他威胁来自于无法及时满

足和迎合顾客偏好（诸如 80 年代的王安实验室和国际商用机器公司）；流失最有才
华的组织成员（美国住房和城市发展部就曾经发生这种现象）；丧失关键顾客群的　　*125*
支持（通常是由于丧失信誉所致），这方面的典型例子是 80 年代早期的美国环保
署；或者说是失去了最重要使命后的美国国防部最为典型，在共产主义威胁逐渐减
少乃至消失之后，国防部的绝大多数机构都面临如何使其预算要求合理化的问题。

　　有必要在这里提出一个警告：组织所面临的威胁或痛苦必须是真实的，它必须
是被组织成员所察觉到的；它不能是虚幻编造的（Davenport，1993）。组织的领导
者或许富于洞察力和想象力，能够在危机刚刚出现征兆时就准确地捕捉到信息——
事实上，优秀的组织领导者的确能够通过透视过去的历程来预测未来的挑战——但
是，威胁或痛苦必须是真实的并得到清晰的阐明，唯其如此，组织成员才有可能相
信危机的存在并采取切实行动。某个政府管理机构的前任领导者试图通过告诉职员
他们的顾客不再对机构的服务保持满意，从而使职员认识到对机构进行重大变革的
必要性。这位首脑并没有夸大事实，的确有某些顾客对机构的服务越来越不满意。
然而，在该机构工作的职员们并没有感觉到这种不满，因为他们没有亲眼看见。新
到任的领导者还没有在职员中建立起自己的威信。并且，职员所获得的有关顾客的
不满的信息极少——从表面看一切正常，对机构的总体评价继续保持在较高的程
度。如果这位机构领导者能够带领各种不同的职员与他们的顾客面对面地谈话，从
而让他们直接听取顾客的要求和关注，就肯定能够在向职员展示客观存在的威胁时
取得更大的成功。

　　我曾经目睹了一个城市管理者在洞察到一个威胁并向职员们阐述这个威胁时的
优异表现。在一个关于质量服务的研讨会上，与会者学习了如何使用流程图。为了
更清楚地进行说明，我邀请团队描述某个对外部和/或者内部（雇员）顾客显得非
常费事的过程。那就是我在第 4 章所描写的有人提出的实用性排序过程。等到团队
以一个包括了 19 个步骤的繁琐的流程图表示了一个原本应当是相当简单快捷的过
程之后，所有的人都惊奇地看着画出的图表。组织面临的痛苦和威胁（人力资源的　　*126*
不合理使用、浪费的时间、少得可怜的自动化手段）一目了然。

　　这位管理者说道："如果我们的顾客坐在这儿看着我们描述这个过程，你认为
他们会说些什么？如果我们是一家私营公司的话，照这种状况运作下去将会有什么
样的后果？如果我们对这种情况不加以改进的话，我们还能指望留住任何顾客吗？"
他提出问题的方式，他个人对繁琐费力的过程的担忧，以及这种笨拙的过程显而易
见不可能为任何人所接受的事实，这些因素共同结合在一起，致使组织成员对面临
的威胁和挑战以及对这种威胁放任不管的严重后果有了一个清晰的认识。

应对痛苦或威胁的明确的计划

　　组织再造至此算是进入了具体阶段。如果缺乏应对威胁或痛苦的某些途径、模
式或理论，组织成员难免犹豫观望或不知所措。如果组织成员能够理解组织面临的
挑战，明了在不进行变革的情况下这些挑战会给他们带来什么样的损害，认识到变

革对他们和他们所担负的职责意味着什么，那么，他们通常会对应对挑战的明确的计划作出积极的反应。在各种各样关于"管理变革"的研讨会上，有许多关于组织成员抵制变革的谈论。我自己也亲眼看到有许多人对正在进行的变革怀有抵触情绪，但是，我发现一旦由某个享有威信的人物坦率真诚地阐述组织存在的问题及其消极的影响、潜在的解决办法，组织成员在绝大多数情况下会对变革给予良好的支持反应。而有些管理者常常沮丧无奈地摊着双手并喃喃抱怨着抵制变革的组织成员。其实，这些管理者应当在责备下属对他发出的信息漠不理睬之前先检讨一下自己，并问一下是否自己在下属中建立了足够的威信。

在华盛顿特区附近的某个城市，我有幸聆听了该市管理者所作的有关变革必要性及其解决途径的观点。他告诉了他的高级职员为什么变革有着如此重要的意义，他为什么要在变革中同时推行全面质量管理和组织再造，他的观点非常具有说服力：

127　　"我们成为了我们自身成功的牺牲品，或者说这是我们自我感知到的成功，这种状况已经持续了很久……我在这里所说的'自我感知到的成功'是指我们的顾客即市民们通常只对我们说好话，告诉我们好的一面。他们甚至告诉我们对城市的管理工作做得很好。由此在某种程度上助长了我们的骄傲自大心理，我们告诉自己我们的管理工作做得不错，总体而言我们的工作成绩是很理想的。

"但事实上，你跟我一样清楚，我们在相当大程度上在踢皮球和消极怠工，只不过是以一种市民看不到的方式进行罢了。本来应当是几天完成的工作实际上花费了几周。本来只需花费数千美元的项目结果却大大超支。为什么呢？因为我们内部没有很好地进行协调。如果借用全面质量管理中的术语，那就是我们没有把彼此当成内部顾客。我们支付不起在部门之间保持这些森严的壁垒和界限的代价。我们不可能长久地遮掩这些问题，并且，随着我们的市民对更加高效的行政管理效率的期望越来越高——我们都知道这一天迫在眉睫——我们再也不可能有充裕的时间来进行扯皮和争夺势力范围。到目前为止，这种变化对我们每个人来说到底意味着什么还不是非常清楚，但是，就我个人来说，我强烈地感受到有必要从你们这里获得尽可能多的投入和参与，唯其如此，我们才能够设计我们对这些问题的解决办法。

"我希望你们参加一个有关两条途径的研讨会——全面质量管理和过程再造——以便决定它们是否为我们提供了清除部门壁垒和变成一个更加高效精干的组织所需要的工具和模式。"

通过这种方式，他提出了一些发人深省的问题。然后，他和他的下属部门领导花费了更多的时间来探讨质量管理以及过程再造的原则。在随后的一次会议中，整个团队决定追求全面质量管理和过程再造两条途径。他们理解了存在的客观压力和组织变革的必要性，他们看到了在挑战面前无所作为的严重后果，并且，他们认同摆在他们面前的模式。

高层领导的积极参与

毫无疑问，任何一个革新都需要来自于高层的支持。无论是全面质量管理、顾客导向服务、自我管理团队运动，抑或是一个通过缩减循环周期和强调速度来提升竞争力的雄心勃勃的计划。实际上任何一本咨询性质的书籍和管理学专著都强调了从高层获得支持的必要性。

过程再造之所以和其他革新有所区别，就在于它不仅需要来自于高层的支持——还需要高层领导的积极持续和参与。组织的领导层必须理解组织再造的全部含义并参与每一个具体步骤。这样做的原因很简单：与全面质量管理和大多数其他革新不同，过程再造不把现存的组织结构作为给定的基础。恰恰相反，过程再造要求我们从一张"干净的白纸"起步（关于这一点我们以后再讨论）。最终，一个经过再造的组织所拥有的专家人数将是寥寥无几，它将围绕过程而不是部门和职能来进行组织；它将剥夺剩余的参谋专家手中的权力；它将迫使绝大多数职员扮演新的角色并担负新的职责。再造所带来的分裂性以及可以感知到的威胁是巨大的。并且，某些人可能会因为他们的"地盘"——正如他们所定义的——面临消失的威胁而感受到更大的压力。以往都是由一系列各自为政的部门控制工作中的某一环节，与这种做法截然相反，经过再造的组织将迫使职员摈弃壁垒和界限，并找到在一个完整的过程中团结协作的途径（Stewart，1993）。因此，只有在高层领导的积极参与下，组织再造才能够得以成功，而高层领导还必须清楚地认识到自身领域内应当发生哪些变革，并推动那些担负着重新设计重责的下属们坚持不懈直至变革彻底完成。正如霍尔、罗森塔尔和韦德（1993）所说的，"如果缺乏来自于高层管理者的强有力的领导，伴随着如此激烈的变革所出现的心理和政治动荡足以破坏变革本身"（119）。

当领导层清晰地展示了现有的或预期到的痛苦或威胁；当阐明了对痛苦或威胁置之不顾时有可能对组织产生的重大损害；当组织成员获得了应对威胁的一个明确计划；当高层领导积极地参与了整个变革过程，在所有这一切的基础上，组织再造便具备了获得成功的坚实基础。

5.4 再造过程中的角色

一旦高层领导者坚信组织再造的四个条件都已经具备，则挑选关键角色和正式启动工作的时机也已经成熟。为了展望新的过程并脚踏实地地实施既定目标，有必要确定恰当的人选。拥有影响力和威望的高层领导者必须自始至终地领导再造过程，因为那些担心丧失既得利益的人必会玩弄阳奉阴违的把戏，他们会在一时的忍让和退缩之后伺机反扑，而只有拥有实权的领导者才能够抵制这种反扑。除此之外，那些将要在重新设计过程中发挥作用的人员也必须参与抵制保守势力的活动，因为他们知道问题的症结所在，他们必须使新的过程得以顺利运转。

在政府部门，挑选恰当的人选尤其有着特殊重要的意义——因为政府部门的工作结果通常比私营企业更难以量化。发生在私营部门的一个再造过程能够在 39 个月而不是原来的 60 个月里开发出一种新型的汽车——正如克莱斯勒汽车公司所展

128

129

示的那样，这是一回事。而对一个警察部门的首脑来说，要使下属部门朝着治安社区化的方向进行再造，这完全是另一回事，因为他必须考虑到所有的初始成本和培训成本以及分裂性后果，而他所依据的基础仅仅是一些长期研究文件，这些文件记录了这一变革对犯罪所造成的影响。通常，当正在重新设计的工作很难进行量化时，革新者的威望和判断力决定着能否支持某项变革的建议（Linden，1990）。因此，组织再造的领导者需要的不仅仅是权力，作为成功的变革推动者或实施者，他或她必须同时具有良好记录和威望。

强调寻求高层领导者的参与并不意味着再造过程完全是自上而下的，事实上，它只意味着再造过程中的每一个具体步骤都需要高层领导的积极参与——不是消极的支持。实际的创造性的工作很可能是由正在进行再造过程工作的某些职员来完成的。正如托马斯·斯图尔特（1993）所写的，"当顾问人员继续前进，再造由蓝图逐步变为现实时，除非不得不与新的工作设计人员共同参与它的创建过程，否则，辛辛苦苦赢得的成果很有可能功亏一篑"（48）。

下面是理想的再造群体的四个组成部分：筹划指导团队、设计团队、项目发起人以及过程所有者。

130 筹划指导团队

这个团队的成员由高层机构的参谋组成，它的工作是协调各种不同的再造项目。它负责判定核心过程，并决定哪个过程应当先行再造，哪个过程应当放后一点，以及哪个过程压根不需再造。它确保从某个项目中获得的经验教训可以在其他项目中得到共享。它听取来自于再造设计团队的建议并决定是否对其表示赞同和认可。此外，在整个再造过程中，它还注意寻求各部分变化的一致性。例如，如果某些组织单位开始通过自我管理团队的使用来提供一步到位的购买服务，由此就会出现许多需要由一个高层团队来决定的问题：团队管理人员的新职责是什么？我们如何来评估团队成员的绩效并对其提供回报，由谁来作出这些决定？团队的绩效标准是什么，它们是建立在个人基础上还是团队基础上的？这些问题（我们将在第8章中进行讨论）对长期的组织再造的成功具有关键意义，因而需要高层的筹划指导团队的协助解决。

在对机构重建存在严重纷争的情况下，这个团队还需要同时协助这一问题的解决。例如，在1993年夏季，为了减少财政压力和提高管理效率，戈尔副总统在《国家绩效评鉴》中建议披露某些特定机构合并的消息——诸如移民事务服务机构和海关总署的合并、禁药取缔机构和酒精及烟草管理局的合并、火器管理局和联邦调查局的合并，而由此引起的支持和反对这一主张的政治诉求铺天盖地。只有那些在政府部门中享有卓越声誉和威望的高层领导者才能够作出平息这些争端所需要的困难而重要的决定。根据对州一级和联邦一级政府的再造项目的一项研究结果，92%的被调查者认为高层行政主管的团队参与是非常重要的（Caudle，1994）。

关于筹划指导团队，还需要说明另外一点。名称的选择——我们把它称之为筹

划指导团队，而不是筹划指导委员会——是经过深思熟虑的。团队和委员会之间存
在区别。委员会通常包括来自于不同组织单位的代表。一个学术委员会的成员肯定
是来自于不同部门或学校的代表；一个关于多样性的机构委员会则肯定是包括不同
种族和人种背景的代表，依此类推，等等。委员会的成员代表了特定群体的观点，
而阐述这种观点通常就是他们的主要职责。他们之所以出现在委员会，首要的原因
是基于代表目的。因此，委员会可能会得出一个一致的决定，它也可能会得出几种
不同的选择方案，或者，它也可能得不出任何结果。当委员会的主要目的是代表形
形色色不同的观点时，前面几种情况都是有可能出现的结果，而且都有可能是正
确的。

　　而团队则全然不同，团队的成员只有一个目标：完成既定的任务。除了组织本
身之外，他们不代表任何特定利益。正如足球队的成员如果首先注重于协调进攻方
或防守方就不可能赢球一样，对于一个组织性团队来说，除非它的成员只有一个使
命——为整个组织作出最佳选择，否则它不可能获得成功。组织再造需要筹划指导
团队，而不是筹划指导委员会。

设计团队

　　真正的再造工作是由设计团队完成的。设计团队需要的规模不大——最多是
6～10 个成员——并需要两种类型的成员：现有再造过程之内工作的人和现有再造
过程之外工作的人。该团队的任务是利用四个再造步骤来创建一个新的过程。他们
先描述出现有的过程，然后从理解最终用户的需求和期望着手，接着，他们从一张
白纸开始，仿佛在没有任何限制的情况下设计新的过程，想方设法力求满足"扩展
性目标"（关于这些概念，在后面的第 6 章将会有详细描述）。而拓展目标是由项目
发起人给他们指定的（参见下一部分）。

　　为了在设计过程中节省时间，团队需要一些了解现有过程的成员，他们必须清
楚现有过程是如何运作的以及为什么它以这种方式运作。这些"内部成员"在团队
建议作出特定变革时同时也起到了建立一定信誉的作用，他们对再造过程所持的支
持态度足以对心存疑虑的其他成员产生有力的影响作用。

　　设计团队需要在两个关键的群体身上花费大量时间：现有过程的最终用户（从
他们这里了解哪些是运作正常的，哪些是亟待改进的）和其他公共和私人组织（在
变革途径方面有值得借鉴的经验）。这些访问和谈话跟整个再造过程一样，相当耗
费时间。所有的团队成员都必须从他们现在任职的部门内获得充裕的时间来进行这
方面的努力。

　　设计团队中至少有一半的成员应当来自于现有过程之外。他们处于挑战假设和
提出"显然"问题的最佳位置：为什么过程以这种方式运作？为什么这个部门要介
入？这些增加的步骤有何价值？在每一步骤中时间主要被耽搁在哪儿？正如土地管
理局的某个再造团队领导所指出的，"你需要一个打破旧习的人！你需要一个偶像
破坏者，他不愿意接受现状，并迫使人们挑战他们的假设"（E. K. James, personal

82

communication，1994）。

为过程再造大造声势是非常重要的，但它也有着很大的分裂性。为了确保团结协作、共同工作的能力，团队应当进行团队建设方面的训练，并接受关于过程再造原则和步骤的指导。保持团队整体协作的一个关键因素是它的推动者。这个人可能是由项目发起人或者团队本身选举产生的。在一个机构所进行的第一次再造努力中，由项目发起人来挑选推动者会更加明智；随着机构再造经验的积累以及哪种类型的人能够成为优秀的推动者更趋明朗化，团队应当自身来推选推动者。

项目发起人

项目发起人应当是筹划指导团队的一个成员，他应当肩负特殊职责，既为再造设计团队确定整体目标和方向（Carr and others，1992）。项目发起人为设计团队谋取和分配资源，由于整个再造过程可能需要花费几个月的时间，因而必须有某个人来决定从什么地方获得人力资源和资金，从而支持组织再造的努力。项目发起人的另一项职责是制定团队必须达到的特定的拓展目标。此外，项目发起人还负责"前台的场面设计调度"工作，也就是说，在某些再造努力中，需要项目发起人进行这方面的"预备工作"以便减少再造的阻力。例如，如果设计团队将推荐一种会大大改变某些中层管理人员的现有职责或者是削减某个部门的现有权限的新的再造过程，那么项目发起人就会和这些受到影响的人士碰面，从而帮助他们对即将到来的变革做好准备。这一职责要求多种技能的极其难得的结合：项目发起人必须既坦率又机智，既敏感又以任务为导向，既注重个人需求又强调组织需要。项目发起人的角色是非常困难的，但又是非常关键的。

项目发起人必须充分掌握有关设计团队的进展和方向方面的信息，因为一旦设计团队提出它的建议，项目发起人就变成了它在筹划指导团队的同盟者。筹划指导团队负责对设计团队提出的每个建议作出最终决定，但在这个过程中项目发起人的观点和意见有着很大的影响作用。这就要求项目发起人对其他设计团队的项目了如指掌，惟其如此，他或她才能够展示设计团队的建议，其他的再造努力和机构的总体方向是如何保持同步的。

项目发起人不必是机构在再造过程中最知名的专家。然而，他或她必须处于一个高级的受到尊敬的职位，必须具备优秀的人际交往技巧，必须对整个机构范围内的事务有一个良好的综合了解，必须具备坚持不懈地推动和实施再造的顽强毅力。对于项目发起人来说，牢记科学家和教育家詹姆斯·科南特的这句格言会大有裨益的："看一看海龟，它只有在伸出脖子时才会前进。"

过程所有者

过程所有者的职责就是实施新设计的过程。在组织再造刚开始时，由谁来扮演过程所有者的角色并不一定明确。如果设计团队的确是从一张干干净净的白纸起步，对

133

134

新的过程没有任何预想，那么可能会存在几个过程所有者。例如，在第 6 章所描述的一个个案中，当弗吉尼亚州的夏洛特维尔城再造它的商业许可过程时，至少存在三个可能的过程所有者——当时参与了颁发商业许可的三个部门首脑。在其他情况下，新的过程所有者可能就是对现存过程负责的那个人。总的来说，过程所有者和现存的过程有着某些关联，理解它的产生，并对一种全新的产生方式持开放态度。

如前所述，项目发起人担负的主要职责是推销新的过程，而过程所有者担负的主要职责是确保新的过程顺利运转。后者的工作更多的是实施而不是概念化。他或她应当是设计团队的一员并积极参与所有的再造努力；但是，最主要的任务是确保新的过程得到有效实施。因此，过程所有者首先是一个实干家、行动家。也正因为如此，过程所有者需要具备以下品质：

（1）彻底了解新的再造过程将如何运作，新的再造过程期望的结果，以及新的再造过程与其他机构的再造过程之间的相互关联。

（2）与那些参与新的再造过程的人员保持良好的关系。

（3）作为一个优秀实施者的良好声誉。

（4）激发那些和新的再造过程相关的人员的能力（因为有可能会遭遇故障、阻力，或者是来自于那些自认为是变革中的利益受损者的其他部门的敌意）（Hammer and Champy，1993）。

（5）充沛的精力。

最后一种品质——充沛的精力——经常被那些研究高效的管理人员和领导者的学者所忽视。约翰•加德纳曾经为六任总统服务过，并在约翰逊总统任期内担任健康、教育和福利部部长，他在这一点上就有着深刻的认识。事实上，在他的优秀著作《论领导能力》（1990）中，他把充沛的体力和向上的精神列在领导者所应具备的品性的第一位。加德纳同时还提到了积极高效的领导者对其他人造成的影响："精力和智慧的源源释放。"（136）过程所有者对那些在新的再造过程内工作的人员和那些使用新的再造过程的人员有着同样的影响。通过简化工作、为职员分配能够激发他们的技能和创造性能力的广泛的工作，以及为最终用户提供一种使用重新设计的过程的无缝隙经验，过程所有者在为他人激发了精力的同时也增加了价值。

表 5—1 归纳了参与过程再造的关键角色及其作用。

表 5—1

筹划指导团队
1. 协调各种不同的机构再造项目
2. 判定核心过程
3. 决定哪些过程应当再造以及项目的时间安排
4. 确保整个机构能够从每个项目中学习经验
5. 决定接受哪些建议
6. 负责机构战略、系统和结构之间的重新调适
7. 解决由再造所产生的内部争端

续前表

<hr />

设计团队

1. 负责从描述现有过程到提出新的过程的实际再造工作
2. 访谈现有过程的最终用户，以便获得他们对问题的看法和意见
3. 对照其他机构的经验，学习满足拓展目标的其他替代性方法

136

4. 判定满足最终用户需求的选择性方案；记录每个选择性方案的成本和收益
5. 为筹划指导团队提供建议
6. 和其他职员共同支持新设计的过程

项目发起人

1. 是筹划指导团队的成员之一
2. 担负为设计团队的项目确定整体方向的职责
3. 谋取和分配资源
4. 为设计团队制定特定的拓展目标
5. 和那些因为设计团队提出的建议而受到影响的人士会面，减少再造阻力并帮助他们为转换角色做好准备
6. 支持设计团队向筹划指导团队提出的建议

过程所有者

1. 负责实施新的过程
2. 向其他受影响的人士推销新的过程
3. 通过判定最终用户对过程的反应以及解决组织再造对其他人产生的问题，帮助新的过程团队逐渐完成调适过程

<hr />

　　当高层机构领导确信再造的必要条件已经具备，当四个关键角色都已经有了合适的人选，这就意味着机构已经准备开始实质性的再造工作，即进入设计阶段。有关设计阶段遵循的步骤将是下一章的内容。

第 6 章

公共组织再造的步骤

6.1 本章概述

这一章提供了公共机构再造的线路图。本章说明了再造过程的具体步骤，最后以一个地方政府的事例来说明如何实施这些再造步骤。

6.2 再造设计的步骤

当再造的前提条件都具备时，高级经理们开始向再造设计阶段迈进。如同图 5—1 所示，再造是在一个领导团队的控制下进行的，这个领导团队选择人马组成设计团队，负责设计出再造的过程。这些团队之间，他们的内部成员之间，团队和再造过程的管理者之间关系请参见第 5 章。我们将着重讨论设计团队的具体工作，也就是再造的要点。尽管我把设计工作分解为若干个步骤，只有第一个步骤（描述现有的工作方式）是连续进行的，其他的都是同时进行的。

这些步骤对那些从事再造项目的人将提供非常有益的帮助，这些步骤是：

（1）描述现存的过程。

（2）从最后着手，逆方向进行改革。

（3）设定一个延伸了的目标。

（4）从一张白纸开始。

138 6.3　描述现存的过程

描述现存的过程益处颇多。它向人们展示工作的基本步骤，其中绝大多数都是在当时的技术条件下设计出来的，而当时的技术条件在现在看来是很落后的。这个现存的过程图示能揭示出瓶颈部位、冗余之处和一些颇为有效的做法。此外，这一做法通常有助于理解某些特定的职能之间、部门之间是如何相互作用的，以及应当如何相互作用。它还能提供一个有关循环周期、开支、现存的过程的质量的基本标准。

描述出现存的过程有多种做法。人们最为常用的是流程图。许多机构都提供有关质量管理方法的训练，流程图是常用方法之一。最简单的流程图可以是一些方框（参见图6—1），或者只描述一些主要的职能和部门，以及它们在何时何地发生关联（参见图6—2）。

图6—1　最简单的箱形流程图

方框图的缺点是它不够详细，过于简化它所描述的过程。当然，这种简化也有优势，尤其是当一个团队正在学习如何理解这一工作方式，或者这一方式相对而言比较直接。此外，方框图表能够区别增值步骤和非增值步骤，参见第4章图4—4。

那些更为详尽的流程图使用了一些符号：椭圆代表这一程式的开端和结束，菱形代表决策步骤（参见图6—3）。在哈特福德，美国国税局的办公人员发现这一流程图模式为他们做两种类型的分析提供了相关信息：找出不能增值的步骤，识别在这一过程中每一步骤所需的时间。

描述一个涉及众多的雇员、客户和卖主的工作过程最富于创造性的方式是使用动态流程图。在动态流程图里，人们用一个或者多个图表展示整个工作的过程。这一过程的每一步骤都用一个表格来描述。为了了解这个过程是怎样的，延误和瓶颈出现在哪里，员工们回顾了工作的整个程序。每进行一步，他们都留心发生了什么，外部和内部的客户要做什么，以及这一过程的时间和功效。

另一个描述过程的创造性方法是使用背面有粘胶的小条。在一个大房子里召集设计团队的成员，让他们每一个人在小条上写出这一过程的每一个步骤。接着把这些小条都粘到墙上，这样整个过程就清楚了。像通用电器这样的机构发现这一方式非常有效。把整个过程都放在墙上使大家的注意力都集中到了一个共同的目标上，这是一个非常有趣的游戏。此外，这个方式促使每一个人都去寻找多余的步骤，通

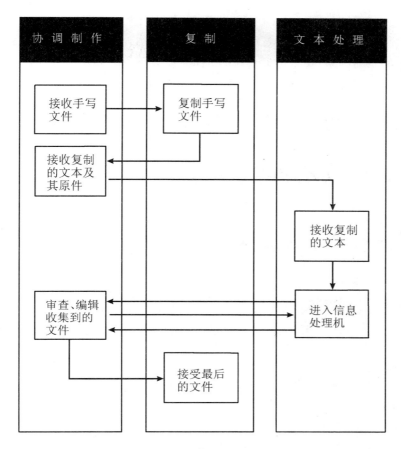

图 6—2　多职能流程图　　*139*

图 6—3　有符号的流程图　　*140*

过改变这些小条的顺序，除去一些不利于增值的步骤，使整个过程简化而又富有效率。

　　最后，一些机构在他们的流程图里加入部门和职能，为的是弄清楚谁对每一步骤负责。这种被叫做意大利面条式的图表对工作过程做了细致的分析，但是一开始员工们理解起来有困难。国防后勤部用了这种图表来描述它那复杂的过程（见第 9

章图 9—2、图 9—3）。

一个再造的团队需要弄清楚现存的过程是如何运行的，由此来决定是选用深入而详细的动态流程图，还是一个只列出了主要步骤的较为简略的图表，或者一个包含了机构职能和部门的图表。这种图表应当能揭示即将被采纳的变革和现存的过程有何不同，它的益处何在，开支是多少，员工们在这一过程中起什么样的作用。为此，描述现存的过程是再造的第一个步骤。

141

6.4　从最后着手，逆方向进行改革

像再造的第一原则一样——围绕结果组织——这一步骤对许多人而言，是非常自然的。当风险较高时，从最后（客户的需求和期望）着手，逆方向进行改革，通常是最自然的选择。

1992 年 11 月，比尔·克林顿当选后的第二天，评论员马克·希尔兹在麦克尼尔/莱雷尔新闻时间里做了极为精彩的评述。希尔兹事实上建议这个新入选的总统从他的四年任期的最后开始，他说克林顿应当拿出一张纸来，写下在 1996 年他谋求连任时，他希望人们把他和他的总统任期联系在一起的三件事，然后把这张纸放在他的包里，直至三年半后，他重新开始竞选。

从最后开始，逆方向进行改革看来是很自然的，甚至对于许多的政府官员而言是显而易见的。这一策略在体育中也很有效。马库斯·艾伦在南加利福尼亚大学就读的第二年，他的教练问他："你想赢得黑兹曼杯吗？"马库斯·艾伦回答说他当然想，他的教练让他坐下，他们一道观看了他比赛的录影。看着自己的比赛镜头，马库斯·艾伦开始明白了为了达到他的目标，应当做些什么。在接下来的赛季里，他赢得了黑兹曼杯（Bennis and Naus，1985）。

已退休的国际电报电话公司的首席执行官哈罗德·吉宁采用了同样的方式："商业管理有一个三句话的课程：你把一本书从头读到尾，经商则要以相反的方式，你从最后开始，然后尽一切努力以达到目标。"（Davis，1987，28）多年来丰田都是用这一方法为自己的新车制定目标价格。和西方世界的"供应商外加成本"的定价方式不同，在丰田人们从最后开始，逆方向工作。高级的管理人员和设计、工程以及生产团队一同协作，在新车模型被设计好时就制定它的价格。然后他们和不同的供应商、组装团队一道逆向地制订计划，想办法在预定的价格里生产出汽车，使公司和它的供货商都能获益（K Nakayama，personal communication，1993）。

142

再造的第二个步骤是思考最终的产品和服务的使用者需要什么，从产品和服务中期待着什么，然后逆方向地制定一个最完善的无缝隙过程，提供顾客想要的那种服务。

从最后开始，逆向进行改革看起来是很明显的，但为什么人们很少在我们的机构中实行这一做法呢？

许多组织都不是按照从最后着手这一工作方式来构建的，他们的构建方式是从

一个狭隘的、支离破碎的工作开始着手。想想看道格·罗斯出任密歇根州的商务部长后的经历吧，当他四处巡视，问员工们他们做了什么时，"他们毫无例外地谈到了他们正在管理的特定的项目。他们不把它和一个总体的目标或者机构目标联系在一起……他们谈到手段，但不谈目的。这不是一个面向结果的文化。"（Linden，1990，148）他们还能说些什么呢？他们的工作范围狭窄，对他们的工作和整个部门的整体目标有何种关系所知甚少。

对为何从结果开始的另一解释是，客户的需求和期望并不总是那么明显，只不过这一解释不为人们所常用。员工倾听客户的呼声，以了解并最终满足他们的需求和期望，听起来是不错的。问题是客户通常不知道自己在一个特定的情形下需要什么。比方说，当我需要一个好用的图形软件，我问一个为我服务的技术人员，两种都定价为 600 美元的软件那一种好时，他说他可以给我一个售价 35 美元的图形软件，他很不理解我为什么要买一个这么昂贵的。换言之，他听清楚了我想要什么，但对我真正所想要的所知甚少。当一个专业人员听到顾客或客户谈论他们想要什么时，专业人员应当继续提问，以了解这个人的最基本的需求是什么。 *143*

再者，人们不会对不存在的事物有需求。正如 W·爱德华·戴明指出的那样，没有人叫爱迪生发明白炽灯泡，也没有人叫爱德温·兰德发明兰德相机或者要求切斯特·卡尔森发明复印机。在传真和传呼机没发明出来时，谁需要它们呢？既然现在它们都是唾手可得，大多数组织无法想象没有它们如何运作。因此，从最后开始需要约束，要考虑顾客和最终的用户的需求和期望。这是一个互动的过程，在这个过程中，员工们倾听，出点子，注意相应的反映，讨论他们的服务和项目在当前和将来的用途。这就是说，从最后开始和客户建立一种关系，一种建立在相互信任基础上的关系。

最后，一些公务员在按照客户的需求从最后开始时有困难，因为他们的不同客户的需求相冲突（比如说环境保护机构）。这一问题将在下一章里谈到。

6.5　设定一个扩展性目标

为了理解这一步，让我们先来看两个例子，在第一个例子中，错过了运用扩展性目标的机会，在第二个例子中人们恰当地运用了扩展性目标。

首先，让我们回顾一下这个工作组揭示出的城市内部极为复杂的公用事业账单列表方式。这一过程是一个典型的、官僚主义的噩梦，它总共有 19 个步骤，涉及 3 个部门，运用的科技早已落后，员工们在这一过程的特定的时间给对方开出发票。这一例子对于阐述流程图的效用非常有用。通常，描述现存的过程有助于"解冻"一个小组，为改革提供动力。 *144*

在人们用图表表示出这一过程后，我开始寻找微小的、增加的变化。如果这是一个从事质量管理的工作组，我的策略会更为恰当；寻找这些增加的步骤是不断改进的核心，这也是全面质量管理的一个基本原则。我完全没有意识到的是彻底再造这一过程的可能性，这需要一个大的飞跃，而不是小的几步。事实上，人们所需的是一个延伸的目标。幸运的是，市执行长没有错过这一难得的机会，他让我们寻求更重大的改变。

第二个例子涉及一个政府机构。当这个机构的高级管理人员聚集到一起时，一个高级咨询人员会见了负责培训和发展的经理，他们共同探讨了这次会议的目标（还是从最后开始，逆方向地进行改革）。这个经理在此之前已咨询过这个机构的负责人，知道这个负责人在寻找什么。培训和发展经理和咨询员一道想出了好几个活动和讨论的题目，然后经理对咨询员说他们已经做了一个决策。

"我们将把这些经理们分成两个小分队，每一个分队都有一个不同的目标，在这个会议的过程中，每一个分队都有他们自己的项目要做，在会议结束时，他们将写出报告。这样他们就可以集中注意力在具体的事物上；否则，他们不会认真对待这些信息和活动。"

咨询员说他喜欢这种给分队一个重要的项目或者目标的做法，他问这名培训和发展经理，她是否已经有了某种想法。她说是的，然后对它的设想做了一番描述。

145   一个分队的目标是找到办法，使得机构内的购买时间缩短25％。

他问道："为什么是25％？"她说这是一个可以达到的目标。

他提议将这个目标扩展出去，"把周转时间缩短75％如何？"她看上去有些吃惊。他解释道只有像75％这样大的缩短才能促使这个团队在思维上有所突破。几乎所有的人都认为15％、20％、25％的浪费不算什么，不值得大惊小怪的。

这个培训和发展经理同意他的观点。这个分队非常努力地朝这个目标迈进，让所有人都大吃一惊的是，他们居然达到了目标。现在这个机构的900名雇员都从他们的努力中获益。

我们看到了延伸的目标在我们的国民生活里也在起作用。约翰·肯尼迪在1961年宣布美国的目标是："在这10年内把一个人送到月球上去，然后让他安全地返回地面。"在当时，肯尼迪设定的是一个延伸的目标，这个目标是如此之遥不可及，科技界的大多数人都认为这不可能成功。为了这个目标，人们得创造全新的工业和科技，政府的步伐也要和战时一样急促。当罗纳德·里根宣布战略防御这一计划时，人们表现出了同样的活力。人们投入了很多的力量来修建一个太空防卫体系，保卫我们的国家不受敌国导弹的袭击。里根的梦想没能变成现实，但许多的人认为这个战略防御计划对当时摇摇欲坠的苏东集团施加了相当大的压力，创造了非常重要的科技成果，其中的一些成果使得欧美联军在海湾战争中获胜。

在私有部门中延伸目标的使用日益增多。出于同样的原因，我们在政府部门里也使用它，要求政府部门能在绩效上有大的飞跃，迫使政府部门能有重大的转变。这引起了人们的关注，打破了他们的自满心理，对人们早已习以为常的观念提出挑战，使得充满了官僚作风、四分五裂的过程让人难以接受。更为重要的是，它使得组织与顾客和最终用户之间靠得更近了。

146   比如说，贝尔大西洋公司不满意它的远距离载波接通核心客户所花费的时间，贝尔大西洋研究了它的工作过程，发现了问题所在。通常，把一个新的商务或者居民用户接通远距离载波，要花费 15 天～30 天的时间。为什么呢？贝尔大西洋的载波服务负责人里杰斯·弗里茨描述了整个过程，"在整个过程中，不同的工作小组之间的工作交接多达 13 次之多，涉及 27 个信息系统。进一步的研究表明，实际的工作时间只有 10 小时。"（Hammer and Champy，194—195）

　　贝尔大西洋公司组建了一支核心小组，来再造他们这一四分五裂的工作过程。弗里茨解释道："我们给这个核心小组设定了一个目标。他们将设法找到一种办法，使得贝尔大西洋公司能在零周期时间里给客户提供远程的接入服务。"弗里茨接着注意到只有这样一个雄心勃勃的目标，才能够在这个现有的过程中引发一场真正的变革，而不是小打小闹（Hammer and Champy，1993，195）。自从 1993 年，贝尔大西洋公司已经把 15 天的工作周转时间缩短到几个小时，预计在 1995 年时，一些地段的间隔时间减少到几分钟（Stewart，1993）。佳能、施乐和其他的一些公司也经历了类似的改革（Takeuchi and Nonaka，1986）。

　　在《和时间赛跑》一书中，斯多克和豪特强调了在现存的过程中坚决推行改革："经历告诉我们再造的团队必须有较高的目标，比如说把办事的时间缩短一半，否则，人们将不会迎接挑战。"（219）扩展性目标的用途在于它提出了挑战，即与再造的第一个先决条件非常类似——眼下的或者能预计到的痛苦。当一个组织经历了真正的痛苦，面临巨大的挑战，实现目标的愿望促使人们去质疑这些假定，并重新思考他们该怎么做。

　　扩展性目标从其他方面来看，也是很重要的。它迫使各个部门和各项职能打破旧有的界限，像一个集体似地合作。只要机构没有发现特别大的问题，大规模生产的官僚机构创造出的这些分割部门和职能的壁垒和这种四分五裂的结构还是可以保留下来的。当一个机构的高级主管要求 3 个部门把客户获取执照的时间从 2 天减少到 2 小时，这 3 个部门有了合作的动力。扩展性目标对再造团队影响巨大。正如竹内和中野注意到的那样，项目团队"实行自我管理，就好像他们陷入了一种'零信息'的状态中——从前的知识都派不上用场了"（139）。

　　扩展性目标的例子包括：

　　（1）减少市民 90％的查询所得税的等待时间。

　　（2）使所有的雇员在年末都能够使用电讯设备。

　　（3）电话访谈和民意调查显示顾客满意程度达到 99％。

　　（4）24 小时内发放护照。

　　（5）使所有的授权经理能够在某一价格之内从他们选定的任意卖主那里进货。

　　（6）只让求职人员填写一份文件（内部的求职人员可以在网上申请）。

　　一个关于扩展性目标的极好的例子是《国家绩效评鉴》中克林顿政府再造政府的计划。这份报告说美国的邮政总局将给各邮政所制定一系列的标准，包括第一类邮件在 3 天内投递到任何一个地方，当地的一类邮件的投递时间不超过一整夜，顾客在邮局的服务柜台只需等待 5 分钟。

147

148 如何决定合理的扩展性目标

设定一个武断的、不合理的扩展性目标对组织危害极大。至少有三种办法来决定适宜的扩展性目标。

1. 从顾客的主要需求和不满着手

这一步紧挨着再造的第二步：从最后开始，逆方向进行改革。比如说，当劳工部的部长罗伯特·赖克宣布了一项计划，决定重新改造政府的失业保险体系时，他注意到这个新体系的关键部分是在第4章讨论过的一步到位的职介中心。赖克设定了一个将影响到好几个政府部门及其服务的扩展性目标。他当然意识到这一目标需要有一批支持者——我们国家的800万名或者更多的失业人员。他明白没有人愿意3次或者4次地排队，仅仅为获得一些基本的服务。他一开始就把顾客的需求放在了首位，这种改变确实是应当做，同时这种改变也是完全可能的。

和贝尔大西洋一样，赖克关注的不是机构的内部结构，记住这一点非常重要。他们减少做事过程中的步骤，建立自我管理团队，减少管理层次，这些都是值得称赞的。但他们并没提到最终的用户将如何受益。客户受益是扩展性目标的最终结果，也是它的重点。如果美国邮政能够履行它在1993年做的承诺，在5分钟内完成对顾客的服务，它将实现一个扩展性目标，使所有的顾客都受益。

2. 标杆

决定适当的扩展性目标的另一方式是设定标杆，这在公共和私有的部门里都日益成为一个趋势。施乐公司的首席执行官戴维·克恩斯把标杆定义为"以一个最强大的竞争对手，业界龙头为标准，不断衡量产品、服务和实践的过程"（Carr and *149* others，1992，60）。在许多机构中，标杆激励着人们去变革，它给人们带来了痛苦，也为再造带来了挑战。当一个世界级的组织如全国地理协会发现另外一个高效的机构能在1天～5天的时间里就能交付订货，而它自己则要花1至2个月的时间，这个组织就会意识到它有重大的问题急需改进，这样它就有了改革的动力。

我们完全应该问一问为什么像国家地理协会这样的机构要介意在交付订货的时间方面，耗时多于别的机构。毕竟，这些机构诸如比恩邮购公司、摩托罗拉、通用电器并不直接和全国地理协会竞争。答案是这是一个由顾客驱动的全球化经济，每一个人都被拿来和别人做比较。当一个市民通过他的电脑和美国国税局取得了联系，了解他的纳税申报单的情况，他自然要问，当他想知道他的国家和地方所得税的税额时，为什么市政厅使得他不得不排着长队，焦急地等待。我们一直都在大脑里自行地做着比较，而且我们通常不会在乎一个组织是公有还是私有。我们期待每一个组织都能够提供方便、快捷、高质量和面向用户的服务。因为顾客总是把它和最好的、最前沿的组织做比较。

当顾客和最终用户对某一产品或服务显然不满时，这个机构就获得了一个从竞争中学习别的组织的绝好时机。在20世纪80年代，当克莱斯勒汽车公司向本田汽车公司学习时，他们了解到本田可以在48个月里设计和生产一款新车，这使得本田颇具优势，因为别的厂商要花 60 个月的时间。克莱斯勒还了解到本田已设法缩短它的新产品开发的时间，并且凭借它的 LH 系列在市场上颇具竞争力，它的 LH 系列从构思到展出只花了 39 个月的时间。

一些组织像克莱斯勒、本田的例子那样在本行业中寻找对手，来制定标杆。我 *150* 更喜欢诺福克的海军舰船修造厂的公务员们使用的方法。当它的公务员办公室的负责人希望他的员工能够扩展他们的思维，把他们自己和最好的机构相对比时，他并不把比较的范围限定在国防部的人事部门。事实上，他甚至不把比较的范围限定在政府部门内。相反，他告诉他们寻找最好的部门去认识，拜访他们，确定可以从他们那里学到什么。这样，他给了他们在制定标杆方面相当的自由。员工们考察归来时，非常震惊，他们的一些想法被付诸实施了。（Linder，1990）

我有一些告诫要奉劝各位。首先，去考察几个组织，然后带着一些具体的改进想法回来，是很容易的。然而，事实是别人比你做得快、做得好，并不意味着这种速度是再造过程中你最需要的东西。再者，应当从最后——顾客的需求和期望着手（参见第 7 章关于选择再造过程的部分）。

一个郡的人力资源专家几个月前给我打电话，对自我管理的团队这一理念颇为感兴趣。她和她的上司访问了另一个郡，那个郡的自我管理团队做出了很大的贡献。我将教给他们有关自我管理团队的理念吗？

我问他们为什么他们想采取同样的措施。是顾客们对现有的服务方式不满意吗？不，是顾客们抱怨服务的效率太低吗？不。是顾客的需求和期望在变化，只有自我管理团队才能满足他们的新要求吗？答案仍然是否定的。那么为什么要改变呢？这个人力资源专家略微尴尬地迟疑了一下，说道："我们想这个自我管理团队的工作方式看来不错。而且那些使用这一策略的郡被人们视为勇于革新。"

这不是进行重大改革的一个好理由。事实上，这是一个很差劲的理由，因为这 *151* 种改变可能无法和这个机构的其他体系和过程整合。雇员们会把它看作是没有明确的目的，又不了解本机构现状的趋时之举。

第二个告诫是要认清向别人学习和模仿他人之间的区别。标杆设定得很好时，有助于确定某些领域的最高标准（对请求的答复时间，产品和服务的质量标准，顾客和这一机构打交道时，是否感到愉快，等等）。当一个像全国地理协会这样的机构发现它们没能达到顾客的要求，他们可以用最高的标准来设定他们内部的延伸目标。然后，他们需要根据他们自身的优点和他们独特的文化来寻求达到这一标准的途径。当克莱斯勒依照本田制定标杆时，他们的目标不是要成为一个美国的本田，而是向它学习，依照本田的绩效标准来设定目标，然后动用自己的竞争力和文化优势来达到并超越这些标准。

那些以最强大的竞争对手为标准来制定他们的标杆，然后试图向它靠拢的机构，会在这个过程中迷失自我。有时我想，美国的离婚率高得惊人的原因之一是，许多夫妻不满意他们婚姻的现状，把自己的配偶和一些非常吸引人的异性相对比，这无益于学习，它通常都导致了失落。在一个完全不同的情形中，哈里·杜鲁门曾提到模仿对手的危险。不幸的是，许多的民主党人在竞选中模仿共和党人，杜鲁门

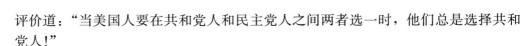

评价道："当美国人要在共和党人和民主党人之间两者选一时，他们总是选择共和党人！"

3. 从你的最佳表现中学习

152
这可以被视作"内在标杆"。为了设定一个的延伸的目标，比如说有关筛选、面试、雇用一个新职位，你问你自己："我们最快要多久呢？"事实是，当面临着压力，不得不尽快行事时，你的机构能够很快地履行完手续，在 10 天内完成这项工作，这表明 10 天是一个可行的目标。

一些人会表示反对："这可不行，我们能够在 10 天里完成录用是因为当时特别紧急。我们不得不穷尽一切可能，以最快的速度完成这项工作。我们不能每次都这样做。"

对此，我认为这既是可能的，又是不可能的。你不可能每次雇人时，都在这样大的压力下工作，但是你肯定能够把 10 天的工作日程当作一个标准去完成再造过程。你在 10 天内完成这项工作非常艰辛和痛苦，这一事实仅仅说明你行动得不够快。如果你能够在僵化的、等级制的体系下，在 10 个工作日里筛选、面试、决策、提供职位、磋商、得到应征人的答复，完成所有的文书工作，你当然能在一个再造过的、简化的体制中，以同样的速度办事。把一个机构的杰出表现当作延伸目标并不是不切实际的，恰恰相反，它完全是可行的。它的意思是，让我们把我们最上乘的表现当作我们的标准，完成再造过程，这样我们并不需要竭尽全力和承受巨大政治压力就能够做到最好。

1993 年 5 月 17 日，副总统戈尔访问了内务部。人们告诉他这个部门一位名叫埃迪斯·弗格森的雇员在一次公务旅行中帮助这个部门节省了 331 美元。她的机构经常都要外出办事，她在一次公务旅行中自愿延长她的逗留时间一天，直至周六晚间。然而，当弗格森提请给予 38 美元出差补助，用于支付额外的那天的开支时，她的要求被拒绝了。一些官僚按照制度办事（而不是依照最终用户的需求和常识办事），因此
153 弗格森为这个机构节省了钱，在这个过程中她自己却损失了 38 美元（Barr, 1993a）。

副总统叫内务部部长布鲁斯·巴比特调查这件事。由于这件事是在一个有上百人的雇员会议上提出的，由于这件事被媒体大肆地报道，由于这件事是在副总统积极参与的《全国绩效评鉴（1993）》中提出的，弗格森很有可能得到她应得的 38 美元。在任何一种情况下，让我们设想，弗格森真的在 3 天里得到了这笔钱。像这样使任何为政府节省钱的人这样快地得到他赢得的钱，这难道不是一个延伸目标吗？当然，大的官僚机构当场给予 40 美元或者更多的奖励，会找到一个方式补偿那些有效率的员工，而不需要副总统的干预。

延伸目标在再造中是最基本的，对 100 起再造的尝试的研究发现，设定一个很高的目标和最终取得成功的关系相当密切。（Hall, Rosenthal, and Wade, 1993）

6.6　从一张白纸开始

大约 10 年前，两个林业官疲惫不堪地从林地里回来，计划下一周的工作。他

们发现他们面对的是堆积如山的文牍：包含着各式指令的政策手册和报告。其中一个林务官回想起他拿起的第一个森林服务手册小得可以放进林务官的衣服口袋，但包含了林务官所需要知道的所有知识。

一个林务官说道："为什么每当我们遇到难题时，我们总要增加一些什么——一个报告，一个体系，一项政策——而不去掉什么。"

另一个林务官回答道："我们为什么不从头开始呢?"（U. S. Department of Agriculture，1987，1）

他们从"一张白纸"开始再造，没有接受已有的制度，这引发了很大的争议。而一些再造的热心者坚信这是唯一能成功的道路，彻底的变革需要把盘子清扫干净，从头来过。（Davernport，1993）实际上，哈默和尚皮（1993）说他们对商业再造的简短的定义是"从头来过。"他们辩解道，在我们的组织和思想中，对于该做什么和不该做什么是如此的根深蒂固，因此，我们不得不采取极端的措施，从头来过。卡尔和他的合著者（1992）以同样强烈的口吻说应当是在对客户的喜好和他们可供选择的策略做了细致的分析之后，才着手再造。在卡尔看来，应当从策略着手而不是从头来过。

卡尔的论点不应当被忽视。如果负责重组的设计队伍不考虑整体的策略、方向和机构的文化特质，那么结果会是个大杂烩，改革的各项措施之间也会无法配合。事实上，第 8 章都在探讨一旦再造开始了，如何使一个组织整合在一起。

我还要谈谈从一张白纸开始，迫使人们重新思考他们对于组织运行方式的基本假定。我们知道一些过程（购入、雇用、新产品和新项目的开发需要时间。任何政府的老雇员都听到过他们的同事看到新买来的一件设备都会耸着肩膀咕哝道："一定是从报价最低的那个卖主那里买来的。"每当工作中发现有不圆满之处时，那些政府公务员或与政府打交道的私有承包人就会迫不及待地说："已经达到了政府部门对工作的要求"，这是我最厌恨的一句陈词滥调。（美国环保署的一个管理者告诉我说，这一短语是 150 年前那些为政府制造制服的承包商们发明的，因为政府对制服的要求实在是太高了，说已经达到了政府部门的要求，意思是它已经是一流的了。这个词的意思现在已经完全不同了!）在我们的办公室里，我们总是很轻易地就被"不可能"这种信念击倒，丧失变革的信心和愿望。所以我们要从一张白纸开始，挑战旧有的关于如何做工作和如何改革的看法。

我相信从一张白纸开始和从战略开始这两种不同观点的论争是非常有趣的，但同时也是错误的。这两个论点是完全可以共存的。如果不从一张白纸开始，再造将失去效力。从一张白纸开始，迫使员工们重新思考一些基本的前提，让这些员工们着重关注那些最终的用户，而不是现有的手续和规则，把他们解放出来，推动他们去做真正的改变。不从头开始，在创新性的思考开始之前，就会妥协让步。

同时，再造的一个先决条件是应对组织的各种难题有一个明确计划。这一计划必须是建立在一个明确或含蓄的策略上。它可以是"成为一个面向顾客的机构"，或者"授权给员工，运用他们的创造力来解决难题，改良绩效"，或者"和别的机构建立伙伴关系，实现资源共享"。这些总体的策略不仅不会束缚住员工们的手脚，反而给员工指明了方向，使得再造的第二步——从最后开始，逆方向进行改革——更有意义，因为这个"最后"被放在了一个上下文中。这样，从策略开始和从一张白纸开始处理的是两个不同但却相关的问题。从一张白纸开始帮助员工找到再造的方法，从策略开始的工作方法为员工指明了整体目标是什么。

156　　让我们回到本章前面提到的机构的管理团队在计划一个高级经理内部会议的例子。在咨询员说服培训和发展经理下更大的赌注，给其中的一个团队定下缩短购买时间75%的目标后，这个咨询员旁听了这个团队的讨论。这个团队面临的是一张白纸，除了这个州的购买法令外，他们没有任何外在的约束。而购买法令主要针对大宗购买。下面是他们的对话的一部分：

成员一：如果我们允许所有的授权经理购买500美元以下的任何物品，而不需要上司的审查，那会怎样呢？

成员二：我们不能这样做，你知道所有的经理都必须遵守一定的规则，比如电话投标，书面投标的规章和有关小卖主差异性的规定，等等。

成员三：你说的没错，但这些都太陈旧了。

成员二：但那是我们的规定。

成员三：那些是我们的规定，但是它是我们定下的，因此我们有权改变它，不是吗？

成员二：不，我不这样认为，因为那些规章的制定是为了让我们和州的购买法令保持一致。

成员一：让我们来看看这个州法令，看它对500美元以下的购买行为有何规定。

（经检查发现法令中对此没有什么规定。）

成员三：和我所说的一样，我们写下了这些过时的东西，我们有权来改变它们。我们肩负着使整个过程简化并更有效率的重任，为此不要认为我们要按照现有的规章行事。我赞同我们无法让立法机关改变州法令，至少在这两天撤销州法令是不可能的。除了这个州法令，让我们废除陈旧的假设和规章，创造一个能够把购买时间缩短75%的办法。让那些高级经理们告诉我们，我们做得过头了。在此之前，我们要大胆地放手去做。

157　　最后，这个观点占了上风，这个小组最终达成了一致。在这个机构中500美元以下的购买占总购买的一多半。他们把500美元以下的购买决策分散化，给每个管理者和监督人员提供州法令方面的培训和一份信誉良好的卖主的清单，帮助他们做购买决策。这个方法非常有效，它减少的购买时间超过了他们设定的75%的目标。

请大家注意让大家放弃现有的东西是多么困难。毫无疑问，成员二对这些部门准则的思考是有道理的，在没弄清楚它的制定原则之前就抛弃它，是不明智的。我自己的经验是这些小组中有一些人会对控制着现存的过程的规章和方针做一番研究，其他一些人会寻求新颖的简化而有效率的工作方式。关注现存的方法会阻碍革新。同样值得注意的是这个机构在过去的两年中都在讨论顾客的需求和期望。中高级管理者举行过多场辩论，目的是为了识别他们内部的和外部的顾客群，以及那些能够满足的顾客需求。尽管他们没有成文的明确的战略计划，董事长提出了一个面向客户的总体目标。他们没有在团队的培训中提到这一设想，但它影响着小组的讨论。回到再造必须从策略开始而不从一张白纸开始的观点：这个团队在再造中是从一张白纸开始吗？显然，是的。是从策略开始吗？可以算是。

从一张白纸开始还有一点要注意。詹姆斯·法洛斯在他的书中对美国人喜欢从一张白纸开始的愿望做了极其精彩的评述。他指出从一张白纸开始是历史和我们的国民精神的重要组成部分：逃避宗教和政治迫害的上百万移民来到美国从头创业。 *158* 那些不喜欢拥挤的东部城市的人，向西部进发。我们歌颂这块土地的原因之一是，在这里人们赞美成功，每一个人都有可能成为总统，每个人都可以经商，可以稳定地生存，去上学，同工同酬，可以在任何地方安家，不论他的种族或者性别。这种开放性和从头来过的渴望在我们的领导人身上一再体现出来：罗斯福的新经济政策，肯尼迪的新边疆政策。这种渴望在许多畅销书中也能找到：《改革企业》（Naisbitt and Aburdene，1985），《改革政府》（Osborne and Gaebler，1992），《改革家庭》（Abraham and Others，1991），等等。

这种对从头来过的能力的信仰是一个民族的神话（从某种意义上来讲，神话代表了我们愿意看待我们自己的方式），法洛斯认为这种神话对于我们在国际竞争中获胜非常重要。我认为从一张白纸开始的再造同样是一个神话。当然，我们必须考虑到一些法令不会改变。我们不会解雇员工人数的一半，至少不是在政府部门。当然一些改革必须随着时间的推移适时地纳入轨道。但是如果我们假定我们有一张白纸，如果我们在行动中采取一切有助于达到目标的做法，那么我们在思考方式上和改革中取得突破的机会就很大。这就是从最后开始，逆向进行改革的效用。找一个最为简捷、完善自然的方式来满足客户的要求，把它制定成计划，然后再对付各种限制和压力（有关政府部门从一张白纸开始的再造，参见第 7 章）。

6.7 案例：取得商业许可证的过程

为了理解商业再造的步骤和条件是如何形成的，让我们来看看一个简单但却非常成功的例子。

在 1993 年，在弗吉尼亚州的夏洛特维尔三个州政府的部门负责人聚集到一起， *159* 探讨他们过去多次谈到的一个话题：获取商业许可证的过程。这一过程耗费的时间非常多，简直是"三项全能运动"。想经商的市民必须持有商业许可证。在夏洛特维尔，市民们得出入三个不同的部门，上上下下好几层楼，这样折腾一番的结果是他们得到的信息往往是无用的。

过去的申请过程

申请人先来到税务长官的办公室，填一份表格。接着上两层楼来到建筑和人身安全办公室，了解他们的经商地点是否已获批准，残障人士通口和居住证是否合格。然后他们又下两层楼，来到社会发展部，在这里员工们询问商标的用法，如果他们需要商标，还得再申请，并交钱。如果他们的建筑物置身于城市的名胜古迹中，还需要建筑审查部的审批；政府官员把这个企业划入一定的区域，决定是否提供申请人所要求的停车车位数，他们还检查该建筑是否用来经商。申请人如果要租房子还得和房主签订一份协议，这就意味着如果申请人和房主不是一个人的话，申请人还得去房主那里走一遭。

最后！这个申请人把所有这些表格和执照拿到税务长官的面前，税务长官检查所有的签名。一切就绪后，这个申请人交钱，再领取商业许可证。由于涉及三个部门，而他们分布在市政大厅的各处，而只有一两个人有权签署商业许可证和申请表，即便是一切顺利，这个过程平均要两天时间。

160 预备会议

负责再造的一个部门负责人知道人们会有抵触情绪，他很明智地决定在再造会议召开之前，面对并解决这一难题。他获悉一名核心员工担心整个系统自动化后的技术问题，这个负责人升级了这名员工的电脑，向她提供她所需要的工具，这样一来她就更愿意倾听有关再造的事宜了。当另一个部门的负责人说她做好了改革的准备，但是怀疑在整个市政府在裁员的时候做如此改动，时机的选择是否得当。再造负责人对此解释道，使整个过程简化并更有效率后，做一项工作需要的人会大大减少。另一个部门的员工对一步到位的购物方式和一个部门是否能学会再造的所有步骤表示担忧。这个再造负责人认为这些人真正想说的是他们是必不可少的，想保有自己的势力范围。他倾听人们的想法，暗示这些员工都将在教别的员工他们的工作诀窍方面发挥重要作用。最后，人们咨询了信息部门，一步到位的购物方式要求一些程序实现自动化，他们问计算机专家在近期和短期内，哪些方面的自动化是可能的。处理了这些问题后，这个负责人邀请他的同事和一些员工探讨再造的可能性。

再造会议

三个部门负责人在过去已多次探讨了再造的问题，但没有谁有足够的把握开展这项改革。这一次情况发生了变化，这个小组现在完全了解现存的过程，很快就看出了问题所在。他们毫不费力地识别出了客户的需求和期望：一个申请商业许可证 161 的人想要的不是别的，只是想尽快地得到那个许可证。他们的挑战就是满足这一需要，但同时确保这个城市的可信度。对于这个小组而言，有一点是很清楚的：他们不是要三个部门一道收集并处理申请人的信息。事实上，这不是对各个部门和申请人的时间的合理利用。

这个小组很快就达成一致：这个申请过程应当更为简化，最终他们决定由一个部门处理申请的所有方方面面的事务。逆方向进行改革需要把不同的申请表格结合成一个，要求再造的领头部门的员工接受一系列的相关训练，能成为这方面的专家，从头到尾地处理整个再造过程。这样，相应地把其他两个部门的员工定位为培训者、咨询员和再造领头部门遇到难题时寻求帮助的对象。从最后开始，（一个简捷快速、一步到位的商业许可证申请过程），逆向地工作，一步一步地来。这个小组还探讨了如何运用科技手段废除要填写的多个表格，加快答复的速度。当申请人第一次走进再造负责人的办公室时，他们就识别出申请人的要求。或者，当顾客打电话询问如何申请时就把相关信息告知对方。这样，向下传递的信息被人们向上传递。

在这次会议后，这个再造部门负责人发现他的员工对这个再造有抵触情绪。他的部门里负责商业许可证的人不愿接受这项改革。尽管他经常抱怨工作超额，他仍然不愿意把他的工作的一部分交给别的部门。这个部门的负责人给这名员工一项重要任务——教税务办公室的工作人员如何做他现在的这份工作。这个部门的负责人指出只有当他（这名眼下负责商业许可证的员工）扮演好教师和咨询员的角色，再造才有可能成功。他还一再声明改革就要成为现实。这种满足人的心理需求并指出现在的做法很有效。

新的过程 162

在他们的部门内部分别就此举行了会议，做了充分的讨论以后，这个部门的负责人同意了新设计出来的工作程序。在三个月之内，他们就能够提供他们期待已久的一步到位的服务。现在，当申请人来到税务官的办公室，在那里一个员工帮助申请人填写一份一页长度的简单表格。接着这个员工在申请人在场的情况下，让其他两个部门的员工来核实划区问题、商标使用权、停车和伤残人士出入问题等等。申请人无需等待，因为这个办公室的员工都接受过多个领域的培训；工作人员直接告诉申请人他或者她该做些什么，所以申请人不会遇到意外情况。他们同样不必手持复写纸到处跑。一旦其他两个部门用电话核实了这个申请人的资格，他们就会用电子邮件方式把核实的情况发给税务办公室的负责人。

结果：过去至少要两天以上才能拿到商业执照，现在只用不到 1 小时的时间。这个申请人面对的是一个简化了的快捷的体系，员工们帮助他们节省了许多时间（只需要填写一张表格）。只有一名员工处理这个手续问题，这样他充分了解这个申请人的需求，提供简化而更有效率的无缝隙服务。图6—4 阐明了这两个体系的不同之处。

我喜欢这个例子，因为它反映了一个组织过程再造的必备条件、步骤和原则。所有的四种情况在不同程度上都存在。当前的痛苦来自两个方面：顾客不喜欢现存的过程，员工们也不喜欢它。一个领导有方又富于革新精神的部门负责人，对改革颇感兴趣，他向他的员工们谈及此事。他心里有一个大致的想法（一步到位的方式），尽管他不知道这个方法将如何发挥效力。在整个过程中，他一直积极参与。

100

旧 制 度

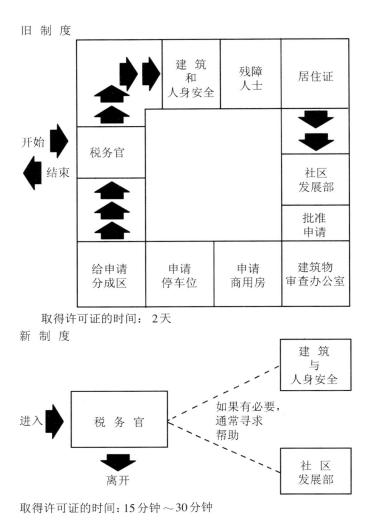

取得许可证的时间：2 天

新 制 度

取得许可证的时间：15分钟～30分钟

图6—4　夏洛特维尔市政府商业许可证申请的新旧制度

163

164　　　这个团队依照这里指出的再造步骤改革。他们探讨了现存的过程，他们也明白顾客的需求，他们把顾客的需求当作他们的整体目标。他们没有设定一个延伸目标（比如说把申请商业执照的时间从两天减少到 x 分钟），但是他们有一个心照不宣的目标：对现存的过程作重大调整，简化这一过程。他们很愿意从一张白纸开始。

最后，这个团队运用了很多再造原则，他们围绕结果进行再造，着眼于如何让客户较为容易地取得商业执照。他们一开始就告诉顾客他们所要知道的相关手续。他们把几份表格组合为一份，一次性地搜集信息。他们让顾客只需接触一个工作人员以确保申请过程的流畅性，除掉那些无助于价值增加的步骤（比如说从一个办公室到另一个办公室），他们培训员工多种技能，以减少顾客等待的时间。他们还改进工作方式——现在两个部门通过电话来核准申请人的资格，在申请人离开税务负责人的办公室后，通过电子邮件发送官方的许可给顾客。他们没有沿袭旧有的工作方式，把那个过时的工作方式简单地加以自动化。相反，他们引入高科技使这一过程简化并更有效率、更加快捷。

在这一章中，我讲述了结构再造的四个步骤，还举了一个例子。商业许可证的再造值得注意，因为它相对简捷。是的，简捷是经过再造的机构的重要特征。但是，简捷，不应当和简单或者容易相混淆。再造几乎不是件容易的事，它提出了许多重要的问题。公共部门再造尤其如此。我们将在下一章谈到这一问题。

清除公共部门的障碍

7.1　本章概述

在前一章，我们谈到了再造设计的四个步骤。那些使用过这一再造模式的公务员告诉我这个模式很有效，他们很喜欢这个模式的简单和清晰。他们还提出了一些实际运用这一模式时遇到的问题。在这一章中，我们将谈谈政府改革者们常常遇到的困难：在政府部门里，那些纳税人监督机构和工会的微观管理把你看得牢牢的，你真的能够从一张白纸开始吗？政府机构面对各种各样的顾客，他们的需求各不相同，有时相互冲突，那么，如何从客户的需求开始呢？再造过程又应当从哪一步开始呢？

7.2　在政府中你如何从一张白纸开始

这是公共部门过程再造中面临的最大挑战。许多政府革新都被迫中断，或受到监督和协调部门的某种程度的限制，这些部门看重的不是改革的积极效应，而是其不良后果，尽管后者的可能性比前者小得多。太多的欺诈行为，太多的诸如用 600 美元买了一套盥洗用具这类轰动性的新闻使得上级机构加强了监管，这一点民众颇为支持。

再举一个例子：20 世纪 80 年代，美国森林服务部尝试着用一大笔钱来做实验研究。森林服务部的管理者得到了一大笔预算，没有附加的预算法规，因而他们可以不再精打细算，可以集中精力找到花这笔钱的最好的方式。这项试验进展得颇为顺利，负责试行的管理者不再像从前那样花很多时间来记录他们什么时候会需要钱，在用钱上他们有了更多的自主权。美国总审计局研究了森林服务部的方案，并对此表示支持。当美国总审计局把这一结果呈送给国会的一个委员会时，他们的反映远远不是感兴趣这么简单。这个方式和国会成员的角色相抵触。国会成员认为人们希望国会而不是公务员来监督联邦政府是如何花钱的，钱花在了什么地方。森林服务部很快就放弃了这一做法，意识到无法把它推广到别的小分队。当这些规章制度和它们的制定者挡在我们的面前，这些公务员怎么能够不受任何限制地进行创造性的思考呢？不受限制地思考是从一张白纸开始的关键所在。

政府部门规章过多这一事实可能是公共部门有效再造的最大障碍。有没有什么办法让这些政府机构逃脱这些规章制度和微观管理的控制，在真正意义上从一张白纸开始呢？

对付这一难题的一个长期的方案，是使公众认识到过度干预公共事物的危害。不幸的是，当政府在某个方面出错时，更容易引起公众的兴趣。前参议员威廉·普洛克斯迈尔得到了金羊毛奖后，不断被媒体追踪报道，任何一个政府官员都有可能遭际他那样的命运。这种指控会很快引起媒体的关注，通常在报道中还附以图片，不幸的是，这导致更多的控制和监督。购买一件价值 100 美元的物品需要 14 个人签字，传媒对这种隐形的耗费不那么感兴趣，但这个方面是很重要的。我们必须不断地教育公众以扭转这一趋势。高水平的政府官员和那些曾在政府部门供职的人们，比如说 800 人的关注政府表现的无党派议会，应当让国民了解这些规章制度的成本效益比率。

短期来看，再造人员应当采取一些措施来减少这些规章制度。

向别人介绍从一张白纸开始的好处

你必须向那些会帮助或者阻碍你的重要支持者展示从头开始的益处。康涅狄格州劳工部的改革之所以获得成功（参见第 9 章），就得力于这一点。劳工部的高级官员花了许多时间和立法、工会的领导人、部门全体员工以及其他部门的高级官员会谈。这一过程及其耗费的精力，保证了改革的连续性。哈特福德的美国国税局的人们运用了类似的策略。

争取位高权重的人对改革的支持

这个人应当能够指出现有规章的不当之处以及给它的最终用户带来的诸多不便。副总统戈尔在 1993 年克林顿政府为期 6 个月的《全国绩效评鉴》中在这方面就有很出色的表现。《全国绩效评鉴》是自特迪·罗斯福以来政府为了改革联邦政

168   府的官僚作风而做的第 11 次重大努力。戈尔副总统定下了四个主要目标：减少官样文章；使政府以顾客为中心；授权给联邦工作人员，提高他们的工作效率；除掉过时的项目，改进政府部门的科技实力。他们的目标是在 5 年中削减政府雇员252 000名，在此期间节省 1 080 亿美元。

事实上每周戈尔都发表讲演或是和不同的机构开会，指出现有体系的种种不合理之处。他排除了改革的一些最大的障碍，他的明确、简捷的做法让人想起了另一个喜欢和民众交流的总统罗纳德·里根。戈尔指出必须扔掉 1 600 页的联邦采购规章（他的补充长达 2 900 页）。事实是在 1991 年，海军的人力资源部处理的文档"高达 3 100 英尺，是华盛顿纪念碑高度的 6 倍。"（Gore，1993，21）

戈尔最有说服力的一个例子是在他在州长联合会上的讲话。戈尔举起一只烟灰缸讲解了有关它的规格的联邦规定：

(1) 这些规定有 9 页那么长，图表有 2 页。

(2) 就第一类的方形，"4½的玻璃之烟灰缸，有 5 种可供选择的设计要求，它的结尾部分要有至少三个放香烟的地方，它们位于烟灰缸的上方，它们之间距离相等，都对准烟灰缸的中心。放香烟的槽要向烟灰缸的中心倾斜……表面是光滑的。"

(3) 这项规则列出了烟蒂槽的最小尺寸：7/8 英尺（22.3 厘米）。

169   (4) 人们甚至设定了烟灰缸的测试方式，用来检验它的性能。该规则的4.5.2，是说烟灰缸要用力用锤子连续砸，直到出现裂缝。这些破碎的样品应当是不规则的，不得大于 35，它一定不能是骰子。碎片的三个边（除去最厚的那个边若长于1/4 英尺（6.4 毫米），应当被记录下来。小于这一尺寸的碎片可以不做记录（3.4.1）。铁的烟灰缸，要接受一个冲击试验，在这个实验中，烟灰缸从 30 英寸的高处（762 厘米）落到水泥地面上。（Barr，1993b，A18）

此情此景喜剧演员戴夫·帕里一定会说，这绝非虚构！

戈尔的故事，当然强调了这些规章制度创造了一个超现实的世界。看上去聪明的成年人有的不过是些老套的思想和做法，他们让我们想起那些 20 世纪 60 年代拿着尺子量女孩超短裙长度的校长们，他们这样做是为了确保这些女生遵守了有关衣着的规定。戈尔问道，这些规章对于高效优质地提供政府部门的服务有什么关系呢？没有人有必要对此做出回答，答案是显而易见的。

多年来，人们都谴责这些荒谬的规章制度，但是当副总统连续数月公开地谈论这些问题，向人们说明这一问题的危害，人们最终拿出了一个废除这些过时规章（以及这个等级分明的官僚制度）的详细计划，改革的支持者也由此创造出来了。

请记住规章制度的制定是为了防止问题的出现和职权的滥用

在有一批坚定的改革支持者之前，再造的工作人员必须了解这些规章是如何制定的。正如第 2 章所描述的，政府官僚机构中制度的设立主要是为了防止犯错误、欺诈行为和职权滥用。如果再造采购过程，现有的采购法令要求做大量的文书工作

170   和遵循繁复的投标程序，那么改革后必须面对无处不在的欺诈和职权滥用问题，现

有的规章是荒谬的，但是不能立即把它们都废除掉。人们应当用别的控制方式来取代它，这才是再造的希望所在。

在科技不发达的改革时代和 20 世纪 40 年代、50 年代，人们创建了许多政府部门的规章和监督团体，官僚体制是他们选定的控制方式。没有别的可供选择的防止欺诈和职权滥用的方式。今天，高科技和受过良好教育的劳动大军提供了别的选择，现代的信息体系能够以万分之一秒的速度检查和传送信息，高技能的、值得信赖的员工完全能够自己核查自己的工作，管理者不必再相互督察。

高科技和雇员的责任心都可以替代官僚结构的控制。另一个替代的方式是一个部门的声誉和表现出来的能力。许多公务员都要求有权评定他们雇员的工作等级。总之，都是由一个人事小组来行使这一职能。当一个职员做等级评定研究，并控制其结果时，通常都会有争吵、呼吁、控告和各种势力范围之争。人事问题专家认为培养直线管理者的目的不在于做等级评定，他们若是这样做了会引起利益之争。而人事问题专家有时也拒绝承担这类责任。

出于一些完全可以理解的考虑，直线管理者把谎言掩藏在培训等手段中，做等级评定。好在他们寻求人事问题专家的帮助，取消旧式的变化幅度较窄的薪酬等级，代之以一些变化幅度较大的薪酬等级，本书中提到的人力管理局的示范工程（人们不正式地把它叫做中国湖村试验）和弗吉尼亚州的汉普顿建立的自我管理团队在这方面都取得了巨大的成功。在加利福尼亚州的中国湖村，海军武器中心和圣地亚哥的海军海洋系统中心在示范性的研究项目中，直线管理者获得了很大的人事权力，他们有权提拔、奖励和分派工作给下属，他们有 5 个职位升降系统，4、5 或 *171* 6 依据这些升降系统而定的不同的报酬幅度。管理者和一线员工对新的制度非常感兴趣，人力管理局在对这两个示范项目和东海岸的两个类似的实验评估中，发现这些实验中有许多积极的成果。

最后，行业协会和雇员工会找到这些束缚人的规章的替代品。许多行业协会都提供培训，并制订评估他们绩效的标准。比如说，如果一个国际城市/县郡管理协会的成员违反了这个协会的道德标准，这个人将遭到公众批评，并丧失会员资格，这两者都将影响他的职业前途。许多公共组织都愿意和机构领导者合作，使过程简化并更有效率，正如《全国绩效评鉴》所展示的那样。关键在于，要尽早地让工会领导参与到这一过程中来。

像面对一张白纸那样从头开始

除了要避开监督机构的干预并指出现有规章的不合理之处外，设计团队在行动时，应当是像面对一张白纸那样从头开始。再造最重要的一个方面就是挑战人们根深蒂固的观念。设计团队的成员将会发现如果他们在一系列的限制下再造，他们几乎不可能改变这些观念。再造要求他们有突破性的思维，这种突破只有当人们冲出那个束缚他们的"盒子"时才有可能。

像面对一张白纸那样开始再造听起来是很不实际的。但也不一定是这样。问题

172 在于尽可能地激发出创造力，允许看来怪异的思想萌芽。许多小组都发现这太花费时间，但这些怪异的思想制造了一种氛围，使得一些创造性的想法出现。如果这些设计团队能够打开思路，他就会发现一些看起来荒唐可笑的想法背后隐藏着开创性的见解。

一旦设计团队对现存的过程背后的各种假设提出挑战，试行多种多样的新方法，就应当重新审视那些各式各样的制约力，当设计团队这样做时，他应当考察每种制约力究竟有多大，"它出现在法律的哪一条哪一款？"是一个很好的问题，别的问题包括"这些规章从何而来？是这个机构创造了它，还是由一个监督机构设立的？"在研究中，森林服务部发现50％以上限制他们的规章制度都是内部制定的。为了与行政和预算管理局以及美国地质协会保持一致，森林服务部制定的规章远超过上级的要求。

受各种束缚的公共部门从头开始并不像私有部门那样容易。然而，许多公务员发现他们创造力的最大束缚在于他们的心中和行动上。从头开始，然后再反思那些规章，这种反思一定要在再造之后进行。

政府部门的员工如何能够"从最后开始"就考虑到顾客的需求

由于机构有各种各样的需求相冲突的顾客，依照顾客的需求和期望开始，看来是一项令人畏缩的任务。许多公务员不看重管理上的革新，他们总是说："我们是不同的，我们和商界不同，我们有不同的使命，没有底线，但是有一个微观管理的基金实体……"等等。这些滑坡有一些道理，我认为公共和私有的部门在管理上相同之处多于不同之处。找到"我们和商界不同"这样的理由，把它作为挡箭牌，实*173* 在是太容易了。这样也就免除了我们学习和改革的责任。

然而，当谈到顾客，这里有很多的不同。在政府部门里，"满足客户的需求"和"顾客永远是正确的"这些简单化的观念于事无补。想想看：如果你制造汽车，任务就很明确了。你分割市场，决定每一个部分的愿望和需求，为每个不同的部分制造不同的产品。这份工作并不总是那么容易。但它比较直接。在这个行当里，"满足客户的需求"这句话在全世界都行得通。

如果你是一个公立学校的校长，另外，学生是你的客户吗？如果他们是你的客户，那么当9年级的学生说他们想要少上数学课，想要有更多的时间休息，你该怎么办？如果你负责一个当地政府资助的智障人士教养院，谁是顾客呢？是这些智障人士？是智障人士的家人？还是把智障人士交给你的机构？或者是为这个项目提供资金的所在地、州、联邦的机构？也许顾客是那些住在教养院附近的居民。上述每一群人都有权称自己为"顾客"，每一群人都有他自己的需求和期望。有时这些不同的需求和期望相互矛盾。那个汽车制造商可以为不同的顾客群生产不同的汽车式样，但是人们期待着教养院能够用一个产品满足所有"顾客"的不同需求。

当公务员抱怨"满足顾客的需求"这一做法不符合他们的现实，我总是非常地同情他们。再者，正如詹姆斯·史密斯（1992）在书中写到的，"政府机构的职责不仅仅是满足它们的直接顾客的需求。有时这个机构的最重要的顾客——普通大众——不仅仅是不在场，而且对这个机构的各种活动毫不在意"。然而史密斯所说的政府部门的"隐藏的顾客"，即普通大众，他们有着值得重视的要求和需求（他们的不同需求通常是相互矛盾的），他们这些要求必须得到机构的承认和满足（358）。

为了应对这一难题，一些机构发现把它们的顾客分作三类非常有用：顾客、消费者、支持者。（Linden，1992—1993）每一个顾客群都有他们自己的需求，他们和机构的关系也各不相同： *174*

（1）付钱的顾客。

（2）享用服务的客户。

（3）那些在意这些机构的表现的支持者。

在这个模式中，顾客是那些给诸如市议会、州立法机构、国会和各种国会委员会这些机构，以及为一些项目提供资金的个人或者小组。他们也是那些直接获得服务的个人。他们的需求和他们获得的服务直接相关：效率、财政上的诚实可信、避免令人难堪的错误、对立法意图做出反应。消费者是项目和服务的最终使用者（在质量管理中通常被人们称作是顾客），消费者大多寻求优质、及时、客户友好以及方便。支持者是那些对机构的使命很感兴趣的人，他们享受机构的服务。他们的需求与政策和政治事务相关，这些政策和政治事务影响着支持者的利益。

当机构的三种顾客之间的需求有许多重合之处时，这个机构的任务就非常简单了。比如说，海军陆战队和疾病控制中心获得成功的原因是多重的。其中的一个重要原因是它的不同的顾客之间的使命和项目方向的一致性。就我早些时候提到的那个假定的教养院而言，事情变得更为复杂。顾客（提供资金的实体）想减少费用和避免争端。顾客（居民）很多的需求（机动的时间、来去自由随心所欲、朋友的经常来访）是一些支持者们不赞同的。一些顾客需求的花费远远超出顾客们愿意付出的。应当满足谁的需求呢？

对那些想要在理解再造的第二步——从最后开始的机构员工而言，他们逆方向进行努力，当最终用户的需求相互冲突时，他们可以用这三类顾客的模式。首先，*175* 找到重合点：需求是否一致？在那个虚拟的教养院的例子中，共同的需求有可能是安全、居民的发展、邻里之间的良好关系。其次，当不同的需求之间有明显的不和之处时，寻找一定的方式来重新构造一些需求，以取得一致的需求。教养院里的居民想要有灵活的宵禁时间（或者根本就没有）；他们的家庭和邻居则希望宵禁的时间是固定的。一个解决这一难题的方法是寻找他们都能够同意的标准：比如说宵禁的时间应当尊重做一个好邻居的需求，同时给居民以他们能够承受的最大的责任。为了把这一准则说得更具体，当然要求人们的协商，但是教养院的员工知道如何定义他们想要满足的这些需求——满足大家都接受的标准的宵禁时间。比如说，一些州和联邦的法令执行机构不得不艰难地寻求满足顾客需求的途径。重新构建顾客的需求的一个方式是"发展一个尊重嫌犯权利的过程"。罪犯永远不会"让他们的顾客——警察"高兴，但是有可能确保他们的需求得到满足。

最后，政府机构可以给这三个顾客群的模式再加上一个顾客群。当人们就目标和项目难以达成一致时，机构可以试着通过联合一些比较重要的顾客群来达成一个一致的观点。这是社区警察试图做到的。通过在这一地区重新召回警察，与居民建立联系，与当地商界和机构合作共同解决社区的问题，这些警察的工作范围更广泛了。这些顾客包括许多居民，不止是罪犯。他们的支持者（这些人过去只有当对警察不满时才出现）包括许多积极与警察合作防范和解决问题的人。这个扩大了的顾客群和支持者群体有很多共同的兴趣和需求，当警察们向他们的顾客——市政厅寻求更多的资金支持时，这个顾客群和支持者群体将和警察们站在一起。

176　　他们用创造力、良好的交流和达成一致观点这些技能来实现意见不同的小组之间的联合。对于公务员来说，当他们试图从最后开始，逆方向进行工作时，他们一定要掌握这些技能。即便是在那些不进行再造的机构，寻求意见一致和建立联合也是今天的游戏中不可缺少的一部分。除非人们达成一致，没有别的方法能有效地完成这项使命。这三个客户群的模式是识别共同和不同的需求，进而达成一致的需求的一种工具。

7.3　哪一个过程应当第一个被再造

再造过程优先权的决定有三个标准：（1）对顾客和消费者、支持者的影响；（2）对机构的总体表现的影响；（3）可行性。在这三个标准中，前两个标准最为重要。再造是一个组织自上而下的过程，建立对再造的信任，不要过多地依赖于一定能够成功的赢家（可行性），而要更依赖于选择顾客、支持者和机构有可能有物质收益的过程。

当决定哪一个过程的改进最能改善机构的表现时，员工们应当寻找节约金钱、改善公众形象、达到目标、吸引和留住有才能的员工、减少周转时间、加快对重大命令的反应和提高竞争地位的可能性。竞争地位不是每一个公务员都爱用的短语，但是公共机构也是要竞争的。它们争夺预算、重要的任务、有才干的人和公众的支持。在20世纪90年代早期，圣地亚哥动物园开始按照生物圈（比如说亚洲丛林环境）而不是动植物的分类法，重新设计它的展品。这一改变让许多员工很激动，因为能够减少动物园的开支，而该动物园的票价只有它的竞争对手迪斯尼乐园的一半。在一个大萧条时期，来这个动物园的观光人数增加了20%（Stewart，1992）。

177　　圣地亚哥动物园重新设计了展览动植物的过程，对动物园的绩效有重大影响。

再造应当从顾客特别感兴趣的一些过程着手。如果你的顾客想着更重要的事情，一些过程很容易决定的事实是无关紧要的。比如说，我经常为海军部教授一些课程，有时在基地的单身军官住所过夜。几年前，一个我住过的单身军官住所正在努力地使入住和结账离开的过程简化，他们获得了成功。过去登记、得到一个房间、拿到钥匙要5分钟，现在只要1分钟的时间。这样，入住手续不是我在这个地方最关注的是事情，我对此印象深刻。而总让我不快的是他们送来的毛巾只有纸那么薄，小块的肥皂几秒钟就用完了。更进一步，当我的房间的水管或者空调出了问题，要等很长的时间才能得到答复。他们改正了他们的错误，干得很漂亮。因此，这个部门的工作人员要做的是识别出对于他们的顾客和整体上的成功而言最为重要的过程和产品。

为了应用这三个标准，你可以设计一个简单的表格来图解出你的机构的三个客户群，伴之以一个描述出可行性的比例尺（见图7—1）。我们能够应用这个表格分析一些已经提到的政府再造的例子。

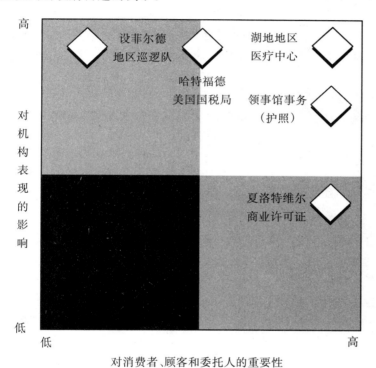

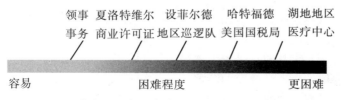

图 7—1　决定哪一个再造过程：案例是如何与标准相符合的

1. 设菲尔德地区巡逻队（第 3 章）

设菲尔德员工用一个围绕过程建立的设计、运作、信息管理团队替换它的职能性的结构，这一变化改善了计划和交流，影响着该机构的表现。对顾客的影响是间接的。这一变化耗费不多，但要求专家的角色向多面手转变，这需要时间。

2. 哈特福德美国国税局（第 4 章）

179   员工们再造了决策过程，把周期时间从 14.7 天减少到了 1.4 天，节省了员工的时间。他们去掉了那些枯燥乏味的对员工工作管理的评估，提供了一流的科技。这种方式使得一线的员工能够向纳税人提供一步到位的服务，这使他们都受益，增收了一大堆的拖欠税款。改变角色，适应新的科技，放弃一些控制，这些都需要时间、耐心和金钱。

3. 湖地地区医疗中心（第 3 章和第 8 章）

    最重要的改革过程是为病人提供服务。多技能的团队对病人（他们喜欢这个新的体系）、医疗中心的支持者和机构有重大影响（节省开支、员工更长的任职期和测试结果好转得更快）。困难程度：很高。几乎每一个工作过程和制度都必须改变，必须采用两人或三人护理团队模式进行整合。

4. 领事事务局——发放护照（第 4 章）

    人们用筛选的体系简化续签护照的过程，令顾客非常满意（等待的时间减少了一半），改善了机构的表现（工作量增加了 25％，使用的工作人员和资源都减少了）。再造这个关键的过程并不困难，而且证明了再造对员工和顾客来说是双赢。

5. 夏洛特维尔商业许可证（第 6 章）

    使一个手续繁多、耗时 2 天的旅程简化为一步到位，并更有效率，这一过程在技术上是很简单的，花费也不多。顾客们喜欢这个一步到位的方式。机构的绩效没有受到太大的影响，唯一的变化是报界对这个城市好评如潮，这令它的重要顾客——市议会非常满意。

    这个分析是依据事实做的，但是那些想要再造的管理者可以把这个表格运用到 *180* 评估阶段中去，决定哪一个阶段是再造最好的选择。偶尔，一个单一的过程会给员工和机构创造一种双赢的局面，而且这个过程相对比较简单，就如那个护照的例子。这种双赢、多赢的例子并不多见。就像美国国税局不得不放弃多年的传统，改变它根深蒂固的观念；湖地地区投资了 500 万美元，还得向医生们证明他们的领地不会被护士侵犯。换言之，在决定再造那一个过程时，公共事物的管理人员应当权衡多种因素。但是，在公共部门，权衡是工作的一部分。

    这样，选择再造的对象的三个标准中，对顾客和机构表现的影响是最重要的。可行性很重要，但与其说它是为了获得员工的信任，不如说是为了避免浪费时间和精力。一些过程是由不会改变的苛严的法律控制着，其他过程则是由一些政府实体的微观管理控制着，这些过程变得越来越有政治色彩（比如说雇佣高级官员）；另外一些过程因为重要的组织价值观念（比如说大学里知识分子的自由这个问题，这需要花很多的时间，做很多咨询才能够做出会影响学术政策的决定来）而显得缓慢、枯燥乏味。使这些过程简化并更有效率非常困难，很可能并不值得花费这么多的精力。

    在这一章中，我们了解了员工在再造过程中要面对的三个重要的问题。对于那些成功地完成了一个再造过程，并提供了更多的无缝隙服务的人们来说，他们的最终用户非常满意就是好消息。面前的挑战是员工们的再造工作才刚刚开始。在下一章中，我们将考察一个非常关键的机构难题，这个问题在流行的管理书籍中常常被忽略：如何让多种多样的过程、制度、策略和结构整合在一起。

第 8 章

整合不同的体制，提供无缝隙的服务

8.1 本章概述

前两章已描述了设计再造的步骤和在设计中出现的问题。但是一旦机构进行由职能导向向过程导向的转变，机构就必须把内部的体制、结构和新的文化结合起来。在本章中，我们将看一个有助于实现组织整合的模式。这之后，我们将考察三个采取了革新措施的组织，它们正尝试着将体系、过程和在机构设计、结构上的根本性转变结合起来。这三个组织是弗吉尼亚州的汉普顿市，美国林业局第九办公室和佛罗里达州的湖地地区医疗中心。最后我们将用这一整合模式分析他们的案例。

8.2 一个缺乏整合的案例

弗吉尼亚州的夏洛特维尔的社会服务部经历了痛苦的十年。自从 1981 年至 1982 年的经济萧条以来，申请粮食补贴、医疗补助和有子女家庭补助的人急剧增加，但社会服务部的工作人员人数没变。社会服务部的分支机构福利部承受的压力尤其大。在 1991 年，福利部对处理福利申请的过程进行了再造。

在旧的制度下，一个申请人若要申请不同的福利项目必须约见不同的项目专家。一个申请三个福利项目的申请人要被约见三次，见三个不同的专家，填写三份不同的申请表，等待数日乃至几周才能知晓是否符合申请条件。

新的工作方式和康涅狄格州劳工部的一站停留购物式方案相似。员工接受交叉 *182*
训练，学习相关领域的技能。申请人只需一次面试，填一张申请表。一名员工，在
相对更少的时间里，决定申请人是否符合条件。在 1994 年，福利部帮助设计了一
个新的软件系统，使互动的面试成为可能，这一系统在一两个小时里就可将顾客是
否合格的信息传递给他们。

这种转变是戏剧性的，福利部员工的努力工作使它获得了成功。尽管 18 名员
工承担了州法令规定的 28 人的工作量，他们仍然接受了这一挑战，创造了一个新
体系，并成功地优化了申请的过程。

唯一的问题是，员工们的日子不好过。

他们请来了一位咨询员，咨询有关团队建设的问题。在咨询员的帮助下，他们
相互了解得更多了，他们公开地谈论对新制度的希望和关注。他们甚至有一个他们
自己的"追悼仪式"，反思旧的工作方式，并正式将它抛弃。经过激烈的思想斗争，
最终为了客户的利益，他们开始接受这个新的体制。但这些员工仍然很痛苦。同时，
有许多的人对他们表示不满。员工指责管理人员控制太死，而管理人员则认为员工
抱怨太多。员工和管理人员互不信任……于是咨询员又被请回来，讲解压力管理。

但是，福利部并不需要压力管理，尽管他们确实感到了压力。他们也不需要额
外的团队建设。他们的问题在于他们的各个小组整合得不好。于是他们对员工的工
作做了重大的调整，他们过去的工作领域非常狭窄，过于强调专业技能，转变后他
们的职责更宽泛了，他们成了通才式的多面手。但是除此之外，一切都没变，管理
人员的角色仍然是监督和纠正员工的错误。考核体系也没变，它仍然着眼于员工出
现的过失的数量。薪酬和决策体系仍是老样子。那些有能力和富于奉献精神的人， *183*
为了使顾客受益而鼓起勇气开始变革，结果是他们不得不在两个世界里忙碌。现在
他们的工作量大大地增加了，而且工作的内容极为专业化，但是周遭的制度和工作
过程仍然基于工业模式之上。压力管理可能只是权宜之计。但他们需要用新设定的
通才角色将他们的部门整合起来，这一努力业已开始但离大功告成还很遥远。幸运
的是，一旦向员工指出整合的需要，员工立刻就能明白这种整合的需要，他们形成
了两个小组，努力实现制度和过程的整合。当他们这样做时，员工开始感到他们的
工作越来越富于连续性。他们士气高涨，工作的绩效也提高了。

8.3　整合的难题

整合是指一个机构内部文化的融合和连续程度，公司内部不同的制度、结构、
工作方式、口头和非口头的信息在日常的交往中如何相互支持、印证、强化对方。
若是一个宣扬坦白、诚实的领导批评第一个带来坏消息的人，就不是在创造整合。
假若一个机构创造了自我管理的团队，但又按照个人的成就雇用、评估、提升、奖
励员工，这种做法同样也不利于整合。

当你的汽车零件松散，它就会向一方偏离，轮胎就会磨损得极不均匀，开动起来如同行驶在崎岖不平的路上。当情形变得更恶劣时，你不得不紧紧地抓住车轮以确保车还在路上。由于不同的部件用力的方向不同，行驶起来非常困难。你也许仍然能到达你的目的地，但路途颠簸，耗资巨大，耗时之多远超过正常情形。有时你根本到不了目的地。一个组织如果整合得不好，也会发生类似的事情。

184　　　大多数的政府机构都整合得不好。它们给员工的指令变幻不定。无怪乎，当管理者开完研讨会回来后，号召员工向最新的管理潮流、管理时尚靠拢时，雇员们相互之间心领神会地眨着眼。这些员工们这种场面见得多了，知道它来来去去，早就习以为常了。他们假定老板很快就会"恢复正常"，好像这是什么病似的。尽管管理者确实想采用一个新的方法，员工也清楚地知道变革有阻力。他们满腹疑虑：当人力资源体系已经过时，采购系统仍然未建立起来，人们强加的信息系统控制着一切，预算制度鼓励浪费，这一庞大机构的建立者仍然控制着一切时，授权如何可能？高质量的管理，自我管理的团队又如何可能？是啊，这简直不可能。

　　　现在我们把这一情况和丰田汽车的销售人员的生活对比一下。在日本的丰田，他们不必谈论协作，因为销售团队生活的每一个方面都是对准这一方向的。销售人员经过了学院的专业训练，7 人～8 人组成一个团队进行工作。他们接受的训练包括产品信息、接受指令到筹措资金、保险，涵盖了销售事务每一个环节。他们按小组领取薪酬，当顾客出现在门口时，他们不会急不可待，因为当顾客买一辆车时，他们挣同样的钱。他们以小组开会的方式开始、结束一天的工作。在小组会议上，他们相互对照有关目前的发展趋势、问题和机会的笔记，因为他们以小组激励为基础展开工作，所以他们乐于分享信息，而不是把信息据为己有。

　　　销售团队每个月都在办公室利用整整一天的时间来提高协作质量。他们分析这个月的结果，为出现的问题寻找解决的办法，但他们主要是着眼于未来。因为他们的目标是使客户成为丰田家庭的一个成员，他们很少就价钱争吵不休。他们关注的是他们和客户、他们相互之间的长期关系，这样，丰田的销售团队就在一个整合得很好的体系中工作。从最初的交叉训练，小组激励机制到每天工作的性质，他们得到的都是很一致的信号（Womack，Jones，and Ross，1991）。

185　　　一旦一个机构成功地进行了再造过程，下一个关键的步骤是相应地整合这个机构余下的部分。如果其余的部分不变，一个成功的再造努力的成效会很快地消失。正如詹姆士·Q·威尔逊（1989）指出的那样，政府机构的结构不是影响其员工行为的最主要的因素。正相反，员工会对机构的制度、他们的上级和他们的同事，以及正式、非正式的激励制度，乃至他们置身于其中的特殊工作环境、文化和工作的态度、规范快速地做出反应。正如这一案例中的社会服务管理人员最终明白的那样：重新分配角色和划分结构不会自动地提高效率，这个体制需要得到其他影响员工表现的制度和信号的支持。

8.4　7—S 构架：增强整合的一种分析工具

　　　20 世纪 70 年代末期，麦金西有限公司发展了这一"7—S"构架，作为理解和改善机构组织的成就的模式。（详细内容参见 Peters and Waterman，1982；Pascale and Athos，1981；Waterman，Peters，and Phillips，1980；Waterman，1987）麦金西的研究人员将它昵称为"快乐的原子"。他们区分了 7 个保持一致的关键的组织变量：3 个硬 S——结构、策略、制度，4 个软 S——员工、象征性的行为、共有的价值观、技能。对这 7 个 S 的定义如下：

3 个硬 S

结构——组织架构图，对工作的描述，谁对谁负责，每一部门如何与别的小组发生联系。

策略——组织为了实现其目标对资源进行配置的计划。

制度——工作的手续、程序和常规。

4 个软 S

187

员工——机构中的人员，他们的人数、经历和所受过的教育。

共有的价值观——他们服务的机构对他们意味着什么，这一机构的主要目标。

象征性的行为——管理行为和风格以及组织的文化（原先被称为风格）。

技能——组织及其核心员工的与众不同的能力。

7—S 构架见图 8—1。

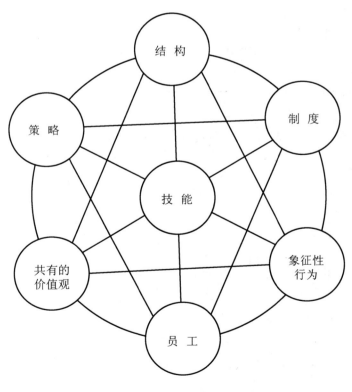

图 8—1　7—S 构架　　　　　　　　　　　　*186*

他们将技能放在了中间，为的是表明这个机构的工作熟练到了如此程度，以至于其他的六个 S 都支持这些技能。技能依据其他变量的变化而变化，反映其他变量的一致性和力量。

7—S 构架能非常有效地引导管理者整合他们的机构。但我认为需要对它做一点修正。在这个"快乐的原子"构造中，六个 S 同等重要，共同决定一个机构的技能。而我建议把策略和结构置于优先的地位。本章举出的三个例子，以及通用电气公司这样的私有部门都成功地整合了它们自己。这表明从一个明确的策略开始，不断地改进组织结构以支持那个策略是多么的重要。只要这两个 S 在适当的位置，其他的五个 S 就可以任意地变动以适应这一组织的需要及其资源配置。

7—S 构架是理解这一章所描述的组织变革的有益的分析工具。

弗吉尼亚州的汉普顿市：围绕自我管理团队进行整合

当拥有133 780人口的汉普顿市市议会在 1984 年选中鲍勃·奥尼尔做市政经理时，奥尼尔继承的是一个非常典型的地方政府结构（见图 8—2）。他对市议会负责，而他的助理对他负责。当时只有极少的部门负责人能够按照他们认为适合的方式运营他们的部门，尽管他们完全有能力做到这一点。

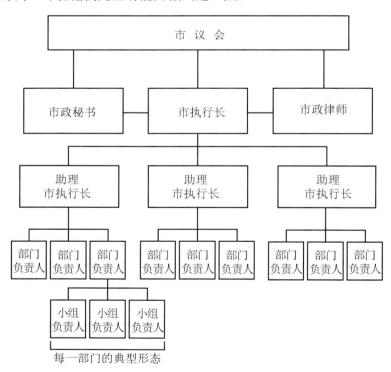

图 8—2　鲍勃·奥尼尔通过继承得到的传统市政组织结构图

奥尼尔一开始就让议会对市政府的工作进行评估。议会发现了许多优点和一些

缺点。更为重要的是，奥尼尔得知市议会的成员在这个城市发展的大体方向和目标
上达成了一致。奥尼尔让各部门负责人也评估市政府工作和他们自己的部门在其中
所起的作用。他们告诉奥尼尔他们有信心管理好他们的部门，不需要市政府日复一
日的监督，再者他们有丰富经验的职员，知道该做些什么。他们希望获得有关汉普
顿市发展方向、发展蓝图的更多的信息。

　　奥尼尔决定他和他的高级员工关注的重点应当是大的蓝图而不是琐碎的细节。
经过和各部门负责人的充分商讨，他改变了市政府的组织结构，将 37 个部门负责
人分成 4 个任务小分队：公共安全、市民服务、基本结构和资源管理（见图 8—3）。
他指定一个部门负责人作为任务小组负责人，这一职务大家轮流担任。

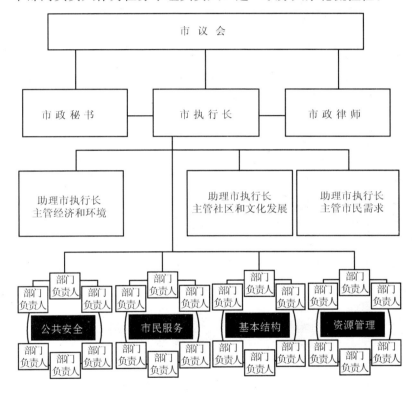

图 8—3　汉普顿市的新组织结构图

　　这些任务小组都实行自我管理，这一管理方式的目的在于制造更多的横向交流
和合作机会，打破以往分隔部门负责人的壁垒，使他们能就共同关心的问题相互交
流。令人惊讶的是，37 个负责人都对奥尼尔负责，奥尼尔认为在这个团队自我管
理和扁平化组织的时代，一切有关管理幅度的传统看法都过时了。任务小组有助于
利用各自的专业知识，群策群力，增强相互之间的联系。在管理城市的工作中，他
们自行决定工作日程和优先处理的事务，实行集体的领导方式。任务小组的负责人
每周都会晤奥尼尔和他的助理，向他们汇报他们的发展方向和有关的事务。助理市
执行长关注的不是日常的事务，他们的责任在于监督经济发展和生活的质量。奥尼

尔和他的部门负责人试图将自己定位为关注大的蓝图、未来的发展和学习以团队的方式工作。

他们做了很多其他方面的改进，包括建立自我管理团队，每年在市民中做有关市政府的工作有效性的调查，推行内容多样的员工训练项目，将部门负责人对工作的投入视作绩效考评的一部分，以及建立一个直接对准城市的年度管理目标的策略制定程序。市议会和职员、市民一道制定五年目标，然后他们按照这个五年计划来制定年度计划。奥尼尔和他的部门负责人再依据城市的年度和长期的发展目标，制定他们自己的年度目标和策略方针。

¹⁹¹ 在 1990 年，当市议会决定市政府应当缩小规模时，奥尼尔负责了这项工作，他广泛地听取员工的建议。结果裁掉了 90 多个职位。为了引导这一痛苦的裁员过程，员工制定了两个标准来决定哪个职位贡献最小，应当被裁掉。他们决定：（1）检验他人的职位；（2）在机构中传递信息的职位应当第一个被裁掉。经过两年的裁撤职位，员工数减至 1 500 人。这在弗吉尼亚州的泰德沃特地区按人头算是员工数最少的。

政府的文化在慢慢地转变，市民对此反映不错。年度市民调查表明，90％以上的汉普顿市民对市政府的表现极为满意。但是每一个组织的转变都需要其他转变与之相适应。比如说，在人力资源部率先开始组建自我管理团队后，其他几个部门也开始这一改革。到 1993 年 200 多位市政府雇员参与了这一改革。团队观念在大多数的部门都颇为有效，但它和其他一些基本结构整合得不好。评估体系、培训项目、雇用和提升、报酬等级和职业生涯都服务于狭隘的个人化的职位，而不是自我管理团队的员工正在做的涉及领域广泛的、以团队为核心的工作。在接下来的几个小节中讨论的是将文化和协作方式结合在一起的变革。

绩效契约

每年，鲍勃·奥尼尔都会和市议会制定一个绩效契约，设计出城市的总体战略目标和年度目标。然后，每个部门的负责人都会和奥尼尔定出一份契约，规定这个负责人和这个城市的目标。在人力资源部，员工们帮助他们的头儿萨伦·格林和奥尼尔签订了契约。接着她让她的员工建议考核成绩的标准和目标，签订他们之间的绩效契约，从而把员工和她本人的目标结合起来。这些契约包括培训计划和实现渴望达到的标准的具体策略。

¹⁹² 成绩检查

在她的契约签订六个月后，格林和员工在培训会议上见面。他们没有做正式的评估，取而代之的是向他们的客户听取反馈。在人力资源部采用自我管理的团队概念后，他们逐日做出运作决策，放弃了那种狭隘的功能性的对工作的描述（培训，雇员关系等等），代之以面向顾客的职位。每一个人力资源团队的成员负责满足一个特定的市政部门的所有与人力资源相关的需求。别的部门的雇员每年两次就人力资源部的服务给出书面反馈。格林和她的团队也讨论和他们的目标、标准相关的团队总体工作成果。

在 12 个月的检查期接近尾声时，团队成员对照目标，写了一份自我评估。他们也写他们对团队和客户的贡献。这些书面评论汇总到格林那里。1995 年，一个新的以团队为基础的报酬系统生效了。格林和她的团队成员，将评估他们的团队在管理预算方面的成就，评估客户的反馈，并将团队的成绩和既定的目标两相对照。根据这一评估将得出一个总体的评价，最终体现在整个团队增加的报酬上。重要的是整个团队的成员将得到同等比例的加薪。格林指出："不论他们每个人的薪水是多少，他们的工资将上涨相同的幅度。"对个人分红也有一项规定，那些对特定的项目做出突出贡献的员工将得到承认。

在成绩检查中，格林和她的部门重要成员按照他们对员工的要求去做。当鲍勃·奥尼尔评价他的部门负责人时，他也参考他们之间的相互评价。他同时也考察把每个人的表现和为他们设定的目标两相对照——奥尼尔想知道他的高层管理者在过去的一年中如何将他们的部门的工作提升到一个新的高度。正如他所说的那样，"他们做出了多少努力？有过多少成功？"汉普顿市考评部门负责人的体系有两个特征，反映了他们对协作和依照大的目标采取行动的重视：他们对别的部门的贡献和他们为社会付诸的努力。与某些最低成绩标准相对照，他们取得的成就，都被纳入了考核体系之中。人们很认真地对待它，因为这已成为了惯例。每个季度，几个部门负责人向市议会汇报他们就实现年度目标取得的进展。直接反映这一进展的是他们年度薪水的调整和获取红利的机会。 *193*

报酬的幅度广泛性

就自我管理团队而言，汉普顿市正在以更为广泛的报酬幅度取代原先的变化幅度较小的报酬体系。旧体系犒劳那些留下来的人，只要守住工作，一年年地做下去，就可获得 5% 的加薪。新的体系通过取得的进步来识别所具备的竞争力，奖励那些对团队起了多重作用的员工。格林强调说："我们的报酬不是针对知识，像西门子这样的公司他们根据员工的知识付给报酬。这不是我们想要的，我们需要一个根据表现出来的技能和做出的成就付给报酬的体系。"

在人力资源部，有四个等级——见习生、初级、中级和高级——取决于他们的独立程度和工作的范围。初级意味着能处理人力资源部所有的基本事务，能在高级职员的帮助下，处理一些较难的工作（比如说解聘、不满情绪、报酬研究）。一个中级的人力资源部员工能够独立完成复杂的工作，高级职员则应当能处理整个城市范围内的问题和事务，比如说为中层的员工管理者制订培训计划。

员工现在知道就表现出的能力而言，上级对他们的要求是什么和他们应当做什么才能在事业上进步。这样一来，报酬体系就发生了根本性的变化，从强调不被炒鱿鱼、坚守业务面非常狭窄的本职工作，转而强调学习、成长和在多个领域里增强 *194*

竞争力。

选择和定位

当出现新的职位空缺时，自我管理的团队就征募员工，审查应征信，面试最有前途的应试者，并把他们推荐给萨拉·格林。她通常都会赞同他们的选择。由于整个团队都参与面试，并且知道他们要的是哪种人，他们一直以来在选人方面都做得不错，知道谁适合这种通才型的团队的工作方式。（据团队成员讲他们更看重他们的直觉，而不是应试者的资格和推荐信。）有时，他们选中的人被证明是不合适的，不能按团队的要求履行一个通才的多方面的职责。到目前为止，每当这种情况发生时，当这个人和团队都意识到这一点时，这个人无论男女都无一例外地选择了自动离职。

这个部门的新员工通过使用"伙伴"式的培训体系，来逐渐适应工作。为了学到这份工作的技术性的一面，这些新员工和在一个或者多个职能领域有专业知识的高级职员结成对子，有经验的伙伴们也积极帮助新的员工学习部门的非正式的规则，在工作中提供培训。

培训

每一个绩效契约都包含一个按照员工工作目标而制定的培训计划。团队成员的正式培训活动和政府雇员的培训活动相似：课程、会议、工作组等等。考虑到汉普顿市的自我管理团队的人数之多，且在不断增加，市政府提供了有关问题的解决模式、合作能力、领导团队和参与自我管理团队的技能等方面的课程。也许，比这种正式的训练更为重要的是来自于非正式的训练和教育，如伙伴体系，具备所有职能领域的知识的通才角色和让员工了解人力资源管理的方方面面的培训。

其他有关整合的例子

随着整合的观念在汉普顿市深入人心，它在文化和整合城市的整体目标上，取得了令人惊叹的效果。其中的一个例子是负责处理政府和学校的购买任务的统一采购部。这一部门最近将他们的员工分为四个小组，每组两个人——一个采购者和一个办事员。这些小组满足特定的城市部门和特定的学校的所有购买需求。统一采购部给这个城市的四个工作任务组各指定一个采购者和办事员小组。在旧的体系下，购入者专门负责买入特定的商品——车辆、纸张、电脑等等。在新的工作方式下，采购者——办事员小分队专门满足他们的客户的需求，无论这些需求是什么。

为了使一系列的采购行为简化并更有效率，统一采购部允许部门负责人在没有获得许可的情况下，可以买价值高达 500 美元的物品。他们对购物的渠道没有规定，也不要求写书面报告。博·帕克，统一采购部的负责人说："我告诉他们去他们需要去的地方，采购他们需要的东西，我们回头再说报告的事。"统一采购部负责人可以决定享有这种采购特权的下属员工的人数。

采购团队每年从各个部门的客户中得到信息反馈。他们也会给他们的同事提供反馈，部门负责人给他们的表现定出等级。博·帕克希望这些评定能意味着什么，所以他把收入和表现挂钩。如果这个部门在一个财政年度终结时，没有用完整个财政预算的经费，他就把没花完的基金的一半，按照他们的不同表现，分给他的四个　196
小组，作为红利。这样，这个体系奖励的依据就是效率、客户服务和合作这几个方面的表现（同事间的相互评估在整个评估体系中是一个极为重要的因素）。

汉普顿市的前景

在整合方面，汉普顿市的故事可以说是一个典型。他们的整合程式可以被归纳为：共识、策略、结构。

鲍勃·奥尼尔也是在边做边学。他非常清楚市议会如何看待这个城市和市政府，他的部门的负责人如何看待他们的角色和他们的部门员工。由于市民们一致认为市政府的工作干得不错，市领导应当更多地关注将来的事务和策略的筹划，奥尼尔的总体策略获得了议会的通过。接着，他改变了市政府的结构，强调部门间的横向交流和合作、协调，重视不断获取顾客的反馈和将来的事务、机会。

随着新的策略和结构的到位，奥尼尔手下的那些富于革新精神的负责人和管理者抓住机遇进行改革，开始把他们的部门和日益显现出的新方向整合起来。策略和结构方面的初步改革引发了其他方面的变化：自我管理的团队、新的评估体系、更能体现差别的薪酬制度和富于创造性的员工培训。奥尼尔展示了一个非常重要的市场原则：员工自发地做而非被要求去做，能更好地实现一些变化。许多领导试着自己推动变化的到来，他们宣布一个新的方向，召集他们的高级职员，发出指令要他们实现这一变化。奥尼尔意识到，聪明的、富于竞争力的人更愿意主动去做而不是被要求去做。奥尼尔给他的部门负责人他们想要的东西——管理他们的部门的自主权，然后他致力于改变结构以激励协作、创造精神、客户服务。方向很明确，奖励也在向他们招手，管理者可以按他们自己的方式确定方向并决定他们的速度。

这种创造力的成效开始显现。这个城市市中心的滨水地区重现生机，采纳雇员　197
的建议在 6 年里节约了近 350 万美元。1984 年，当奥尼尔初来乍到时，这个城市的税收是这个州最高的，现在它是泰德沃特地区最低的。

8.5　美国林业局第 9 区：改变角色，横向领导，整合管理

和大多数的州和联邦机构一样，美国林业局将它的林地按照地域分成不同的区，由它的地区分局执行监察职能。在林地里工作的公务员发现那些区域负责人，通常带来更多的是麻烦而不是帮助。他们多扮演的是管理、控制的角色：监控他们

的表现，控制预算，要他们每个月都填多种表格。区域负责人的工作报告有这样的字眼：规范，控制，实现一致性，监督，考察可信度。难怪员工们如此地讨厌他们，他们扮演的是令人不快的监督一线员工的角色，而正是这些一线的员工干着这个机构的工作。在林业局第9区开始转化工作方式之前的20世纪80年代，它的典型运作模式是"命令与控制"。

在1985年，林业局开始了一项在全国都有示范作用的研究，试图改变它的文化，激发4万名员工的创造力和革新精神。在林业局的主管戴尔·罗布斯腾领导下，这个机构开始了4项改革，这4项改革在运作中都有相当的自主性——对个人的控制被取消了，减少规章制度的要求大都被批准了，预算不再像从前那样按照项目给，而是按整体批。

罗布斯腾的引导取得了巨大的成果，其他的几个部门也要求同样的灵活性和自主性。此外，罗布斯腾把他的看法和做法加以修正，制定为对林业局所有的小分队都有约束力的正式宪章。这个宪章强调创造性、革新精神和冒险精神。它灌输的是质量的重要性，而不是一些官僚的规章。在宪章中有一段话，近似于为菲尼克斯市的警官制定的政策："我们拥有具备牺牲精神的员工……我们相信他们，我们的员工只需要运用他们的常识和最好的判断力，就能迈步向前走。"（U. S. Forest Service1989）

198

筹划精神

1987年，弗洛伊德·J·马里塔，地区林务官和第9区的负责人的申请被批准，被授权管理第9区的所有改革项目（第9区覆盖东北部和中西部的29个州，约占一半的美国总人口）。接着被这个区的人称之为"筹划精神"的有关思想开始萌芽。"筹划精神"的核心思想是改变传统的自上而下的管理风格，给各个级别的员工以变革的自由。人们采用了一个简化并更有效率的建议体系。结果反响强烈，在筹划精神的头5年，员工们递交了12 000条建议和想法。其中一项建议使偿付卖主的过程简化并更有效率了，它是如此的有效，最终人们将它运用于整个森林服务部，每年节省了50万美金。

筹划精神是一个好的开端，但它只是一个开始。当文化开始松动，弗洛伊德·J·马里塔和他的高级员工意识到他们必须转变他们领导层的性质、角色、规模和对资源的使用。人力资源部的一名成员卡尔·迈特克回顾道："我们站在两个世界里，我们的领导团队正在朝着一种新的行为方式转变，而其他的人却还待在旧有的组织结构中"。梅特克的名片上的头衔是"创意顾问"。弗洛伊德决定采取一些举措，而人们通常在媒体里看到的争权夺利、抢夺势力范围的官僚们是不会做这些的。地区办公的预算比森林小分队的预算增长快得多，弗洛伊德·J·马里塔决定扭转这一趋势。他限定了地区办公预算的增长以留给受地区监督的地方森林小分队足够的经费。结果是在接下来的3年中重新分配了270万美金给地方林业小分队。

199 第9区现在只使用了整个地区的财政预算的8%，在整个林业局中是最低的。

缩小规模

领导层的另一违反常规的做法是，他们决定在未获上级批准的情况下，缩小办公的规模。为了不超出办公经费的限额，他们制定了一个目标，决定到 1995 年时，裁员 30%。这就是说要把眼下的 220 个全职的职位裁至 150 个。到 1993 年底，全职人员减至 150 个。减员使得削减经费的目标得以实现。

集体决策

1988 年，林业局第 9 区采取了一项在国家公务员中绝无仅有的措施，弗洛伊德·J·马里塔和他的高级管理层决定他们将以集体决策的方式取代传统的自上而下的领导模式。许多机构都谈到了集体决策，但只有极少的高层领导能真正做到以一种有意义的方式分享权力。弗洛伊德·J·马里塔认为只有一个老板是不行的，他非正式地提拔他的两个高级副手，组建了一个"三人林务官"的模式。从那以后，他们三人共享以前归弗洛伊德一人承担的责任和拥有的权力。

除了结构和权力变化之外，领导团队还希望第 9 区办公室的每一个人不仅自己感觉像一个领导，而且履行职责时也像一个领导。为此，领导层的会议对员工开放，欢迎员工参加讨论。通常都有 60 个或者更多的员工参加领导层的会议，而多数情况下他们都能达成一致！就领导层的性质，他们给他们的员工传递了一个很明确的信息：他们所有的人都是小分队的领导，人们期待着他们像领导一样履行职责。比如说，领导团队允许每个人以第 9 区的名义写信并署名。　　*200*

其他一些结构变化进一步地强化了这一领导理念。从前由高层领导做的决定现在改由各个小分队负责，在决策时他们尽力做到全体通过。他们经常组建多职能的小分队以处理覆盖全区的问题和挑战。从 1992 年开始，他们把为数众多的职能性小分队重组为 5 个运作小组：人力资源组、自然资源组、资金资源组、信息资源组以及公共关系和协作关系组。这可不仅仅是表面化的一种变革。这些小组监管的领域很广泛：从前有多个部门处理的消遣、野生动植物、渔业、木材，现在由自然资源组一个小组负责。同样，财政、财产、购买、建设这些职能都统领到资金资源组的名下。

文化和环境小组的负责人约翰·洛克说："一个模式不一定适合所有的情况，每个小组必须得找到自己的工作风格和工作方式，他们不得不处理权力、信息和控制等问题。但他们干得不错，这在很大程度上是因为领导层和策略团队一再强调新的文化，并以身作则，按照我们大家的期待来做事。"

一体化

先前提到的一些措施增强了员工一体化的感觉。像大多数的政府机构那样，第

201 9 区从前因为工作和职责划分的不合理而深受影响，这些不合理之处表现在：工作分工太细，职能部门太多，有太多喜好控制别人的中层管理者。创建 5 个职责广泛的运作团队和职权遍及整个区的策略团队把先前各自为政的员工整合到一起。这也降低了运作的成本。

当谈到协作和一体化的各种努力，钱是一个很重要的因素。领导们可以无动于衷地谈到整个机构在行为和思想上的一致性，但是当钱分配给个人和团队时，只会加剧领导层的不和。第 9 区的员工改变了他们的预算体系以强化一体化的必要性。现在只有一个预算，即第 9 区办公室的预算。他们放弃了为每个小单位设置预算的做法，改由各个运作团队提出请求，再由一个来自各个运作团队的员工组成的特别预算团队就开支问题提出建议，最后由策略团队做出决定。这样，如果有一个职位的空缺，打比方说，在人力资源部，人力资源部并不自动地保有这个职位。如果预算和策略团队决定另一个团队比人力资源部更需要这个职位，这个职位就自动地转给那个团队。人们自始至终强调的都是满足整个第 9 区的需要，以完成它的使命。这种预算方式使得整个第 9 区能灵活地对变化做出快速反应。

策略

领导团队意识到如果他们不关注更为广泛的问题，他们会像别的员工那样，陷到日常事务中。为此他们建立了一个策略团队，由三个地区林务官和四名来自于四个其他的运作团队成员组成。他们把他们自己的角色定义为给别的员工提供领导、远见、策略和总体的指引（这意味着指导、促成而非控制）。

202 这个策略团队专注于具体的、策略性的、会给第 9 区实现它的使命和远见产生重大影响的事件。这个团队预计未来的趋势，寻找机会、采纳领导层的想法、召集所有的员工制定一个地区的策略计划。

策略团队不是那种悠闲自在、一个季度才见一面、忙于构想大的蓝图、写冗长的文件的小组。他们每天都见面，处理那种影响整个第 9 区的事务。他们也从地方的林业部门引进专家和管理人员，请他们讲解当前的问题和趋势。

角色

林业局第 9 区的一个最为深刻的变化是它的角色转变。它的使命是为其下属地区的林业部门的行为承担责任。它必须向林业局的主管和国会的成员证明，它的各个机构都在按照国会制定的项目和预算行事，他们按照国会通过的林业计划在环境敏感地带作业，他们关注公众的需求。

总而言之，林业局第 9 区必须监督下属机构，这一目标很容易让它和受它监督的 90 多个单位处于一种潜在的敌对关系。总部的员工决定把它变为一种合作伙伴的关系。他们认为他们现在的角色是：鼓励，促成，推动，提供信息，提供总体的远景，整合各项活动。他们把辖区内的下属林业单位视为他们的客户和伙伴，而不是上下级的直接管辖的关系。

　　例如，林业局第 9 区总部的员工设法简化办事程序，减少书面报告的工作量，当人们向他们征寻建议时，提供迅捷的、灵活的指导。他们放弃了那种对细节和程序的管理，取而代之的策略和标准更强调结果。总部的员工发起了为期 7 周的"变革中的文化巡礼"活动，他们到下属单位去，听取意见、交换信息和有关转变文化的想法、商讨试验和改革、思考如何把这一管理理念推广到林业局的每一个层级。*203*和通常的实地考察不同，他们没做任何记录。他们举行未经筹划的、互动式的会谈，着眼于相互交流和学习。总部的新职能和其他那些无缝隙政府的职能是一致的。多职能团队把重点放在结果上（而不是投入或产出上）；他们对客户的需求迅速做出反应，他们强调的是适应面广泛的、多面手的角色。

信息管理

　　这是这一地区的整合工作中最为激动人心的方面。国家林业局的一个分队为整个机构开发了一个策略信息管理计划。第 9 区的员工把信息技术视为整合总部的所有管理职能的一把钥匙。

　　在过去，分散的地区结构倾向于对信息管理采取功能性的解决方式。如果一个野生动植物的工作者就某一个特定的项目搜集信息，信息存储在他或她的电脑里。其他项目的员工也搜集他们所需的数据资料，其中有些数据资料不仅相互重叠，而且不能共享。不同的员工和单位用不同的信息库，每一个信息库都只支持他们自己的、当地的、功能性的项目。结果许多努力都白费了：不同的员工重复采集相同的数据资料，数据资料自相矛盾而且不能促成有质量的决策，或者无法及时对问题做出反应，人们为此采取的弥补措施耗资巨大。这种情形加剧了人们对森林服务部的管理模式和它的分散化的工作方式的批评。

　　林业局和第 9 区采取的新的信息管理方式支持这一地区的团队整合理念，满足形成一个无缝隙组织的需要，它的具体原则是：

　　（1）信息对一个机构的成功是极为关键的。

　　（2）信息管理的目标是及时地以适当的方式给需要信息的人提供有价值的信息。

　　（3）数据资料在其源头只搜集一次，日后经常使用。　　　　　　　　　　*204*

　　（4）建立一个数据资料共享的环境，它的多个数据库是可以被整合的。

　　（5）那些搜集、管理信息的人只是这些信息的管理者，而不是占有者。

　　（6）数据资料是经过标准化处理的，它们被广泛使用，理解起来没有困难。

　　（7）所有的数据资料都共享，员工们都可以使用它，这些数据资料与森林服务的计划和项目系统地整合在一起。

　　新的管理方式并没有设想建立一个单一的、覆盖全机构的数据库。相反，它希望的是数据库之间的轻松、快捷的资源共享。在确保数据交换灵活性的同时，不能放弃旧有的那种功能上相互独立的体系。在旧有的信息管理方式下，当三个科学家形成一个小组，开会讨论一个跨学科的项目计划时，要花许多时间来说明他们对数据资料的定义和要求，之后才能开始讨论项目本身。在新的体系下，这些科学家可以直接进入对项目的讨论，因为一体化的共享的信息资源意味着他们已经就数据资源达成了共识。所有的员工都可以实时地使用这些信息资源。

第 9 区的前景

作为一个地区性的机构，第 9 区处于一个庞大的联邦官僚机构中，第 9 区对它自己发展前景的控制力远远小于汉普顿市那样的市政府。这样，它无法像汉普顿市那样在薪酬等级和补偿上进行改革。令人惊叹的是，第 9 区的领导层认为他们自主权不足不是一个障碍。尽管马里塔没有正式的权力使他们的地位与他相当，他还是提升了他的两个副手。他的领导队伍还找到了一些创造性的方法让雇员参与高层的决策，使许多雇员感到他们是机构的领导，行动起来也像领导。马里塔主动裁员，尽管上级没有让他这么做。马里塔和他的团队向人们展示了在公共部门管理方面一种非常重要的也是非同寻常的管理方式。尽管在他们整合总体目标时，他们没有全部的控制权，但他们行动起来时就好像一切都在他们的控制中。由于马里塔表现出的献身精神，以及第 9 区很好地达到了总部和国会的要求，他们最终获准可自行安排他们的发展方向。

205

8.6　湖地地区医疗中心：按照病人的要求整合

湖地地区医疗中心位于佛罗里达州的中部。它们同时也置身于一场医疗保健新革命的中心——围绕病人的需要而不是官僚机构的需要进行组织整合。湖地地区医疗中心关注它的财务状况，但拒不考虑别的医院大都采取的裁员和提高效率措施。1989 年 4 月，湖地地区医疗中心开始重组以病人为中心的小组，引领了医疗改革的潮流。它的第一个以病人为中心的小组在当年的 8 月开始运作，其他三个小组在同样原则下重组。湖地地区的故事很复杂，但它整合的方式很简单：按照病人的需要进行组织整合。

湖地地区的这些以病人为中心的小组的目标是 90％的病人服务都要做到尽可能地贴近病人的需要，这正是我将在下面的篇幅里要谈到的。医疗小分队由 8～12 个具备多种技能的护士和技术人员构成，大多数的服务都由他们提供，他们两个或三个一组，轮流负责病人的护理。团队有两人小组和三人小组，分别负责白班、夜班和周末的白班，还有具备多技能的个人或者两人组负责夜班和周日的晚班。由于在病人住院期间，任何一个二人或三人小组都只照看三分之一的时间，照料病人就成了整个团队的责任。

206

湖地地区的护理部副会长，菲力斯·沃森说："这是一个真正意义上的自我管理的团队，一个自我管理的团队必须对它的工作负责，但只有当一个团队能管理它的工作时，你才能说它是自我管理的。那些工作一个轮班的人肯定不能对病人负全部责任，只有一个 24 小时对病人服务的整个团队才能对病人负责。所以我们把若干两人小组或者三人小组看作一个团队。他们自行安排工作、支配时间、对病人的结果负责。"

其他几个因素也有助于湖地地区整合以病人为中心的护理理念。让我们来仔细地看看。

团队协作

行政部门选出的分队领导负责协调整个团队的工作。新建团队的领导从现有的医护人员中选择团队的成员。这样，团队的领导对团队的成员拥有所有权。每一个指定到一个初级或者高级团队的医生都和团队的成员以及医院的总的调度人员紧密合作。

减少每个病人所需的护理人员数量

湖地地区医疗中心的策略是尽可能地减少护理每个病人的护理员人数。在普通情况下，在以病人为中心的分队中，病人一般和 13 个左右的医护人员打交道。而在这家医院从前的护理方式下，和病人打交道的医护人员数量为 53 人。沃森说："我们想减少病人队伍中的医护人员数量。"

尽可能满足病人的需要 ²⁰⁷

员工们发展了一种分析模式，决定由什么人向哪个病人提供何种服务。他们构想了一个同心圆的模式来代表以下不同服务层次（见图 8—4）。

第一个层次：自我。病人自己能做什么？比如说许多病人能自己服药。

第二个层次：亲人或好友。是否有病人的家属或好友可以帮病人做一些病人无法做的事？例如，病人记忆力不好，就需要家属提醒病人吃药或锻炼身体。

第三个层次：以病人为中心的团队。大多数病人本人和他的家人力所不能及的事都由多职能团队的成员来做。由于接受了非常精深的训练，这些团队能够胜任大多数的病人护理工作。在这个以病人为中心的小组中，他们提供主要的服务。

第四个层次：专门化的小组。一些任务内容尽管和病人关系密切，但由多职能的团队来完成是不恰当的。比如说，这些团队不能配药，这必须得由药剂师来做。为了以病人为中心，每个药剂师为特定团队的特定的病人服务，并且只为他们工作。

第五个层次：集中化。即便是在湖地，有些服务仍然无法在当地提供。以小组为基础的团队无法提供档案纪录、急诊室服务，因为开支和技能上的原因，一些服务得由特定地点的一名重要的医护人员来提供。

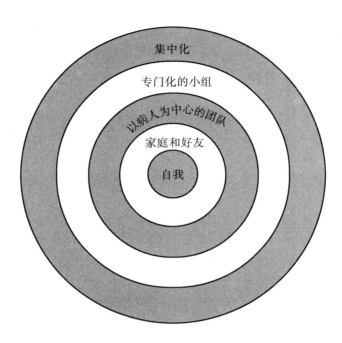

图8—4　湖地以病人为中心护理的层次服务模式

有重点的培训

两人小组或三人小组的护士和技术人员接受为期六周的集中训练，由医院中的临床专家授课，以拓宽他们的技能。医护中心对护士和技术人员在每一个临床领域的胜任程度都有纪录，这些领域是：心电图、呼吸护理、康复服务、物理疗法、实验室试验、诊断的放射程序。他们的教学方法包括课堂演示、互动式录影带、模仿和护理经验。受训的护士和技术人员还接受模拟和正式的考试，以展示他们的技能。以病人为中心的小组继续培训这些护士和技术人员，直到他们都能胜任多种护理工作。

209 　　培训还包括团队建设。团队不只是包括一些具备多种技能的专业人员，他们需要某种东西把他们团结在一起。团队建设课程有助于员工更深地理解以病人为中心的护理的背景知识和前景，也是为了了解彼此的期望和实力，更好地理解对方。

日程安排的方法和对病人服务的团队管理

病房里的电脑终端把病人和护理团队跟医院的主机连接在一起，这使得办理入院手续、收费、交费、床位控制可以分开进行。一个特别开发的软件"护理链接"，使得医院的总调度员可以像宾馆的房间预订系统那样分配病人到病房和医护分队中去。

把病人送到湖地医护中心的医师在指定的单位里都有指派的初级和高级的护理

小组与之配合。当医师们要接受一个病人入院时，他们中的一个员工和医院的总调度员联系，调度员按医师的要求，同以病人为中心的小组召开一个电话会议。根据病人的预期住院时间，调度员将病人安排在初级或者高级医护团队。

这种软件在保持各个团队的合理的工作量方面扮演了重要的角色。它还向各个小组提供他们所需的信息以协调对病人的总体护理。当一名医师来到病人的房间，一个以病人为中心的团队成员能够提供病人现状的即时信息，没有互相推诿的现象。医师能得到及时信息以确保在一个无缝隙的服务体系中护理的连续性。

减少协调环节，提供无缝隙的过程

病人住院最为不快的经历就是入院时要和方方面面打交道。在湖地医疗中心，他们使入院手续简化并更有效率，提供了一个很好的无缝隙的入院过程。

在入院之前，一名拥有多种技能的辅助人员会见病人，这名医护人员隶属的医护小组将向病人提供护理服务。这名医护人员接受过多个领域的训练，熟悉这个小组的各种服务，也清楚病人所需接受何种治疗。这个多技能辅助人员做各种化验，拍 X 光片，写书面报告，把病人介绍给那些将护理他的分队医护人员，剩下的事情都由这些医护人员来做。最后，这个多技能辅助人员安排病人入院的时间。在那一天，病人直接进入病房，不需要等待，不需要填表，也没有任何意料之外的事情发生。

补偿和职业生涯的精进

对于那些正在把专家转变为具备多种技能的通才的机构，补偿和职业生涯的精进是一个很重要而且很微妙的领域。当湖地医疗中心的许多员工急不可待地要加入以病人为中心的分队时，有人担心这会使他们丧失他们的职业身份，这是完全可以理解的。正如菲利斯·沃森所说的："不同背景的人走到一起，可以促成对专业问题的认真思考，使一些难题得到解决，然而许多人用医院的部门设置来保护他们的势力范围，使得这一切不可能发生。"（Phyllis Watson，personal communication，1993）

在湖地地区的医疗中心，员工设计出了一种包含两个部分的补偿的办法。A 部分由教育和技能推动。一个以病人为中心的小组新成员可以通过展示他的技能水平，挑战现有的补偿水平，要求更高的薪水。即便所有的小组成员都具备了同一个头衔——多技能的从业人员，不同的人的胜任程度和竞争力显然是不一样的。当多技能的从业人员对补偿水平提出挑战，要求加薪，人们会从他表现出的技能和知识两个方面来考核他。考察的结果会使他有起点较高的薪水。在这一决定薪水的程式中，表现出的技能占 60%，所受的正规教育占 40%。

该计划的 B 部分是一个红利体系。一旦底薪确定了，通过接受领导能力、跨领域培训、职业发展这三个方面的考察，多技能的从业人员有可能被加薪。在计算红利数额时，上述领导能力、交叉培训、职业发展三个方面各占 45％、35％和 20％。此外，医院每年都做市场评估和市场调整，把它的报酬结构和竞争对手加以对照。

更重大的职业责任

如今，授权一词颇为流行，但人们常常错误地理解它。和我共事的从业人员认为这个词的意思是："让我做一切我愿做的事。"这显然是对这个术语的误用，它引发了许多机构的内部不和。

在湖地医疗中心，人们理解了授权的真正含义，它意味着更多的职权和更强的控制力，以及对结果的更多的责任。比如，多技能的从业人员对他们单位的预算情况完全知晓。他们对开支的监管力度更强了。他们对预算拥有所有权，事实上也应当如此，因为预算管理是评估的一部分。再者，整个团队对病人的结果负责。他们未来五年的目标是在医院的管理和结构上作重大的改革。在两种情况下，多技能的从业人员都将扮演积极的角色。

湖地医疗中心的未来

达琳娜·斯塔林，第一个以病人为中心的医护小组的负责人评价道："一旦你开始采用以病人为中心的方式，即使是在一个试验性的小组，你也会不断地发现问题。"她谈论的是一个基本的原则：在社会体系中，你不可能只做一件事。湖地的员工看来是理解甚至于有些喜欢这一原则。他们期待着到 1999 年时整个医院能完全转换成以病人为中心的运作方式。他们处理补偿、评估这一类的严峻、棘手的问题，同时他们对专业人员逐渐成为多面手而丧失他们的技能优势的担心也颇为关注。他们也非常关注医师的需求和想法，病人和业界对这些变化的反应。调查的结果非常令人满意，在以病人为中心的单位里，每个病床的支出低于其他单位的病床。

他们还有很长的路要走，还有许多的问题尚未解决，但湖地地区的整合原则没有变，也没有变得更复杂。他们的整合原则仍然是以病人为中心。就这样，所有的医护专业人员被统领到一个简单但是强有力的理念下。而最棒的一点在于，这个理念服务于所有的人。

8.7 案例分析和 7—S 构架

本章描述的三种整合方式之间的差别和相似之处都非常明显。相似之处是：明确的绩效标准，这使得绩效评估有了可信度；面向工作特定要求的技能和知识培训；在工作中不断学习，它和课堂学习一样被看重；组织结构的变革，一般先于其他的变革；通才的角色和多技能的团队。它们的差别在于：按绩效付给报酬对整合是否是必要的；最重要的改变是在于结构和制度还是在价值观和态度等文化范畴；是个人还是团队领导改革。

让我们回到在本章的最开始提到的这个 7—S 构架。每一个 S 都有助于我们理解这些机构是如何来实现整合的。

策略 *213*

在三个案例中，每一个机构都有一种方向感，都明了它们的策略是处理现有的问题还是抓住将来的机会。马里塔和鲍勃·奥尼尔都清楚他们需要一种以顾客为导向的，以团队为基础的文化。湖地医疗中心领导层的奋斗目标是无缝隙的以病人为核心的服务。

结构

为了推行他们的策略，他们对结构作了重大的调整。奥尼尔让他的部门负责人领导自我管理的任务分队，分配给他的助理特定的市政建设的事宜，让他们去做。马里塔先是缩小机构的规模，然后把数目颇多的职能性的分队划分成六个职权广泛的小组。湖地医疗中心改变了过去专家角色过于细化的做法，创建多技能的团队。

制度

这些机构创造性地把他们的制度和新的策略以及组织结构结合在了一起。上述几个机构都改变了他们的绩效评估制度。他们革新了信息传播方式，使需要信息的多技能的员工和团队都能便捷地获取信息，与其他部门取得联系。整个报酬体系、晋升制度、绩效管理和预算方式都做了相应的改变以适应新的文化。

员工

在再造的机构中，员工的构成形成了一个新的难题。甚至于当领导层声明不会有人丢掉饭碗时，许多的员工仍然感到危机重重，一些人离职另觅出路。在汉普顿市就有这类事情发生，一些员工因为无法达到自我管理团队的要求而辞职。在这类 *214* 情况下，如果机构提供了咨询和援助，那些留任的员工就会继续效忠于它们。

共有的价值观

这一点是以多种方式明白地表现出来的。比正式地表达价值观更为重要的是管理者的行动。鲍勃·奥尼尔之所以深得员工信赖的原因之一是，员工们深信在他们因冒险而出错时，奥尼尔将支持他们。第 9 区的员工们知道协作不是一个一时的口号，因为他们看到他们的领导像一个团队似地行动，同时领导们也邀请所有的员工参加领导层的会议。对于那些想要再造他们的机构的人而言，这一领域可能是对他们最大的挑战。那些想知道领导是否愿意冒同样的风险的员工会密切地观察领导的行动。

象征性的行为

象征性的行为是那些与共有的价值观相关联的行为，它与机构奖励有突出贡献的人员的方式也有关。第 9 区的奖励体制反映了其潜在的、面向团队的文化。他们授予员工像"创意顾问"这一类非同寻常的头衔，反映了他们对创新的期待。湖地地区医疗中心的医护人员的职位名称——多技能从业人员，表明医护人员的角色和奖励方式都发生了变化。

技能

这些机构的整合措施中最为显著的特征是它们对员工的能力有明确而较高的要求。在训练和考核那些申请多技能从业人员职位的员工时，它们非常苛刻，这说明政府部门是值得民众信赖的。

215　　这些机构提供了整合的极好的例子。它们还向我们展示了再造的重要原则。最重要的是，它们都按照既定的目标组织起来，（无缝隙的病人护理工作，提供迅捷的、面向顾客的服务）。它们的自我管理团队避免了一级一级地传递信息的做法，从顾客那里搜集信息，把信息汇总到一起。其中的两个机构在重新设计办公的程序后使用了先进的高科技。它们按照简捷和提供无缝隙的服务这两个原则进行整合。

8.8　整合感

这个 7—S 构架是实现整合的一个模式。重要的不是这个模式，而是将整合视作一种意识，即整合是任何再造过程中的一个基本要求。正如霍尔、罗森塔尔和韦德所写的那样："重新设计必须深入到组织机构的核心，角色、考核方式、结构、价值观和技能都要进行根本性的转变。"（119）若不考虑到整合这一因素，员工得到的信号会是各不相同、自相矛盾的，常常不知该如何行事。在今天，缺少方向感会导致平庸和失败。

当一个机构有了整合感，它就能至少以两种方式聚合并释放出员工的能量和才能：首先鼓励级别低的雇员采取主动性，而不必担心被报复；其次，它减少了争权夺利。因为集体被置于优先的位置，使集体受益会得到奖励。（Kotter，1990）当一个机构有了整合感时，工作和在一个好餐馆里吃饭差不多。一个好的餐馆的室内装修，菜单选择，食物的质量，侍者和领班的举止，乃至价格都很令人称心。每一因素都相互结合，形成一个整体，你知道你为什么在那里，也知道该如何从中最大地获益。这就是一个整合得很好的机构给它的员工和顾客的感觉。

第3部分

齐心协力进行政府部门再造

第 9 章

从两个政府机构再造中
获得的经验教训

9.1　本章概述

前一章中阐述的再造原则和步骤是理想的再造过程的指导方针。事实上，没有适用于每一再造特例的确切的程式和方法。每一个管理者及其团队在应用这些原则和措施时，都应当参照他们机构特定的情况。在这一章中，我们将仔细地考察两个案例以说明每一机构再造需求的独特性和面临的挑战的独特性。

第一个例子是有关再造的。康涅狄格州劳工部的管理者对他们提供职业介绍的过程进行了再造。这只是该机构大规模的文化转变的一部分。他们的努力包括管理职位的大幅度削减，重新界定全部的1 400个管理职位的职能，引入质量管理的原则和手段，制订一个简化的、一次完成的、面向市民的服务方案。

第二个是一个再造的典型案例。面对变化着的世界秩序和对突发威胁作出快速反应的需要，国防部重组了它的庞大的后勤机构——国防后勤局的主要的运作过程。这不仅减少了开支，还建立了多职能的团队，使订货到交货的时间大大缩短了。

220 9.2 康涅狄格州劳工部的转变

在 1990 年，康涅狄格州的劳工部的领导们意识到他们面临挑战。像其他的官僚机构一样，劳工部做起事来谨小慎微、按部就班、效率低下。劳工部的职员在三个互不相关的项目领域里做着非常专业化的工作，这三个领域是：失业救济、培训和提供就业信息。劳工部影响职员行为的培训和奖励制度强化着一个以控制为取向的文化。员工无力处理眼下所面临的既复杂、又涉及多种职能交叉的难题。这种各自为政的制度让劳工部的顾客和失业的市民们不厌其烦。失业的市民必须排着长队等待失业补偿，接着又重新排队获取工作信息和就业培训的信息。这些因素，再加上别的部门有可能会取代他们，促使他们开始改革。

问题在于只有那些领导才有改革的动力。已卸任的劳工部副部长拉里·福克斯回顾道："我们知道在现有的体制中，我们无法成为那种以顾客为中心的，绩效优良的组织，这也是我们没有把全面质量管理的尝试作为改革开端的原因所在。那种旧有的'烟囱似的'组织结构不能为这个部门塑造出一种新的文化。我们需要根本性的转变，然后才谈得上改进。如果我们要履行自己的职责，帮助这个州的男男女女找到并保有他们的工作，我们必须协助发展有利于就业增长的经济，并且不断完善体制。问题在于，我们必须设法让这个部门的所有 1 400 名雇员都感受到这一点。"

第一阶段："解冻"

221 为了更好地理解福克斯和他的同事们是如何转变部门的文化的，我们先来回顾一下组织发展理论的奠基人之一库尔特·卢因提出的变革理论。从本质上讲，卢因认为社会组织体系的变革有三个阶段：解冻、改变、再冻结。一些改变的尝试失败了，这是因为他们是从第二阶段开始的。但是组织总是力图维持现状，直到局面无法控制，迫使他们进行变革。解冻就在这时出现。解冻的过程有助于组织成员看到他们现有工作方式的弊端，使他们认识到变革的必要性。解冻的方式如下：联络顾客、获取顾客的反馈、和同类的组织相比较、在组织内部进行民意调查、上级和下属面对面的交流（像通用公司设计出的项目），或者被接管的危机引发员工对现状的不满。卢因变革的第一个阶段，通过向职员展示这个组织的体制业已崩溃，或者至少需要大的修补来帮助员工认知到变革的必要性，卢因称之为对变革的"需求认知"。

福克斯采取了好几项措施来"解冻"劳工部，他在几个月中花了几百个小时的时间和全部 1 400 名员工举行会谈，问他们如何看待现有的组织结构和制度，以及他们认为如何才能在将来获得成功。他在员工中做正式的民意调查，询问是否有改革需求和应当进行何种改革。绝大多数人都认为有必要改革。他和工会的领导人见面，寻求他们的支持。他和他的高级助理安·尼科尔斯举行了一系列的教育会议，详细地列出了一个绩效良好的组织应具备的特性。他采取了许多富于创造性的措施，其中之一是把员工们就劳工部发表看法时的情形用摄像机录像。由于他们的批评多于肯定，所以当员工们和管理者一道看了录像后，大多感到非常沮丧，这就在员工中形成了一种紧张情绪。福克斯知道这些有助于劳工部的再造。他还和州长的助理以及高级立法官员协作，确保他们知道劳工部改革的进展，并且支持劳工部的改革。

第二阶段：预想改革 ²²²

　　安·尼科尔斯把部门负责人和管理者聚集到一起，他们一道设想了改革后的新劳工部和它的新文化。这个新的模式和结构与旧有的有显著的不同。只有首先把结构简化并更有效率，才能实现由以统治、控制为核心向以顾客为中心的转变。他们决定削减管理的层次，从原有的 9 层减少到现有的 4 层，这意味着高层管理人员的数量从过去的 23 个减少到 8 个，中层管理人员从 70 个减少到 18 个。他们的重点是通过再造一线的雇员的工作，加强对他们的支持，授权给他们，以满足顾客的所有要求。不同于以往狭隘的、专业化的职位，直接提供服务的 408 名服务人员将接受训练，向顾客提供这个部门的所有服务类别。为了帮助雇员设想这种变化，并为此做好准备，这个部门提供了许多培训课程，描述面向顾客的组织的特性，解释"外部的顾客"和"内部的客户"意味着什么，怎样确定顾客需要的是什么，如何得到顾客的反馈，一个几乎近于完美的客户服务是怎样的，等等。

　　当然，改变结构和预想将来，只是这场战役的一部分。管理者必须传授给员工新的技能，帮助他们以新的态度面对他们的角色和工作。福克斯采取的一个重要步骤是确保没有人因此而失业，"我告诉他们，在新的组织中，他们有许多的机会扮演领导人的角色。对于那些经理，这意味着有更多的机会去领导、帮助，但不一定以管理者的身份。我们确保没有人会失业，但不能保证职位不会变化"。

　　尼科尔斯知道模式本身已能够说明问题，也知道这个模式需要详加阐述。她和福克斯认为，雇员和工会的参与对改革的成功是至关重要的。他们设计了 6 个试验方案，涉及部门中的 20 个办公部门，每个部门试行模式的一种或多种理念。他们的想法是让一些办公部门实行新模式的部分环节，以改进它，在完全实行它之前， ²²³ 获得一些经验。

　　这些实验给福克斯的团队提供了非常宝贵的信息，为他们改进服务找到了最好的方法。更重要的是，对于所有的员工而言，这些实验是一个信号，它表明这一变革将由他们来完成。为了被选中参与试验，在他们的试验提案中，每个小组都必须表现出广大的员工的热情和参与程度。尼科尔斯专门讲解了每个试验小组必须反省的准则，比如说员工的授权问题和提供高质量的服务。

　　在进行这项试验的同时，这个机构开始减少管理者的人数和管理的层次。所有的管理者都被告知得竞争上岗。由于职位相当有限，管理者不得不设想在改革后，他们很有可能不能待在原有的职位上。这个部门引进一流的职业生涯设计顾问，帮助管理者思考在新的组织里他们想要谋得的职位，帮助他们适应变化，为新的职位甚至是崭新的职业生涯做好准备。大多数的人都留了下来，听取顾问的意见，另一些则选择了提前退休。

尼科尔斯邀请上级指定的 3 个劳工部官员和她一道选择 5 个高级职业管理者。他们一起为申请高级职位的员工制定了考试的内容，他们的考试以新的组织模式的视野、价值和理念为基础，包括创业者的精神、顾客导向、高质量的服务、授权等等。考试非常严格，她要求应征者思维敏捷，展示出他们对他们将参与建设的新的企业文化所具备的知识和技能。尼科尔斯和其他 3 个官员选出了 5 个高级管理者。

224　一旦他们被选中了，这 5 个高级管理者重复同一过程，选出 18 位中层的管理者。他们制定标准，为申请这一职位的人设计考试。先前的 70 名中层管理者中的绝大多数都竞争这些职位，为准备和参加考试而历尽艰辛。这 5 名高级管理者给考试评分，帮助选择中层管理人员。此后，这 18 名中层的管理人员又为选拔一线的管理人员而设计考试，按照考试的结果决定人选。

这一过程对于所有置身其中的人都颇具挑战性。人们必须学习怎样在考试中反映出尚未成型的价值观。他们必须学习测试和评估的方式，学习价值观本身、在新的文化中所需的竞争力，以及在考试中考查出应考者竞争力的方法。

尼科尔斯评价道："许多人憎恨这一过程！我们正在经历巨大的变革，它对人们的各种假定提出了挑战。我们不断提高要求，这使得先前的最高标准——努力工作，如今成为了最低标准。"尽管如此，员工的广泛参与增强了他们对这一过程的认同感。劳工部正在成为他们的组织，正在向他们选定的模式转换，劳工部是他们自己的，不是别人的。

职位再造观念上的一个大飞跃：从专家转变为多技能的通才

就一线的工作人员而言，最大的挑战来自于重新设定角色。408 名员工中的每一个人都得学习他们的工作涉及的全新领域。这一次，工会参与了整个构思和决策过程：我们怎样培训员工，使他们成为多面手？我们怎样界定他们的新的职位？我们怎样评估他们？怎样奖励他们？

一线的员工深入地参与了新职位的设计。他们组建的多职能的团队制定了一个草案，内容涉及工作职责、绩效标准、评估方式，以及员工培训的方法。他们还决定了职位的细节之处：新的权力意味着什么？获得新的权力需要多长的时间？应该

225　需要多长时间？什么样的绩效才是可以接受的？这个团队和所有与此相关的人商讨这一草案，按照他们的反馈改写草案。接着他们制定了一个为期三周的课程，帮助员工为履行新的职责做好准备。尼科尔斯和她的员工为小组的协调人——第一层的管理人员，举办了一个针对培训者的培训课程，帮助他们提高表达的技巧，以便将来为所有的 408 名员工开设课程。尼科尔斯抓住每一个机会让员工们参与到这一过程中来。

尼科尔斯说："改变服务员工的职位是很重要的飞跃，我们同时在改变这么多的东西，从过去的因为'干了一年活儿'付给报酬转变到现在的就表现出的技能付给报酬，我们的做法和这个州的做法背道而驰。这意味着我们必须获取州行政和人事部门的支持，这是一场战役。福克斯一直让州长和立法人员洞悉改革的进程以获得他们的帮助。他还在媒体上大肆地宣扬劳工部的会议，为的是让人们知道这些理念，教育人们，传播这种新的方式。他和那些有可能阻碍我们发展的机构交涉。没有他那令人惊叹的精力、决心和领导才能，我们将无法做成这一切。此外，员工们也为改革获得成功而努力地工作。"

为了激励一线的工作人员更好地接受训练，学会承受新职位带来的压力，这个部门获得特权，作为康涅狄格州的一个试点，试行按技能计酬的做法。在这一点上，福克斯从前作为工会官员的背景非常有帮助，因为许多工会都反对按技能计酬这一做法，他们将它看作是管理人员赶走他们不中意的人的隐蔽手法。为了获得工会和员工的支持，福克斯获准在 408 名员工们尚未学会，还没能展示出他们的新技能时给员工加薪。事实上，这在政府部门中是一场革命，这是很关键的一步。加薪激励着员工努力达到再造后的工作要求，让他们学得更快。因为他们知道在培训结束后，他们得就新技能、新理念接受测试，只有通过了测试，才能保住他们的加薪。

这些测试面向一线工作人员，其目标反映了职位在技术、数量、行为和质量方面的要求。比如说，他们模拟了顾客投诉的情形，让员工反思工作的要求，向人们证明他们能回答所有的相关问题，具备所需的处理人际关系的技能。小组负责人负责测试的笔试和模拟测试两个方面。员工们参与了再造的方方面面的尝试。 226

福克斯回顾道："从员工的参与中，我们获益良多。我们学到的最主要的一点是，培训需得在工作小组里完成。工作小组必须协调、设计实际的训练内容。去别处接受训练是行不通的，至少不适用于我们这种情形。员工们必须参与到培训、设计、改革中去。"据他估计，75%的员工培训是在在职训练中完成，只有 25%来自于课堂。

他又说道："我们还必须向工会和雇员们证明我们希望每一个人获得成功。我们的改革不是要赶走人。此外，我们祛除了那种铃形的评估曲线。我们认为成就是一个学习的问题，不是一个纪律的问题。那些没有能展示出应有的技能的人需要帮助而非惩罚。因此，整个评估体系得以学习为重点，以绩效为重点，这意味着下一个挑战是制定评估绩效的标杆。他们有很长的一段路要走，但他们现在已经找到了路径。"

第三个阶段：通过将制度和新的结构与文化整合在一起，再度"冻结"

为了支持多面手角色的一线员工的工作，一个耗资 2 000 万美元的信息系统建成了。新的角色比过去定义狭隘的角色要求更高，要求他们能够轻易地获取大量的信息。这个新的软件和电脑系统使信息的输入简化并更有效率，能够帮助一线员工 227

处理顾客提出的一切要求。除此之外，小组的协调者为那些已掌握了一定的基本技能并希望得到提升的一线工人设计了一个测试。他们还为管理者和监督者设计了一个新的绩效评估体系，考察管理者和一般管理人员有关质量管理原则和行为的知识和能力。

这个部门还在管理者中运用多层次的反馈体系。这一体系在创新性的私有和公共的组织中非常受欢迎。它使得经理们能够得到下属和同行的匿名反馈和计算机分析过的调查表。这一体系起先在高级管理者中运用，他们按照组织文化的要求完善它，然后把它运用到中层和最高层的管理人员中。

从顾客中获得反馈是这个机构改革的一个重要因素。在 21 个试验方案中，有一个是做客户调查，由此，人们发现获取的信息非常有用。其他改革都在资源允许的情况下展开了：配备储存有工作和培训信息的触摸式电脑，开发失业问讯和失业保险申请的自动应答技术，通过拨号上网与部门数据库取得联系。图 9—1 列出了这个部门完成改革进程的时间表。

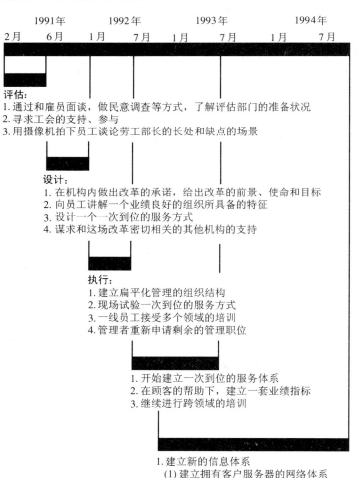

图 9—1　康涅狄格州劳工部改革的主要进程

问题与争议点

劳工部再造中最为基本的一个步骤是转化一线员工的职位，从过去强调控制导向，在工作中以某一特定的项目为重点，如失业保险，转变到现在的以帮助申请人获得所需的所有服务为目标的多技能的职位。他们所做的不只是重新分配职位，这种共有的文化已发生了巨大的变化。正如福克斯指出的那样，他们可以专注于几个特定的项目，即便是不转变这个部门的文化和特性，这几个项目也能取得成功。福克斯注意到许多质量管理的尝试都着眼于在一开始就获得一些小的成功，这是非常正确的，这有利于获取员工的信任，获得动力。福克斯知道他的部门需要一个巨大的转变，改变人们对管理者的职位的种种设想，把他们从警察变为助理。

这样一个巨大的转变提出了领导的问题。在一个由政府指派的官员掌管的政府管理部门中，这些官员只有不到两年的时间来使自己扬名，领导层真的有勇气改变组织文化吗？这些转变需要很多年的时间，领导人往往没等到从中切实获利的那一天，就已经离任了。然而在政界，人们按照官员离任时的成就来看待他的政绩。如果这些官员们来不及品尝成功的滋味，他们还愿意从根本上改变机构吗？

这一点引发了一个相关的问题。为了应对在规模庞大的再造和文化转变中遇到的困难和阻力，领导层不得不尽可能地保护机构不受外界的影响。为了做到这一点，福克斯谋求州长和立法者的支持。许多人也做出了巨大的贡献，比如说部门的执行主管贝内特·普德林，他负责确保重组中和重组后的基本服务和基本项目的平稳运作。领导层有能力在它的主要支持者的帮助下持续不断地获得改革所需的动能吗？领导层能在其核心的行政管理部门中保有那种以控制为导向的工作方式，而不把它完全抛弃吗？或者，它能够像劳工部那样获得一定的空间进行改革吗？像他们那样在员工们尚未证明他们能胜任即将就任的职位时，就获准给一线的员工加薪？在这一片混乱中，他们是否有一个像贝内特·普德林那样强有力的值得尊敬的高级管理者来确保基本项目的正常运转吗？

最后，一个个人问题。拉里·福克斯是一个精力旺盛、生动有趣、能力超常、充满自信的人，他是他和他的高级助理们正在进行的这场改革的理想人选。他的工会领导人的背景起了很大的作用，他和媒体以及州政府高级官员的交往所起的作用也不可低估。他乐于接受挑战，在必要时采取哄骗、威胁等手段，再加上他愿意取得大家的一致认同，他召开无以计数的会议，广泛地倾听和吸取大家的意见，以更好地传播他的改革理念，这些都是值得大家效仿的。在改革的过程中，员工们自始至终都积极参与，福克斯显然是促使改革不断进行的催化剂。有两个问题是值得一问的：一个旧式的、官僚化的机构进行改革，是否要求拉里·福克斯那样的卓越技能和独特背景？政府部门的管理者是否能改变他的工作作风以适应环境，并找出一个在那种特定的机构中能发挥作用的程式？

229

230

9.3　国防后勤局采购过程的再造

国防后勤局是一个庞大的官僚部门，年预算超过 170 亿美元。从 1962 年开始，当时的国防部长罗伯特·麦克纳马拉就合并多项职能以削减开支。麦克纳马拉放弃了过去的由各个部门自行购买所需公共商品的做法，转而由一个采购机构负责采购事宜。

国防后勤局负责物质管理的各个方面，包括物资分配、客户服务、合同管理和国防部的其他部门库存管理。在国防部价值 500 万美元的二级项目中，它掌管了大约 400 万美元，这些项目分布在 60 多个场所。国防后勤局每年接到的顾客请求大致是 2 800 万个，由此而引发的交易行为 1 800 万次，采购行为 1 300 万次。从任何一方面看，国防后勤局的业务都非常庞大。

231

为了应付如此大的工作量，国防后勤局是按不同的职能组建的：采购、工程、质量和技术支持等等。这个组织结构模式很僵化，它使得管理以控制为重点，导致了相当多的争权夺利。每一个职能领域的员工们都把自己看作是专家，他们处理从前一部门传过来的信息资料，然后把它传到下一个部门。结果是：许多工作都是按照记录在不同的文档里的相同的资料来完成的，不同部门的人相互复制了对方的工作。更糟糕的是，任何一个部门的工作都无法对整个机构的使命负完全的责任。这一使命是在顾客需要的时候，以合理的价格和较高的品质，提供他们所需的服务。与此相反，他们在朝着自己部门的目标努力，有时不同部门的目标是相互冲突的。他们只有在顾客提出时才提供服务。更为重要的是，这种严格的职能分工方式，延误了顾客的时间。当一个顾客在维修一架 F—18 战斗机时，贻误时机会造成巨大的经济损失。

国防后勤局变革的必要性

1989 年，当"柏林墙"倒塌，东欧发生剧变时，国防后勤局领导层意识到自身的规模和使命将会发生迅速地转变。在 40 多年中，苏联一直是一个可怕但能预见得到的敌人。但如今的世界局势动荡不安，五角大楼的决策者们知道他们必须精简部队，对突发危机快速地做出反应。这样一来，国防后勤局变得至关重要。但是五角大楼的决策者们对后勤部的办事能力不满意：某些大项目的采购从订货到交货需要 3 年的时间，后勤局没有一个面向精干的军队的现代化体系，使这些过程简化并更有效率。

在 1989 年，国防部审计员唐·夏伊科夫对这个部门的预算方式作了重大的改动。他创建了一个国防部商业运作基金，帮助管理者弄清做生意的真正的开支。传统的预算方式记录每个部门和每项职能的运行费用和薪酬成本，而国防部运作基金详细地列出每一个运作过程的成本和它的结果。这就是说，它列出材料管理的总的

232

成本，包括供给中心的成本、运输和分配物资的成本，这样管理者可以知道每单位物资的成本。当国防商业运作基金的管理者开始弄清楚单位成本时，结果是惊人的。大多数改革都是为痛苦所驱使的，单位成本的居高不下，让这些管理者痛苦，激励着他们去改革。

一位退休的海军上校汤姆·马尔萨克，当时是国防部监管下的五个供给中心之一的工业供给中心的二把手，他回顾道："我们看着那些数字，第一次意识到管理这个生意对我们意味着什么。那些数额非常之巨大，而且一般管理费用占了 35％，这实在是太多了。一个企业的库存管理中，如果一般管理费用占了 35％，这个企业是要破产的。这个新的预算体系引起了我们的注意，让我们意识到我们需要多大的转变。"

这个数字也引起了唐·夏伊科夫的注意。他知道必须尽快地改革。夏伊科夫向国防后勤局发布命令，要求他们减少库存管理的成本。为了做到这一点，他命令这个机构每售出 1 美元的货物给国防部的下属部门，他们只能支出 0.8 美元。在"沙漠风暴"行动后，夏伊科夫进一步地将这一数额减少到 0.5 美元。这些限制行为使得员工们怨声载道，但夏伊科夫相信国防后勤局会学会通过减少成本来弥补收入的减少。

国防工业供给中心的领导层次没有和其他部门一道抗议。马尔萨克和他的员工们认为他们可以接受这一制度。不仅如此，他们认为这是一个他们简化工作程序，*233*
缩短订货到交货时间的好机会。马尔萨克说道："当时我们不知道'再造'这个词，但是现在看来那时我们想做的就是再造。"他们一往无前地开始了再造。

绘制一份当前的流程图："As—Is"模式

由于马尔萨克在领导国防工业供给中心时取得了成功，他被指派和其他人一起，从事整个国防后勤局的再造工作。首先，他们这个小组想了解他们是如何做生意的，为此他们绘制出了当前的流程图。他们使用了一个名叫"综合定义"的非常复杂的汇编工具和空军在 70 年代中期研制的一个一体化计算机辅助制造程序的一部分。"综合定义"对一个职能性的商业流程中的所有商业活动和商业关系做了结构分析，确定了每一个商业活动的投入、产出、控制和机制。马尔萨克的团队研究了每一个和库存管理相关的活动。他的团队考察了所有的 5 个供给中心和每一种职能。他们研究了大宗项目（定义为25 000美元以上）和小宗项目的物资采购过程。

图 9—2 展示了国防后勤局大宗项目的采购过程。这一"意大利面条"式的图形看上去像是故意要把人弄得眼花缭乱。但是再造团队的人们发现它对考察现有的采购流程非常有用。

图 9—2 有 4 项职能列在"生活资料管理"这一条目下，从左到右，它们分别是：资源管理（A1）；满足市场要求（A2）；提供技术和质量支持（A3）；获取物资和服务（A4）。每一项职能下都列举出了与其相关的主要活动。比如，在资源管理这一项目下，列出了 4 项主要活动（A11 至 A14）。

234

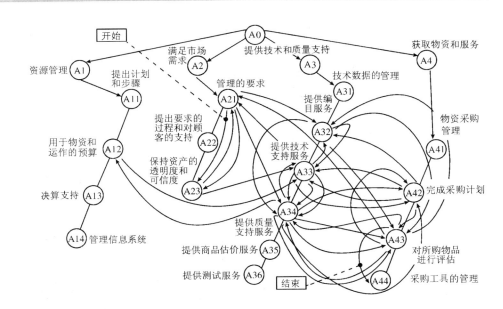

图9—2　国防后勤局大宗采购的 As—Is 模式：按职能组织消费品管理（As—Is 模式）

资料来源：国防后勤局（1992）。

235 　　在这个团队列出了职能和主要的活动后，他们绘制了一份大宗采购的流程图，以 A21 需求管理开始，以 A44 采购工具管理结束，他们这样做是为了展示在这一过程中有哪些不同的职能性活动。（为了理解这个图形，沿着箭头所指的最近的路线，从 A21 到 A23，再回到 A21，再到 A23，接着到 A33、A34、A33，回到 A21，等等。）

　　这之后，这个团队利用他们的流程图和收集到的数据，对每一个主要步骤做增值分析，找到办法来减少和消除无助于增加价值的步骤。令他们特别感兴趣的是从订货到交货的时间数据和开支数据。这些数据为简化整个采购过程提供了直接的目标。比如说，他们发现他们和供货方的合同，有 92％ 都只有 5 个或更少的项目，这在文书工作上耗费了大量的时间。他们迅速地重新再造了一些成本较高的采购过程，从而使整个采购过程更加简易。

设定一个扩展性目标：从一张白纸开始

　　一些程序需要较多的时间，要求做大幅度的修改。马尔萨克说："当我们发现一些做事的方式需要做彻底的改变时，我们试着倒退一步，反问自己：'如果我们从头开始，应当如何设计？'"马尔萨克给夏伊科夫设定的挑战加码——夏伊科夫只要求减少 50％ 的开支，马尔萨克给他的团队设定了一个更为艰巨的目标——70％ 的采购都要在现有的从订货到交货时间基础上减少 95％。马尔萨克这样做是为了挑战他的团队，让它从一张白纸开始。

　　马尔萨克说："我们中的大多数人的职业生涯都是在政府部门中度过的，我们不确定如果从头来过，我们会怎样去做。因此，我们应当看看其他机构是如何管理他们的库存的。于是，我们去了解同行的动向。我们参观了克尔特百货公司、价格联盟和沃尔玛特百货公司，发现了一种管理的全新方式。比如说，他们的开支是我们的 1/4，我们的收费高出他们 35% 或者更多。"

　　"我们还读到了从前人们对国防后勤局的研究，以及研究报告中指出的使国防部简化并更有效率的方法。我们在这份报告里发现了很好的改革方法。唯一的问题是，这些建议大都没有被采用。比如，有一份报告在 1986 年就提出了共享数据库的构想。国防后勤局是按照传统的职能划分方式组建的，它的信息系统强调的是职能性的工作方式。数据共享应当会带来较大的转变，但这一构想没有付诸实施。我们从访问同行和阅读以前的研究报告中获得了很多改革的办法。" *236*

　　其次，马尔萨克的团队和一个核心团队会面，大家各抒己见，畅想国防后勤局在 2000 年应当是怎样的。这个核心团队由 8 支分队的领导组成，他们在做着和再造类似的事情。他们一起回顾了各种数据和印象，包括最初的绘制流程图、数据分析、他们的访问和读到的报告。"一些数据分析让我们很震惊。比如，我们知道，大宗业务从定购到采购的时间是 203 天，小宗业务要 109 天。而价格联盟和沃尔玛特百货公司使用电子数据交换方式和供货商取得联系，他们的运作几乎不存在行政上的时间间隔。我们再一次地认识到在今天，不同机构间运作方式的差异是如此之大"。

　　值得注意的是马尔萨克提到的是行政上的时间间隔，他指的不是从接到订货到发货的时间，而是从预见到对某一种货物的需求到订货的这段时间。这段时间被用来决定订货的数量、审查订货、增添技术数据、接受 4～5 层的审查、获取多方面的信息。在购买时，订单要经过多层的审查才招标，签订合同。仅写信、发信给中标方就要花去 1 个月的时间。

　　访问同行对他们再造团队帮助非常大。他们获悉价格联盟、沃尔玛特百货公司和他们的供货商之间很少签订大笔的、历时好几年的合同。这些组织从日本学到了"及时"的管理方法，他们频繁地做小的采购，而不是像国防后勤局那样临时进行大宗采购，马尔萨克回顾道："我们看到了一个不同的世界，我们喜欢我们看到的一切。" *237*

设计一个未来的模式

　　这个核心团队运用他们的发现，设计了一个未来的模式，一个国防后勤局工作的新方案。这个团队提出了 60 项建议，其中一些是：

　　（1）他们设定了一个目标，决定 2/3 的采购通过长期的、不确定的发货合同来完成。这些合同持续的时间长达 3 年～5 年，或者更长，涉及上百个项目。这些合同多次以固定价格购买同样的商品，这极大地减少了行政上的时间间隔。

　　（2）他们取消了把质量保证作为一项单独职能的做法，把它放到工程和采购职能里。在过去，工程师设计质量测试来检查产品质量，然后把检查的步骤交给质量保证部门。质量保证部门负责测试需求和测试结果这两方面的行政工作。在重组中，工程师把测试的数据放到共享的数据库里。

（3）他们决定给供货商制定一个标准。作为国防后勤部的供货商，他们必须做好统计过程的控制，确保所售商品的质量。这一步骤减少了国防后勤部在事后检查的工作量。

238　（4）他们建议重组国防后勤部。这一重组在1993年1月完成，这一新的方案取消了旧有的职能性的工作方式，代之以商品营业单位。这些商品营业单位由多个多职能的小组组成，能履行定购和进货的所有职能。根据这项改革的要求，仅在国防工业供给中心就得重新安置1 800名雇员的工作。

他们允许他们最终的客户不需经过国防工业供给中心就可直接订货，他们还采用了一个商家直接送货的体系，这意味着定购的商品不必国防后勤部经手，就可直接抵达客户的手中。马尔萨克说："许多供货中心的员工都抵制这一做法，他们想要先检查商品，收集相关的信息，自己获得质量保证。"

图9—3展示了核心团队设计的将来的大宗买卖模式，这一模式以围绕多职能团队建立的新的组织结构为基础。每一个团队都有图9—2所展示的as—is模式中来自各个职能单位的员工（从A1到A4）。这个新的结构的重点在于：支持共同的环境（A1），市场营销（A2），提供物质要求（A3），提供工程和技术服务（A4）。

239

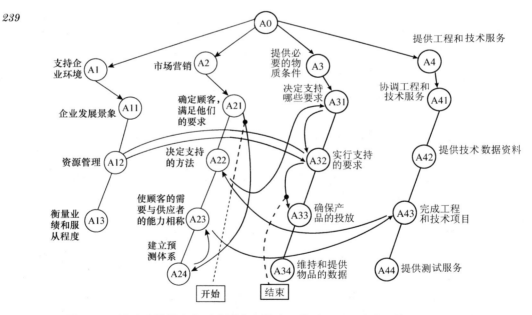

图9—3　国防后勤局大宗采购的未来模式：按过程组织消费品管理（To—Be 模式）

资料来源：国防后勤局（1992）

这个新的大宗购买的模式从A21确认顾客对象，满足他们的要求开始。这个模式的终点是A33，确保货物的投放。不同于那个主要是以内部为重点的as—is模式，这个新的模式的重点在外部，着眼于顾客的需求。此外，正如两相对照所显示出的那样，新的模式更为简便，旧的模式需要 34 个步骤，而新的模式只有 9 个。

结果

一些建议被付诸实施，另外一些则正在逐渐为人们所用。正如马尔萨克注意到的那样，旧有的思维和行为方式不会很快消逝。然而，迄今为止的改革结果给人留下了深刻的印象。比如，在国防工业供给中心，人们大幅度地削减预算和员工的分层，而订单数却保持不变。

（1）获取钢铁这类没有存货的物品的时间减少了 87％。

（2）延期交货由 22 万减少到了 17 万，大大减少了开支。　　　　　　　　*240*

（3）尽管减少了员工和预算，现货的数量一直很稳定，维持在 89％。（这意味着 89％ 的顾客订单都可以用存货来满足。）

（4）他们做到这一切只用了先前预算的 60％。

得到的经验教训

汤姆·马尔萨克从海军退役，帮助全国的政府机构学习如何再造他们的工作过程。对那些想要再造庞大、僵化、工作方式陈旧的机构的人来说，马尔萨克和他的团队在国防后勤局所进行的改革给他们提供了极好的范例。

（1）他们只进行那些他们有能力在同一时间内完成的改革（比如，一些改革是立即实施的，另外一些则逐步采用）。

（2）他们通过让人们知道旧有体系每一方面的开支，帮助人们认清它的弊端。这样就引起了人们的注意。

（3）他们知道除非他们向人们证明他们是认真的，有足够的政治影响力去做这件事，人们会一直观望下去。他们的改革如多职能化、商品营业分队等都直接服务于这一目的。

（4）他们不只局限于他们的个人经验，他们研究别的革新机构，汲取别人的经验。

（5）他们非常了解他们自身的文化。为了说服五角大楼和国防后勤局的官员，他们记录下了他们采取的每一个步骤，用了 15 个图表来描述 as—is 模式和未来的　*241*
模式。他们用复杂的模拟程序来记录未来模式在经济上的收益。

（6）革新者的个性特征中最为显著的一个就是执著，这一点他们绝不欠缺。马尔萨克事后回顾道："开始时我们也不顺。让人们改变过去的思维方式是不容易的。"他所说的是对的，这并不是在谴责政府雇员。像那些企业雇员那样，公务员看到许多精力旺盛、富有思想的人来了又走了。为一个领导人的想法激动，努力贯彻它，然后看着这个领导人转而做另一个项目，或者跳槽到另一机构，这一过程是非常痛苦的。这样，"等等看"的游戏就成为了一种自我保护，以防期望落空。

由于过程再造会导致重大的变化，对一些人而言，它的威胁是很大的。这样一来，重担就落在了领导层的肩上，他们得和官僚作风作战，以证明他们的决心。通过这样做，通过迅速地实现一些难度小的改革，就像马尔萨克的团队所做的那样，领导们帮助他们的下属抛弃旧的思维模式，冒着风险去尝试新的思维模式。

9.4　在这些案例中运用的再造原则

康涅狄格州劳工部和国防后勤局在它们的工作——提供失业援助、获取所需物资中，确保主要工作流程的连续性，使顾客只需和一个下属机构接触。他们在实现自动化之前，使工作流程简化并更有效率。在康涅狄格州的劳工部，在第一线工作的通才式员工提供顾客所需的所有服务，劳工部从一线员工那里一次性地搜集信息。更为重要的是，这两个部门都围绕着结果而非职能来组织他们的工作。康涅狄格州劳工部以顾客为核心，重组他们的工作，而国防后勤局则以它的工作程序为中心进行重组。

这一章描述了两个案例，涉及机构的制度、结构、文化和对工作的基本假定的重大变革。两个部门的改革都取得了成功，但这一事实不应掩饰面临的诸多困难和艰巨的工作。两个部门的尝试延长了两年，仅仅是为了评估、重新设计，以及开始实施新的设计。这一过程伴随着虚假的领先和错误。而要实现他们所有的变革仍将需要几年甚至更多的时间。

实施新的模式并不像设计新的模式那样令人激动，但是，正如一位非常成功的公共管理者曾说的那样："归根到底，政府的全部就是实施。"（Chase and Reveal，13）下一章将进一步阐明有效实施再造的策略。

第 10 章

启动政府部门再造

10.1　本章概述

　　有这样一个关于哈里·S·杜鲁门的故事，也许是杜撰的，但是与深受公众喜欢的哈里实话实说的形象很一致。

　　一天杜鲁门总统听取一个经济小组高级成员的简要报告。经济学家们轮流分析目前的趋势并预测将来的发展。使杜鲁门感到不满的是，每个人在预测最可能发生的情况时都极力降低风险，模棱两可地说些这样的话："一方面，总统先生，如果利率持续在目前的水平，那么我们估计……但是，另一方面，如果利率提高，那么我们预计……"经过几个人"一方面怎么样，而另一方面又怎么样"的发言后，杜鲁门总统用手重重地一拍桌子。

　　"见鬼去吧！"他喊道。"我希望找一位一个方面的经济学家。"

　　在政府中工作的许多人对新的管理趋势的反应是"一方面，另一方面"的思维模式。机会看起来非常难得，但是——另一方面——还存在许多问题和显而易见的障碍：当工作人员已经厌倦了花样翻新又很快烟消云散的管理模式，你怎样实施再造？你怎么对待持不同意见或者既得利益受到损害的工作人员的抵制？还有如何应对保护小集体和维护派系的人？这些是很好的问题，还没有切实的答案。

本章进一步处理贯彻实施的问题。我们将讨论再造的各种障碍和挑战，为那些努力为顾客提供无缝隙服务的人们提出切实可行的小窍门。

²⁴⁴ 10.2　行不通的是：导航、自上而下、游说兜售

再造，顾名思义，就是挑战人们先入为主的假定。当然，被告知他们要从专家变成通才，从警察变成警员，从抛头露面的权威人士变成共同负责的一般小组成员，工作人员自然会感到沮丧。这样的改变直接违反了很多人对自己工作、事业和作用的看法。他们怎么不会感到沮丧呢？实际上，作为顾问，我在没有受到任何抵触和敌视的时候最为担心。我知道这些情绪肯定存在，如果它们没有尽早提出来，早晚还会回来狠狠地咬我一口。

问题不是为什么现在还有人反对再造。首先要面对的问题是，你做的事情是不是引起更多不必要的抵制。再造者应该记住医学院学生在获得博士学位时要宣告的西波克拉底誓言："首先，不要伤害。"下面的方式造成的损害往往比带来的好处更大。

导航

大部分经验丰富的公务员都知道把一项新举措作为导航行动会有很多好处。它可以降低最初的抵制，很容易地赢得资金投入。问题是，导航项目往往受到组织中其他成员的排斥，就像人的身体排斥移植到他身上的器官一样。为什么？让99%没有直接参与的工作人员贬低导航者的成功是太容易了："任何人参加到那个精挑细选的小组都会成功；它从一开始就注定会成功。"人们还会贬低导航者的成功，他们可以说，任何实验在短期内都可以成功，但是重要的是看长远以后（换句话说，"如果十年以后看起来还是很不错，到那时我们再考虑学一学"）。而且有的人担心，²⁴⁵ 导航者的成功会反衬出其他人的失败（"也许我们早该这样做了"），尤其是那些刚开始反对尝试新办法的工作人员更是如此。所以，许多人会幸灾乐祸地等着看导航者的失败，不愿意从中学习。

此外，导航者这个词本身意味着实验，意味着一种试探水凉不凉的方式。再造不是实验；不能用一种尝试性的态度开始。在实施之前一定要经过认真细致的研究，因为它不是针对每一个人的。如果某个机构一心投身于改变现状，利用导航来看看这样的改变是否起作用（就像肯塔基劳动部所做的那样），这种办法也能成功，但是首先机构必须明确而坚定地致力于它的实现，还需要让很多人参与，而不只是实验性的几个人。资深顾问马文·韦斯保德（Marvin Weisbord）说过："要想改变一个组织，你让越多的人参与，他们就会尽早明白整个系统怎样运作，怎样履行职责才会效率更高，那么你的变革就可以尽早实现。孤立的导航项目不会产生这样的结果。"（Galagan，1992，33）

自上而下

这个办法在许多全面质量管理顾问中间特别流行，他们喜欢培训高层领导小组，然后高层领导小组再培训他们的下一级，然后下级再培训下级，以此类推。使用自上而下的办法实施再造存在两方面的问题。

首先，如果工作人员在经过培训后没有办法应用他们培训学到的东西，那么培训基本上没有什么作用。换句话说，成人需要边学边做（Gilbert，1993）；他们需要学到可以很快在工作中加以应用的概念和技能。有的组织拨出很小的一笔款项用于培训数以万计的员工，结果是收效甚微或是没有任何成效。（Schaffer 和 Thomson，1992）因为培训要建立在即时的基础上，而小组的培训需要能够应用在项目上，所以不需要采用自上而下的办法。一旦高级领导层已经接受了再造，每一个具有重要管理过程的小组都可以开始着手。

其次，自上而下的实施意味着某件重要的事情可以在机构每一层次得以实现。 *246*
实际上，再造跨越层次和职能。再造并不是由中间管理层或者最高级别的领导人或者任何其他同级小组实现的。它要求对角线形的跨级别机构来组成再造工作小组。自上而下的工作方法与基本的再造原则不一致。

游说兜售

凯特林基金会的一项研究表明，游说兜售是许多决策者用来说服公众接受他们观点的办法。在他们非常有趣的题为《有意义的混乱：人们怎样与公众问题相关联》（The Harwood Group，1993）的报告中，几位作者考察了美国人怎样对有关公共事务（医疗保健议案、枪支控制禁令、教育改革的观点等等）的政策形成自己的看法，以及国家领导人以此提出新政策的方式。

游说兜售的方式大致如下：

（1）把问题分解为若干小的、可以控制的部分，从其他问题里剥离出来。

（2）请专家来增加你提出的解决办法的可信度。

（3）专门挑选的事实有利于你提出的解决办法。

（4）迎合人们眼前切身的利益。

（5）把辩论极端化——"我们提出的办法是唯一合乎理性的，其他办法毫无意义。"

（6）最后，通过一再重复你的解决办法"说服"人们。

福克斯的小组参加者告诉凯特林研究人员说，我相信组织领导人使用同样的方式来兜售新的管理尝试（全面质量管理，授予权力，创造性），通常很少成功。公 *247*
务员也和一般的公众一样，游说兜售的办法说服不了他们。

10.3　可行的办法：有意义的混乱、控制、参与和阶段性实施

第 5 章我们讨论了再造的前提条件：对现状感到痛苦，这一点以大家都能理解的方式明确地表达出来，处理这个问题的计划，以及来自上层的积极投入。一旦一切就绪和再造开始后，有四个有用的原则需要记住。

有意义的混乱

这个术语是凯特林报告的研究人员早先开始采用的，它指出了一般公众对公共政策问题形成自己看法的特点。从我的经验来看，它完美地抓住了大部分工作人员考虑到底要不要接受自己的机构采用某种新的管理模式的心理。

用"有意义的混乱"这个术语，作者指出美国人针对复杂问题作出决定并不是机械、直接的线形模式（就像游说和兜售以为的那样）。相反，我们以一种没有条理的方式考虑问题，这在我们和朋友或同事（而不是专家）对话（而不是非此即彼的两极辩论）的过程中体现得非常典型。

具体说来，人们在决定要不要支持某项决策的时候需要时间、空间、含蓄性以及与信赖的人进行讨论。我们希望积极参与，而不是被动地接受。我们希望与自己相近的人进行交流。我们想要听到问题争论的各个方面，而不是精心挑选出来让我们接受的部分。

下面几点对将要开始再造的领导者很重要。首先，要记住你的最大资本就是你的信誉（Kouzes 和 Posner，1987），所以不要居高临下地进行再造。不仅要说明再造的好处，还要开诚布公地说明困难。不要耸人听闻地说：这是唯一的办法，没有它明天机构是死定了。

另外，工作人员需要了解你知道的所有情况，诸如为什么要纠正现在的管理模式，为什么这个模式比其他模式好，以及考虑过哪些其他模式但是没有采纳。更进一步地说，有意义的混乱意味着人们有时间和空间与别人交流对新方法的看法；在这个时候非正式组织领导比正式领导对大家的想法有更大的影响，这意味着需要让非正式组织的领导（包括工会代表等）参与决定再造的讨论。

有意义的混乱意味着员工需要看到某些联系，明白再造是否和怎样影响机构的使命、工作人员的职责、事业阶梯以及工作方式。一句话，工作人员需要看到背景才会决定要不要积极响应和支持这个初始提议。

控制和参与

在压力重重的情况下，任何一个名副其实的压力管理工作部都会聚焦于人们对控制压力的需要。一个重大的再造项目将增加人们的工作压力，工作人员需要运用一些杠杆加以控制。而且，他们需要以各种各样的方式，并作为积极的参加者而非

被动的用户参与其中。促进控制和参与有不同的办法。

办法之一是学习肯塔基劳工部的经验。本书提到的所有再造的个案当中，肯塔基劳工部可能是拆分程度最严重的：从 9 个管理层减少到 4 个，从 93 名管理人员减少到 26 名，这要求管理人员相互竞争以保持原有的管理职位。这样的领导团队是怎样获此成功的呢？广泛的员工参与是关键。管理人员和一线工作人员被要求执行所有任务，从制定工作内容和绩效评估体系再到相互培训和彼此能力的评估，无所不包。

第二个是美国森林服务工作组采用的办法，这个工作组需要设想今后十年的机构重建的情形。小组成员一致同意森林服务机构将来必须实行的许多变革。他们没有写完报告交上去了事，而是开始实施了一位成员称之为"发现过程"的设想。这一设想要他们把收集到的关于本机构的所有信息包括进去——它的体系和项目、顾客和顾客对机构的看法、未来的挑战和机会以及威胁，然后把所有信息发送给全国各地的森林服务工作人员。这些小组被要求总结和讨论各种信息，确定他们认为应该怎样面对将来可预期的挑战。

当然，这种方式的风险是不同的小组得出的结论可能会有天壤之别。但是，如果这些信息对机构使命和团队任务有明确的表述，如果工作人员有一系列明白无误的工作标准，如果他们知道自己的反应是高级团队的参考（这样期望值才不会高得不切实际），这样，往往会出现一个有趣的现象，那就是所有的工作人员会自主地得出相近的结论。如果组织得好，这个发现过程有很多优势。最重要的优势是工作人员可以说服彼此需要改进的地方。就像高高兴兴的汽车主人对那些想买车的人来说是最有说服力的推销员一样，这个发现过程可以把数以百计的员工转变成内部变革的支持者。

最后，通过形成被我称之为"再造使用者团体"的组织，员工能够获得一种控制和参与感。一旦他们理解了再造的原则和步骤，各个层次的工作人员都会在非正式试用小组的示范下热情高涨，积极地自己尝试起来。有意义的混乱的研究结果表明，变化和投入不是线性的过程。人们需要自己的时间和空间来思考和探索自己敬重的人提出的建议。试用小组恰恰提供了参与、控制和有意义混乱的契机。

再造顾名思义是剧烈的变革。这样的变化不是一蹴而就的。相反，它需要长时间的准备，就像第 9 章描述过的劳工部和国防后勤部的例子一样。整体计划应该在一开始就准备就绪，以便让每个人都知道要发生什么事情。但是，大部分重要的再造项目是逐步展开的。

在第一个阶段，管理者经常采取在既定的预算和文化范畴内可以实现的步骤。这不一定会引起工作绩效的突飞猛进，但是可以很快地采取这些措施来向员工发出管理层决心变革的信号。

下面的例子是一些在预算和文化范畴内可以很快采取的措施：

（1）祛除过程中无附加价值的步骤。

（2）培训员工新岗位需要具备的技能。

（3）作程序性的变动。

（4）改变职位描述。

（5）利用实验来测试并从某些模式中学习。

（6）形成多职能工作组。

在第二个阶段，管理人员可以采取需要额外资源投入的步骤，并开始改变机构的文化。这些措施一般包括范围更大的变化，涉及大量拆分，因为新体系要取代旧体系。

需要额外资源投入和改变公司文化的例子包括：

（1）从立足职能转化到立足过程和结构。

（2）转向新的信息技术。

251 （3）与顾客和供应商形成密切的合作伙伴关系。

（4）采用以活动为主的成本计算方式来确认与活动和过程相联系的成本。

（5）进行连贯的新过程测度：成本、时间、质量和顾客满意度。

10.4 怎样面对抵制

假设你遵循了上面的指导方针，但是还会有一些员工对变革有抵触情绪。很可能，抵制是出于下面三方面的原因：

（1）管理者害怕丧失自己的地盘、权力甚至工作。

（2）工作人员喜欢自己的专家角色，不愿意成为通才。

（3）在中心部门（如计划、财务、会计、人类资源、采购等）工作的人员，他们的工作可能被取消、转移或者从控制性角色改变成顾问性角色。

抵制变革和害怕损失的管理人员

当然，管理工作职位的损失和变动并不是新鲜事。自从 1981—1983 年的经济衰退以来这样的事情持续不断，至今仍无减少的迹象。这种倾向只会继续，任何地方的中层管理人员都明白这一点。实际上，中层管理者是裁员的首选对象，副总统戈尔的国家绩效评鉴中也表明了这一点。从任务的压力强度考虑，他建议裁减大概 70 万的"管理、控制、检查或复核他人"的联邦雇员。特别强调的是，这些职位一般很少增加价值，还往往削减价值。（Gore，1993，14）行政部门预计废除 25.2
252 万个职位，其中 14 万个来自管理层。（Barr，1993a）

再造尤其要求改变中级管理层，这也是对变革抵触最多的地方。根据美国公共行政学会（NAPA）对再造项目涉及到的州和联邦管理人员进行的调查，职能性官员的地盘之争是再造失败的常见原因（占问卷回答者的 51％）。国家公共管理学院的研究指出的主要障碍包括：

（1）地盘之争（51％）。

（2）对职位变动的抵制（45％）。

（3）没有权威人士的推动（42%）。

（4）缺乏动力（41%）。

（5）难以放开眼界宏观地考虑（41%）。

（6）资源限制在遗产制度下（41%）。

（7）高级管理层态度不积极（38%）。

（8）对其他管理变革尝试持怀疑态度。

留在变革的组织中的大部分管理者都将担任新的具有挑战性的角色。有些人会从这些变革中寻找到令人振奋的机会；而很多人会觉得这些变革只是痛苦。"简直让人非常痛心"，施乐复印机公司的总经理保罗·阿莱尔说："最难改变的就是部门经理。他或她忠实地工作了五年或者十年后才被提升到经理的职位，现在你要跟他说：'你说的这些当经理的理由都错了……你应该做一名教练和协调者，况且，我们还是会让你留在一线继续工作。'"（Davidow 和 Malone，1992，177）那些心怀恐惧，不管有没有道理，害怕他们在再造尝试中一败涂地的经理们该怎么办呢？

首先，他们要做所有的主要变革要求做的事情：接受变革的事实。我们的组织不会退回到当初自上而下、一成不变的官僚结构，虽然我们大部分人都是在其中成长起来的，但是那样的时代已经一去不复返了。第二步就是寻找机会。成长和学习的机会到处都有，许多公司经过艰难的变革过程，正是为受到影响的员工提供最好的事业咨询和培训服务。（国防部是联邦政府极好的例子）我们有很多机会尝试自己的新角色。许多经理对我说他们想摆脱自己控制别人的模式，但是不知道该怎么办。现在你有机会恢复自己的直接服务和技术角色。有的经理非常怀念他们以前工作的满足感和毫不拖延的习惯。技术和直接服务性工作提供立竿见影的反馈，能够给人一种成就感，因为出现的结果是可见的、有形的。

经理们的最后一个步骤是选择。一旦他们接受了不可更改的事实，认真考虑过自己新的选择，他们需要实事求是地挑选反映自己能力、希望和个人情况的工作。有的人会选择辞职。有的人则很不幸地发现自己丢掉了工作。而在对抗变革的时候尽力希望留下来的人，对将来一定要有非常客观现实的态度。将来既令人激动又不会轻松。令人激动是因为新的过程和制度会让内部和外部的顾客都感到新鲜好奇。不轻松是因为在旧体系下得到回报的那些技能和行为在新制度下不会得到奖励。除此之外，改变不会是井井有条、按部就班的。相反，改变可能持续几个月、几年。就像一位马拉松选手爬山爬到第 20 里的时候，仅仅发现前面还有更长的路，还需要继续向上攀登，经理们也会发现他们的路还很遥远，常常需要向上攀登。

选择留下来的人为组织提供了重要的资源——他们的可信度高，对机构过去的历史很了解，他们知道过程在什么地方断裂。选择留下来，希望看到再造怎样转变一个机构的人会选择他们现有的最有利的事业途径和策略，使自己不至于失去工作的策略。

不愿意担任一般事务的技术专家

这种情况在政府部门是一个严重的问题。许多政府机构是"技术统治"，也就是说他们聘用很多在某个专门技术领域知识丰富的人，然后因为他们技术上的贡献而提升他们的职务。我们的机构有大量的工程师、科学家、律师、社会工作者、会计、转账员、审计员等。联邦政府的高级行政服务机构经公共事务改革法案批准于1978年成立，成立这个机构当初的目的是为了促进高级综合型人才的形成，他们能够巡查各个部门，离岗进行专门的研究，了解整个联邦机构的运作机制。这个想法是很不错，但在实践中却行不通。制度没有改变，综合型人才仍得不到赏识。

在此不妨把我们的政府模式与本田公司比较一下。在本田公司，工程师前三个月在流水线上工作，然后他或她再在市场部工作三个月。第二年在固定某个部门的技术工作之前要到各个工程部去实习，但是还没有完。本田公司继续让工程师到各个部门轮流工作，甚至最资深的人员每年也要有一个月在完全不同的部门工作，目的是为了获得广泛的对整个公司的了解。（Womack，Jones and Roos，1990）据说在日本，经理精通整个公司的业务，而不是某个技术领域。联邦雇员几乎没有人经过这样的岗位轮换和跨领域训练，只有军事人员是唯一的例外。

在再造过程中对机构的技术专家而言最好的选择是寻找机会不断学习。就像他们管理层的同僚一样，他们的角色也要发生改变，对待这样的变动最好的办法就是学习新的技能。政府机构是自上而下的，它们不可能养活大量在狭窄的专业领域具有一技之长的专家。它们需要更多的综合型人才，留下来的技术人员会发现他们将经常与来自不同技术领域的同行共事。

255　为了支持这些变革，政府机构必须提供强化训练和教育。在这个方面，许多机构还有很大的差距需要弥补。走在前面正在经历类似重组的私有企业投入了大量人力物力用来培训和再培训他们的员工。摩托罗拉公司作为马尔科姆·鲍德里奇奖的获得者，就是个突出的例子。摩托罗拉公司104 000名雇员中的每个人都被要求一年至少有40个小时参加与工作有关的培训。这每年要花费摩托罗拉大约2亿美元——而且公司还计划把要求培训的时间延长。（Porter，1993）其他典型的例子还有英特尔公司和利瓦伊·施特劳斯公司，它们也在为员工进行类似的投资。

根据全国公共服务委员会发布的消息（1989），领先的私有企业投入预算的3％～5％用于培训、再培训和更新员工技能。与此相反，联邦政府投入培训的预算还不到1％。而且培训费用最多地用在了管理人员身上，而不是技术或者支持人员。有些机构可以说真正为培训进行了投资（其中之一是位于日本横须贺海军公共事务中心的美国海军家属住房办公室，在那里他们每周半天向外部顾客关闭办公室以进行员工技能培训），但实事求是地说，他们是个例外。在今后的十年里教育和培训领域应该是公共部门最大的增长点。

任务正在被取消的中心部门的专家

在再造过程中这些人面临的挑战可能是最严峻的，因为他们的存在正是我们机构问题的核心。大部分中心部门职员的职能——人事和公共服务、财务、计划、管理和预算、采购、合同专家、审计——都是政府用来防止滥用职权的。有些职能如公共服务又退回到了 19 世纪 80 年代。这些中心职员除了监督董事会和委员会之外，还有一个明确的任务：监督直线部门的工作，防止欺诈和滥用职权。因此，在政府里他们是戴着白色安全帽的；他们是被派来兴利除弊的德高望重的人。（Barzelay and Armajani，1990）　*256*

这些中心部门工作人员和部门经理们之间往往存在紧张关系，这种紧张关系不是单纯的个性差异或者地盘之争的结果，虽然这也是问题的部分原因 。根本问题是他们之间截然相反的任务。直线部门成立的目的是完成机构的任务，任务贯彻实施良好就会得到回报。相反，中心部门工作绩效好的表现是抓住别人犯的错误。所以，难怪很多在中心工作的人采取官僚的、循规蹈矩的方式（例外有什么好处呢？），而机构里经常看到直线部门的工作人员穿着耐克鞋，希望"马上干起来"。

当政府部门设计现在的过程，寻找没有附加价值的步骤时，他们仍然认为中心机构的职能是变革的主要阻力。这些人的工作不仅没有任何附加价值，而且如果他们继续留在操作性的职位上还会削减现有的价值。如此一来，这些戴着白帽子的人一下子成了坏蛋。

中心职员的未来是明摆着的。他们的单位会被精简，许多人将分流到直线部门。不管他们是留在自己的单位还是分流到直线部门，大部分人都会从警察变成顾问。他们会教给部门经理和职员怎么来做中心单位以前为他们做的工作。一个例子是弗吉尼亚汉普顿的人力资源部，那里这些人专门处理客户部门的事情，而不履行各种各样的人事职能。汉普顿人力资源部的工作人员一天的典型工作可能涉及回答一名警察什么是均等就业机会的问题，指导中层经理们怎样把合格的申请者培养成监督员，向员工传授美国残疾人法案的有关知识，告诉一名秘书怎样进行绩效评估，等等。

注意这些工作的性质：信息分享、教育、咨询、辅助和建议。这些角色在正式　*257*
意义上没有权力。而且这正是问题所在。这些中心工作人员将失去他们以前检查、控制、决策、拒绝和指控违反规定的正式权力。他们新的非正式的权力则在他们的指导而增加价值的基础上得以产生。对很多习惯了中心部门工作的人来说，这需要完全不同的思考角度。

他们面临的挑战是两方面的。首先，他们必须面对急剧改变的自己的角色和存在意义的挑战。这意味着把部门经理们看作自己的顾客，而不是有可能犯错误的人。其次，他们必须培养提供咨询所需要的能力。他们要懂得怎样更好地聆听、判断别人没有直言的需求，以及提高促成意见一致的能力。而且，他们还需要学习怎样进行策略性思考。他们需要了解这些部门的方向、前景、比较优势、策略、缺陷和成功的规则。更重要的是，他们将不得不学会怎样帮助自己的客户部门进行类似的思考。

中心职员的这些变化代表了一个全新的世界。对那些愿意接受挑战的人而言这是个令人振奋不已的世界。在信息体系中的工作人员将帮助他们的客户部门通过网络实现无纸办公，就像森林服务处正在进行的那样。以前的采购权威将帮助他们摆脱这些具体采购材料的束缚，使各部门利用网络技术及时得到关于价格、存货和服务的信息，他们将因为这些工作得到奖赏。人事专家将带动培养训练者的培训工作，以建构传递人员信息的职员训练者的基本框架。他们还将为工作组提供便利，帮助他们设计新的评估制度。财务部的工作人员可以帮助直线部门的管理者学会怎样根据活动项目计算成本，通过已经执行的工作过程来跟踪费用的支出（见下一章），他们将组织工作站学习最新出现的财务软件。会计将帮助减少书面文件的往来，清单和采购单用电子数据交换系统来取代，这一系统把机构自身的电脑与供应商和顾客的电脑连接起来。

258

这些事情都会发生，有些情况现在已经出现了。这不是轻而易举的事情，希望真正适应新体系的人会感到非常棘手。因为，就像达维多和马隆提出的（1992）那样，"这可能是新的工商业革命令人啼笑皆非的一个方面……很多雇员和经理们勤勤恳恳地为变革付出努力，结果却发现自己不再胜任自己的工作，不管是个性还是敏感性方面，都难以跨越障碍达到当初预想的理想境地。管理层和劳工需要为了完成共同的任务齐心协力，帮助那些脱离岗位的工作人员取得成功。"（216）美国企业目前对减小规模的热情没有表现出任何放弃的迹象，这种潮流也在扩展到政府部门。记者罗纳德·亨科夫（1990）提出的建议非常明智，那就是"要削减工作，而不是必要的工作人员"（40）今天已经没有人听了。

10.5 对那些仍然看不清形势的人怎么办

如果那些王国建立者死不松手你该怎么办呢？我坚信质量管理运动的一条中心原则：大部分错误都是管理和制度问题造成的，而不是一线职员的过错。已故的W·爱德华·戴明这句话说得很对，日本人的做法已经表明了向后屈从对于表现不佳的员工找到新岗位的重要意义。

我已经说过，当机构需要摆脱控制倾向朝着建立过程小组的方向努力的时候，我对那些顽固坚守自己的地盘的人没有丝毫同情。这些王国建立者知道怎样束缚机构。当然，这样的事情也经常发生，因为没有人愿意或者能够战胜他们。我认为不应该终身雇佣这样的人——他们没有权力阻碍公司向前发展，领导人有责任直接处理他们的问题。有些王国建立者表面上装出一副欣然接受新制度的样子，但是实际上仍然坚持加强控制。如果已经劝说过也听取过他们的意见，并且提供机会让他们参与等等，而他们还是一如既往，那就只剩下一个可行的办法（假设他们不能被解雇）：取消他们的工作。

259

不管你能不能解雇这些人，辞退他们对整个机构都可能是不利的。他们可能具备很多你不想因此损失的才华，他们以往的绩效表现可能无懈可击，让你没有理由辞退他们，或者他们有重要的同事关系网，你不能牵一发而动全身。另一方面，你同样不能让他们继续留在原来的职位。死死固守在自己地盘上的人可能让你一筹莫展。无缝隙组织的要求使你只剩下了一个选择，那就是改变他的工作。给这个人专门寻找或者创造一份工作，但是在整个机构正在脱离控制、朝着立足于结果的方向努力时，不要继续保留控制导向的职位。

利用难得的闲暇时间，你可以试用鲍伯·奥尼尔在汉普顿卓有成效的"督促"办法。他允许部门领导按他们自己的速度进行变革，只要他们每年能够达到他的绩效要求。这种方式引起了关系紧张和不满情绪，但是比肯塔基的大手术温和得多，在肯塔基数十个控制导向的管理职位被取消。死守地盘的经理们对再造的抵触反应中有这样的认识，他们觉得他们有本事也有智慧把你拖垮。所以你要向他们证明这一点行不通。这样做很不容易，而且一定不会有趣，但是很关键。当领导者明确地表示，王国建立者和精于控制的人再不能够阻止整个机构向前发展，就给那些支持转型的人们发出有力甚至鼓舞人心的信号。这个信号就是：变革是真的。

本章集中讨论了积极希望在机构中推进再造的管理者有哪些贯彻实施的策略。 *260*
管理者要想获得长远的成功，支持无缝隙组织的基础结构一定要取代支持条块分割的官僚政府机构的壁垒，对此前面一章我们已经讨论过了。

第 11 章

结论：没有壁垒的工作

11.1　最好的时候，最坏的时候：两种政府管理的故事

　　大部分人都不用费脑子就可以想起一种把工作搞得一团糟的政府管理。下面是我经常喜欢引用的例子。

　　在纽约，1986 年 5 月 28 日，唐纳德·特朗普提出的条件让纽约不能拒绝。他提议重建中央公园的溜冰场，在 6 个月之内完工，成本为 300 万美元，超过这一成本的部分由唐纳德支付。这个提议是难以抗拒的，因为市里已经用 6 年的时间花了将近 1.3 亿美元试图重建溜冰场，但是没有成功。重建的失败有几个因素，包括冷藏系统的故障，要找出价最低的承建人的要求（不管以前的绩效如何），还有官僚机构的要求，即每一处改动都需要重新谈判。市长埃德·科克一周后同意了特朗普提出的条件，纽约很快拨出款项来进行这一项目的建设。10 月 28 日，完工期限的前一个月，预算还剩下 75 万美元，重建工作完成了。两周以后溜冰场对外开放。（Wilson，1989）

　　不幸的是，人们很难找到现代化的革新的政府管理模式的例子。但是这里有一个最重要的例子：美国国税局（IRS）。

　　在美国的某些地方，纳税人正在受益于联邦政府最富革新意味而又雄心勃勃的项目，即美国国税局的改革。现在，有的纳税

人可以把他们的收入以电子方式发送过去，很快就可以被直接存在银行账户上返还。另一个创新是电子文档的广泛采用，这使纳税人可以用按钮式电话机进行所有 *262* 的转账。现在有的纳税人可以一次结清州和联邦的收入；一次电子结算可以同时满足州和联邦两个地方的税务信息要求。在不久的将来纳税人将能够一天 24 小时通过语音回答系统进行支付、签署分期付款协议、申请延期以及其他交易。在 2000 年以前所有市民都将能够享受这样的革新和其他一些手段。（Treasury，1993）

上面哪一种情形会代表以后十年的趋势呢？我们还将继续忍受官僚机构不能及时提供最基本的政府服务的困扰吗（就像重修溜冰场的例子）？我们选举上台的官员们还将继续操纵机构，用金融控制来阻碍合理的工作努力吗？还是说，他们有前瞻性的眼光，赋予机构更大的灵活性，条件是责任自负？他们是否愿意投资进行无缝隙组织建设呢？（美国国税局投资 78 亿美元在以后的 15 年里重建和引进新体系以实现其远景）。公务员有没有办法跨过官样文章和地盘之争？而正是这些障碍使我们国家最大的城市无法开展修理显而易见的溜冰场工程？

11.2　"随时随地"的无缝隙政府：结构要求和可喜的迹象

本书叙述了机构怎样进行自我转型，怎样拆毁使工作人员与同事、顾客和选民隔离开来的壁垒以提供无缝隙的服务。但是用什么来取代这些壁垒呢？在几乎所有组织里，职能壁垒意味着"重负"，也就是说它们提供了工作人员所了解的唯一结构。如果我们把它们拆毁，用什么来代替它们呢？我们怎样避免混乱？ *263*

本书详细解释了一个重要的答案。我们要用灵活机动的过程小组来取代僵化的职能部门，过程小组为实现具体的顾客结果负责。但是，这些过程小组的工作要想成功，有多方面的要求。首先，我们必须创造新的机制来支持这些过程小组。其次，我们必须创造一种基本结构支持这些新的机制。最后，我们需要改变选举上台的官员们在行使监督职能时微观管理的角色。幸运的是，这些变革的每个方面都有值得乐观的地方。在这一章，我们要讨论这三种挑战以及在为了提供无缝隙服务而实行再造的过程中有哪些趋势和手段可以帮助公务员迎接这些挑战。

11.3　新的机制

为了某个特定的项目暂时拆除部门之间和机构与顾客和选民之间的壁垒是一回事，把这些壁垒永久消除又是另一回事。它们就像竹子一样割掉了还会在原来的地方长出来。像大卫·纳德勒这样的组织权威认为信息会成为将来的"重负"材料。（Stewart，1993）但是在公共部门，仅有信息还不充分。为了确保特殊利益团体、媒体和当选官员不要制造更多的壁垒，还需要新的机制。下面的措施可以保证让壁垒永远不再重新出现。

选择性争论的解决

法律界迟迟没有看到选择性争论的解决的价值，但是许多政府机构已经把它看作天赐的福音了。这种解决方式包括调解、仲裁、小型审讯和调查事实，它被用来解决发生在规则制定过程中的多种争论，以及合同、执法行动、平等就业起诉和广泛的个人诉讼过程中出现的各种各样的争论。

选择性争论的解决把问题控制在法院以外，避免问题的极端化，减少拖延和诉讼成本。这些后果的代价是昂贵的：劳工部雇用了530位全职律师和220名支持人员，每年处理 24 000 件诉讼案件（Gore，1993）；空军估计一个歧视案件经过整个正式诉讼程序的开支是 8 万美元。（Hoffman and Wagner，1993）联邦机构像司法部、军队工程部、教育部和几个州及地方政府正在常规性地使用选择性争论的决定。这个策略使解决争论的过程高度合理化。它避免了正式起诉造成的隔膜。与再造相一致，选择性争论的解决使双方着眼于取得令人满意的结果。

合作伙伴关系

前面讲过，合作伙伴关系通过挑战以往的政府合同必定是对抗性过程的假定，从而消除了机构与合同方之间障碍。这些合同专家不再虎视眈眈地监视合同方的行为，而合同方也觉得不再有必要违反常规走捷径。在军队工程部可以看到，亚利桑那交通部和其他机构共同合作降低了成本、减少了延误、促进了信任和质量，致使法律诉讼减少了很多。（Cole，1993；Edelman，Carr and Lancaster，1991）

协商制定规则

协商制定规则把基本的合作伙伴概念应用到规则过程中。根据传统，当某个机构公开提出规则时，它允许一个公众评论阶段。"评论"往往成为针锋相对的战斗，各方的代言人争论得不可开交，有的时候甚至要诉讼解决，但一般而言也总会延缓决策。协商制定规则把这些受到草案影响的各方面代表在公布之前聚集到一起。通过协调员，几方努力就这些规则达成一致意见。他们可以听取彼此的看法，寻找解决彼此分歧的创造性的方法，因为这个过程没有受到大家众目睽睽的关切。它不是那么正式，但是很理智，比仅仅依赖于公众评价过程效果要好得多，因为公众评价鼓励装腔作势和设置难以跨越的障碍。

1990 年，国会通过了协商制定规则法案，促进了规范性协商的使用。几个机构，包括美国环保署和交通部，正在利用协商制定规则打破特殊利益团体之间的壁垒，帮助他们达成一致，以便取得令人满意的结果。

BRAC 委员会模式

基地重编和关闭委员会是联邦政府保密程度最高的机构。除了环路里面和受到关闭军事基地影响的周围地区，基地重编和关闭委员会基本上不为外界所知。一定要提到它的故事，是因为它以令人难以置信的手段成功地处理了基地关闭的问题。

冷战结束以后，我们需要较小的军队，这意味着军事基地要关闭。国会不可能作出理由充分的决定，关闭哪个基地保留哪个基地；因为这会产生相当巨大的政治压力。非常高明的一点是，国会意识到它不可能在这个过程中作出明智的决定，于是成立了基地重编和关闭委员会。

委员会的成员由总统指定。国防部的秘书长为基地关闭制定了标准。每个服务部门的工作人员根据这些标准提议哪个基地要关闭，哪个要保留，哪个要重编。秘书长把整个国防部的计划交给委员会，委员会听取受到影响的基地、国会成员和武装服务处的意见。 *266*

最后，委员会公开投票表决每一个提议，把关闭和重编的名单送给总统。总统有两个根本选择：他可以同意也可以否决这个基地重编和关闭委员会计划。他不能作出个人改动。他或者全部接受或者全部否定。如果他批准这个计划，计划就会送到国会，国会也只有批准和否决两个选择。不能讨价还价，它或者被通过或者被否决，但是原来的内容不变。

基地重编和关闭委员会的概念接受了当选官员的角色，但是补充了非选举的专长和判断这个重要因素。决定由没有利害冲突也没有重新当选需求的人们作出，他们的决定建立在整个国家利益的基础上。到目前为止，这个办法在处理关闭基地这个必要而棘手问题过程中非常有效。基地重编和关闭委员会的概念为各级政府部门提供了一个重要的模式。当派系和利益群体之间唇枪舌剑地争论不休时，当重重障碍使预算赤字和枪支管理这样的问题很难解决时，基地重编和关闭委员会可能会提供帮助。

11.4　无缝隙基础结构

前面部分提出的新机制是必要的，但是为了实现无缝隙政府服务仅有机制是不够的。一旦职能壁垒被取代，管理人员需要基础结构来支持"随时随地"的无缝隙服务。下面是处于初始阶段基础结构的几个要素。

组件

组件是一个新名词，指能够使组织以无缝隙形式运作的复杂软件。它比电子邮件的作用要大得多，电子邮件主要是一对一或者一对多的交流。组件可以实现多对 *267*

多的交流；它可以使相隔数千里的很多人同时进行集体研讨、计划、明确重要性和决策。组件极大地改变了有些组织的工作，废除了金字塔形的结构，使每个人都能够得到以前局限于高级管理层的信息。

有了组件，组织可以完成下面的任务：

（1）让数千名工作人员同时在电脑上进行集体自由讨论。因为人们阅读比说话的速度快，因为每个人都可以同时工作（而不是先后，在传统的集体自由讨论中只能先后进行），并且因为提出来的想法是匿名的，每个人都可以自由提出建议，这样，效率可以实现飞跃。有的机构的报告指出他们用一天就解决了以前需要用一个月的问题。

（2）描述现在的组织过程，辨别瓶颈和没有附加价值的过程。就像国防后勤机构和许多其他组织使用的 IDEF 软件一样，它尤其适用于再造。

（3）把庞大的数据库和复杂的信息系统结合起来共同形成组织的网上服务，使工作人员能够使用内部电子公告。每个有想法的人都可以回应，每个上网的人都可以从中学习。（Kirkpatrick，1993）

活动基础上的成本计算

大部分组织使用的传统成本会计体系与无缝隙机构的需求不相协调。成本会计为管理人员提供自己权利范围内的信息——工资、附加利润、差旅、供应、设备等等。不幸的是，这些信息现在已经没有什么用处了，因为它不能为管理人员提供精确的活动成本信息，活动成本才是重要的，就像对火灾的反应或者采用一种新技术。

268

活动基础上的成本计算反映出机构活动和过程的真正成本。它使管理人员可以作出更好的决策，因为它提供确凿的数据显示现在的活动与其他可选择活动的成本比较。

使用活动基础上的成本计算，员工要分析他们一天的活动（比如，在公共事务部门的员工接收市民的投诉、派遣人员、修理破裂的管道、铺路等等），接着，他们确定每项活动需要的时间，增加适当的经常费用。这些数据表明重要活动的真正成本。一位公共事务管理者可以比较每一活动的真正成本和把它承揽出去的成本。

国防部内部的机构正在使用活动基础上的成本计算了解重要的商业活动的真正成本。活动基础上的成本计算能够帮助一些医院做出更明智的决定（比如，是否要购买核磁共振成像这样的技术；是否在医院里、在服务扩展中心提供门诊服务，或者一概不提供）。活动基础上的成本计算已经成为越来越多公司的选择，决定围绕过程展开活动的政府机构也将采用这种方式。（Pare，1993；Cooper and Kaplan，1988，1991）

远程办公

远程办公为"随时随地"的机构活动提供便利，工作人员可以不必坐在办公室，根据自己的时间安排进行工作。在远程办公的两种主要形式当中，工作人员在家里或者在远程办公中心上班，使用个人电脑、网卡和传真以及电子邮件与同事保持联系。据估计现在有 800 万人正在使用远程办公，各级政府也正在对此进行实验。加利福尼亚、华盛顿和夏威夷在过去的 5 年里已经建立了地区远程办公中心，在洛杉矶附近有 4 家由地方政府和帕西菲克·贝尔主持的"传送站"（Master and Joice，1993）。根据国内公用无线电台的"综合考虑"节目的报道（1994 年 1 月 27），500 名洛杉矶市政工作人员的研究发现开始利用远程办公以后他们的生产率提高了 12％。加利福尼亚现在要求大中规模的组织减少每天需要上下班的员工人数，以便缓解交通拥挤和城市废气排放。

　　远程办公提供许多好处，包括工作人员可以有更多时间留在家里或自己的社区，可以缓解工作引起的压力，提高生产率，平衡组织的结构，并且可以赋予工作人员更多的权力和责任。对再造它可以发挥两方面的重要作用：（1）它尤其着眼于结果——工作人员为完成某些任务得到报酬，而不是熬过一定的时间。（2）它完全打破了过时的老观念，即认为在工业化的环境下，工作只能是某个具体的时间在某个具体的地点。在全球经济中，政府部门的顾客和选民往往居住在好几个区以外。把工作时间限制在东时区从早上 8 点半到下午 5 点毫无意义，如果你所在的州与亚洲进行贸易或者你的药品代理正在与欧洲的代理合作。全球经济中的无缝隙政府要求灵活变通，这正是远程办公所提供的。

　　远程办公为每位上下班的人消除了重要的没有附加价值的步骤，节约了花在路上的时间。它鼓励工作人员把较少的时间用于处理机构内部的需求，而用更多的时间满足顾客的要求。远程办公与单一的即时联系的再造原则相一致，它为工作人员提供制度以使他们能够处理全部工作。

　　人事管理办公室和总务行政部门对远程办公进行了研究并发现了它的很多优势。1990 年在联邦一级试行的体系在 1992 年被国会正式接受，国会拨了 500 万美元在西弗吉尼亚、弗吉尼亚和马里兰建立了 4 个远程办公中心。机构欣然接受了无缝隙服务的概念，它们将挑战工作只能在特定的时间特定地点进行的传统观念。一旦这样的观念被抛弃，远程办公就会大范围地扩展开来。（Warren Master，personal communication，1993；U. S. General Services Administration，1993）

11.5　责任的弹性

　　到此为止，我们讨论了无缝隙政府服务的两个要求——新机制取代旧的职能壁垒和创建基础机构来支持这些机制。无缝隙政府还有另一个重要的前提条件，这个前提对于公务员来说是最不乐观的：民选官员必须停止对工作人员事无巨细的管理。

　　这简直不可能使用再造的第一个原则——围绕结果进行组织——如果民选官员具体指示机构的工作。如果民选官员（他们中的大部分人从来没有管理经验）告诉工作人员该如何做他们的工作，他们就不能为最后的结果负责，就像工作人员在贯彻执行的时候若擅自改变政策，民选官员也无法完成自己决策的任务一样。

我们听到令人不可容忍的政府机构失灵时，一般公众都倾向于指责只考虑保住自己职位的懒惰的官僚们。更确切的解释是民选官员对工作人员的管理过于细致，管了一些不该管的事情。就溜冰场的例子而言，纽约市的规定禁止管理人员与总承包方讨论项目的有关事宜，因该总承包方可能会投标！纽约的一条法律禁止赢得标书的总承包方选择自己下一级的承包方。（Wilson，1989）当民选官员束缚了工作人员的手脚时，工作人员就无法发挥自己的主观能动性去做好分内的工作。他们不能围绕结果进行组织；他们被迫按照限制他们的果断决策的规章制度行事。

271　　　唉，我们永远无法完全消除民选官员的过度控制；短期政治上的回报对他们的诱惑力太大了。而且，美国人对官僚机构和官僚们的心理特别矛盾，这种矛盾的心理根源于我们的宪法。

开国元勋们没能设计一种建立在效率和效果基础上的制度。那不是他们考虑的问题；他们考虑的是怎样对付暴政。大卫·马里恩指出（1985），建国先驱们"对行政和管理者根深蒂固的怀疑，实际上是憎恶……怎么说都不过分"（20）。坚决不允许权力在任何一个地方集中，开国元勋们把权力分散开来，迫使政府机构由多方面的人士掌握。

建国者们无法预见他们的制度将来会给行政管理造成多大的问题："在18世纪农业社会的背景下，他们并不担心政府的管理能力，而是担心总统与国会之间的权力分配会不会阻碍政府行使权力，使两方面不能达成并贯彻工业国家所需要的一致决定。"（Riggs，1994，65）另一个复杂问题是宪法赋予国会的权力。许多政治学学生认为宪法赋予国会控制机构的权力多于赋予总统的权力，虽然大部分机构是行政部门的分支。国会决定建立和消除机构，分配给它们的拨款，确定它们的使命和权力范围，并且批准总统任命的高级官员。（Woll，1963）

因此，国会在政府行政管理中到处插手的角色有其宪法根源，许多州政府也是同样的问题。大部分中小地方政府中采用的政务会的管理形式在区分政策的制定和行政管理角色方面效果较好，但也是分界线不太明确。

更进一步来看，我们的多重控制者的联邦体系致使利益团体能够影响政策的制
272　定。实际上，詹姆士·麦迪逊就很欢迎我们的体系造成的分割现象；他设想一个社会"分裂成很多部分，公民分别属于不同的利益团体和阶级"，并且认为"利益的多重性"既能阻碍独裁者的暴政，也能阻碍大多数人的暴政。（引自Wilson，1982，66）如果我们的开国者们正是这样的考虑，那么这样的策略在宪法当中是淋漓尽致地体现出来了。权力和职能的分割已经不是一朝一夕。英国人有专门的术语。他们把它称为"机构化偏执狂"。

当你着手建立条块分割的体系迫使工作人员面对多重控制者时，这个体系赋予民选官员很大的影响具体行政管理活动的权力，再加上民选官员事无巨细的控制可以得到政治上的回报，那么改革还有希望吗？我相信是有的。这种希望以民选官员和行政机构之间一种新的契约形式出现，这种契约建立在第一个再造原则的基础上：围绕结果的组织。

11.6　俄勒冈标杆：用结果管理

新契约最好的例子已在第 3 章提及，即俄勒冈标杆实施的过程。俄勒冈标杆是一个长期的计划过程，包括数以万计的市民、州政府立法机构以及公务员。标杆是州政府机构负责的具体结果，内容涉及成人识字率、满足污染标准的地区数目、犯罪率等。每两年政府机构报告一次这些结果的实际进展情况，并把他们的拨款和实际成就联系在一起。高级行政人员负责重要的标杆，其中两个或者三个机构齐心协力实现这些重要任务具有决定性的意义。州立法机构通过参与和立法积极支持标杆。

俄勒冈标杆是朝着围绕结果进行组织迈出的一大步。它得到了两派的支持。它不会阻止民选官员参与具体行政管理事务，但是它会减少这种倾向。俄勒冈标杆增 *273* 强了民选官员的信心，他们有能力使官僚机构对自己批准的结果负责。立法者定期摘要说明标杆的进展情况；很少出现例外。立法者可以用预算过程回报机构的绩效。俄勒冈标杆是值得效仿的模式。它赋予机构所需要的东西——明确的方向——以及提供了他们想要的民选官员（当然是应得的）——责任自负。（Oregon Progress Board，1992）

政府绩效和结果法案：责任弹性

另一个有前景的开端是政府绩效和结果法案，由国会在 1993 年通过。这个法案像俄勒冈标杆一样，着眼于机构工作的结果。它实际上要求所有的联邦机构在 1998 财政年度之前制定五年战略计划。这些计划必须包括与目标相连的具体结果。从 1999 财政年度开始，机构还必须提交年度绩效计划，包括可以测量的目标、实现这些目标的计划以及测量进展情况的指标。从 2000 财政年度开始，机构必须提交年度项目绩效报告，与实际的目标实现情况进行比较。

值得注意的是，政府绩效和结果法案允许机构请求放弃特定的程序要求和控制——对工作人员的水平、赔偿的限制、预算项目之间禁止转移等。因此，该法案将给予机构必要的弹性，为此他们需要向国会负责。责任弹性——这就是政治上的交易。如果如期进展，它对每个人说来都是一次不错的交易。

为了准备全面实施，53 个机构在 1994 财政年度开始尝试性的项目。几项试验性项目被用来检测"责任弹性"概念。这些机构在实现既定结果的过程中将请求放弃某些行政管理的控制。其他机构正在尝试使用绩效预算，这种方法可以区别实现 *274* 不同水平的绩效其成本有哪些不同。就像活动基础上的成本计算方法一样，绩效预算为管理者提供了关于重要事件成本的数据（就像符合标准的桥梁数量、接种了疫苗的儿童比例等），而不是对民选官员和选民没有任何意义的内部指标。

俄勒冈只是一个州，虽然几个州都正在采纳它的标杆原则。政府绩效和结果法案只是一份文件；如果国会与管理和预算办公室（它监督政府绩效和结果法案的实施）能够成功实施契约，它就会作为成功的例子保存下来。同样重要的是，机构必须确定有意义的结果和形成有用的绩效指标，这个任务在许多人看来都很困难。大部分机构习惯于测量投入（比如请求服务的次数）；有的测量产出（在某个时间范围内对请求作出回应的比例）。很少有人懂得怎样测量结果（比如，谁在与机构接触后更好地满足他们需求的比例）。但是，政府绩效和结果法案，像俄勒冈标杆一样，是非常有意义的，因为它为民选官员和机构提供了两者都可以肯定的原则——着眼于结果和责任弹性。这些是重要的起点。

11.7　模式之外：新的思维方式

在这一章，我们考虑了实施无缝隙政府服务的三个重要条件：新的机制取代旧的职能壁垒，用于支持无缝隙服务的基础结构，以及与民选官员形成新的关系，用责任换取工作人员更大的弹性。

275　如果具备这些条件和手段，它们会发挥很大的作用。第 4 章提出的再造设计原则和第 5 章描述过的模式也是这样。但是，比这些更加重要的是再造建立的基础：挑战传统观念。任何机构成员都可以在这些条件和手段一切就绪之前开始反省和挑战自己的观念。

换句话说，无缝隙服务再造要求新的思维方式。就像表现出色的运动员经常说的那样，"这是一场头脑的竞赛"。在他们的运动水平上，几乎无法把纯粹的运动技能或才华划分成一流和二流。通常，那些出类拔萃的人和表现一般的人的不同之处在于精神准备方面，而不是体力或者技术才能方面。

试想：在 1979 年 7 月，马丁娜·纳芙拉蒂洛娃在温布尔登连续两年赢得女子网球冠军。比赛结束几分钟后，有人问她哪一次比赛更难，第一次还是第二次。纳芙拉蒂洛娃几乎毫不犹豫地回答：第二次。为什么？是对手更厉害吗？不，她说。第二次获胜更加艰难的原因是，第一年她只是尽量争取获胜，而第二年她要尽量保证自己不要失败。

在公共机构兢兢业业地努力工作的人往往是为了保持不要失败。不要输在单调的日常事务上（比如，填写出差申请表），不要输在重要的大事上（比如与民选官员或媒体说话时措辞要谨慎）。我们的制度不原谅失误，不激励创新。最保险的选择是小心翼翼，照章办事，避免失败。在文职官员中，这是被广泛接受的观念。在这个世界上，这也是被认为符合理性。

这种理性观念的问题在于它造成了一种自动实现的预言：你越少尝试变革，遭到惩罚或感到失望的可能性就越小。但是这种观念弱化了一个人的潜能和精力，降低了生产率，消耗了人们的锐气，也极大地减少了成功的可能性。简单的事实是，不失败就很难成功。

276　要想朝着无缝隙的未来前进，我们必须挑战照章办事和不要失败的观念。再造不仅是一项复杂的技术和过程行为的手段；与大部分人类的进步一样，它是对这个世界的新的思维方式和洞察方式。正如约翰·斯图尔特·密尔在他的自传里写道的："除非人类的思维方式……发生巨大的变化，否则任何人类社会的伟大进步都是不可能的。"（1873）

参加再造专题研究小组的管理者经常报告说他们学会了怎样从不同的角度看待自己的工作。当他们明白了怎样描述现在的过程并挑战没有附加价值的步骤时，从结果着眼，从后面向前推进，从一张白纸开始，制定出有弹性的目标，这样，他们就会看到自己以前从来没有设想过的结果。他们不再笑嘻嘻地听着"接近政府工作"这样的话了。他们不再容忍、不再相信这样的话。他们看到了很多新颖而富有想象的处理公共事务的方法。他们跃跃欲试地希望马上行动起来。

这就是承诺。这就是挑战。大部分进入公共服务部门的公务员都迫切希望接受挑战，他们相信公共服务对他们是一个巨大的召唤。几年当中他们在官僚的重重壁垒和无法跨越的路障面前不断碰壁，才失望地发现承诺和挑战消失了。再造请我们重新开始，以便我们重新找回当初的抱负和对工作和服务的价值观念。如果我们让自己用新的思维方式来考虑自己的工作，这些抱负和价值都会得到实现——以无缝隙的方式。

AT&T. *Re-engineering Handbook*. Indianapolis: AT&T, 1991.

Abraham, L., and others. *Reinventing Home: Six Working Women Look at Their Home Lives*. New York: Plume, 1991.

Albrecht, K., and Zemke, R. *Service America*. New York: Warner Books, 1990.

Alexander, M. "Is There a Doctor in the Network?" *Computerworld*, Dec. 9, 1991, p. 18.

Associated Press. "Creation of Border Super Agency Is Called 'Premature.'" *Washington Post*, Aug. 27, 1993, p. A16.

Barr, S. "Gore Chat with Interior Staff May Set Babbitt Back by $38." *Washington Post*, May 18, 1993a, p. A19.

Barr, S. "Clinton Plan May Cut 140 000 Manager Jobs." *Washington Post*, Dec. 23, 1993b, p. A21.

Barr, S. "Gore Lobs Glass Ashtray at Puffed-Up Specifications." *Washington Post*, Aug. 17, 1993c, p. A19.

Barzelay, M., and Armajani, B. J. "Managing State Government Operations: Changing Visions of Staff Agencies." *Journal of Policy Analysis and Management*, 1990, 9 (3), 307—338.

Behn, R. D. "Management by Groping Along." *Journal of Public Policy Analysis and Management*, 1988, 7 (4), 643—663.

Bennis, W. , and Nanus, B. *The Leaders*. New York: HarperCollins, 1985.

Blackburn, J. (ed.). *Time-Based Competition*. Homewood, Ill. : Business One Irwin, 1991.

Capra, F. *The Turning Point: Science, Society, and the Rising Culture*. New York: Bantam Books, 1983.

Carnevale, A. *America and the New Economy*. San Francisco: Jossey-Bass, 1991.

Carr, D. K. , and others. *Breakpoint: Business Process Redesign*. Arlington, Va. : Coopers & Lybrand, 1992.

Caudle, S. "Government Business Progress Reengineering: Agency Survey Results. " Washington, D. C. : National Academy of Public Administration, 1994.

CBS Sunday Morning, Apr. 26, 1987. Television program.

Chandler, A. D. , Jr. *The Visible Hand: The Managerial Revolution in American Business*. Cambridge, Mass. : Harvard University Press, 1977.

Chase, G. , and Reveal, E. C. *How to Manage in the Public Sector*. Reading, Mass. : Addison-Wesley, 1983.

Cole, E. "Partnering: A Quality Model for Contract Relations. " *The Public Manager*, Summer 1993, pp. 39—42.

Cooper, R. , and Kaplan, R. S. "Measure Costs Right: Make the Right Decisions. " *Harvard Business Review*, Sep. -Oct. 1988, pp. 96—103.

Cooper, R. , and Kaplan, R. S. "Profit Priorities from Activity-Based Costing. " *Harvard Business Review*, May-Jun. 1991. pp. 130—135.

Crenson, M. A. *The Federal Machine: Beginnings of Bureaucracy in Jacksonian America*. Baltimore: Johns Hopkins University Press, 1975.

Davenport, T. H. *Process Innovation: Reengineering Work Through Information Technology*. Boston: Harvard Business School Press, 1993.

Davidow, W. H. , and Malone, M. S. *The Virtual Corporation*. New York: HarperBusiness, 1992.

Davis, S. M. *Future Perfect*. Reading, Mass. : Addison-Wesley, 1987.

Defense Logistics Agency. DLA Consumable Item Management-Corporate Information Management (CIM) Business Process Improvement Project. *Final Report*. Nov. 20, 1992.

De Pree, M. *Leadership Jazz*. New York: Dell, 1992.

Dumaine, B. "Times Are Good? Create a Crisis. " *Fortune*, Jun. 28, 1993, pp. 123—130.

Edelman, L. , Carr, F. , and Lancaster, C. L. *Partnering*. Ft. Belvoir, Va. : U. S. Army Corps of Engineers Alternative Dispute Resolution Series, Dec. 1991.

Ehrenhalt, A. "Hard Truths, Tough Choices: Excerpts from the first Report of the National Commission on the State and Local Public Service. " *Governing*, Aug. 1993, pp. 47—56.

Fallows，J. *More Like Us：Making America Great Again*. Boston：Houghton Mifflin，1989.

Feldman，D. L. "Twenty Years of Prison Expansion：A Failing National Strategy." *Public Administration Review*，53（6），Nov. /Dec. 1993，561—566.

Galagan，P. A. "Beyond Hierarchy：The Search for High Performance." *Training and Development*，Aug. 1992，pp. 21—35.

Gardner，J. W. *On Leadership*，New York：Free Press，1990.

Gilbert，G. R. "Employee Empowerment：Flaws and Practical Approaches." *The Public Manager*，Fall 1993，pp. 45—48.

Gleckman，H. "The Technology Payoff." *Business Week*，Jun. 14，1993，pp. 57—68.

Gore，A. *Creating a Government That Works Better and Costs Less*. Washington，D. C.：U. S. Government Printing Office，1993.

Hall，C. W. "Area Governments Struggle to 'Reinvent' Human Services." *Washington Post*，Oct. 4，1993，pp. D1，D5.

Hall，G.，Rosenthal，J.，and Wade，J "How to Make Reengineering Really Work." *Harvard Business Review*，Nov—Dec. 1993，pp. 119—131.

Hammer，M. "Reengineering Work：Don't Automate，Obliterate." *Harvard Business Review*，July-Aug. 1990，pp. 104—112.

Hammer，M.，and Champy，J. *Reengineering the Corporation*. New York：HarperBusiness，1993.

Handy，C. *The Age of Unreason*. Boston：Harvard Business School Press，1989.

Harrington，H. J. *Business Process Improvement：The Breakthrough Strategy for Total Quality，Productivity，and Competitiveness*. New York：McGraw-Hill，1991.

The Harwood Group. *Meaningful Chaos：How People Form Relationships with Public Concerns*. Dayton，Ohio：Kettering Foundation，1993.

Henkoff，R. "Cost Cutting：How to Do It Right." *Fortune*，Apr. 9，1990，pp. 40—49.

Hoffman，E. B.，and Wagner，J. A. "Courtbusters." *Government Executive*. Oct. 1993，pp. 29—33.

Keidel，R. W. *Game Plans：Sports Strategies for Business*. New York：Dutton，1985.

Keller，M. *Rude Awakening*. New York：HarperCollins，1989.

Kirkpatrick，D. "Groupware Goes Boom." *Fortune*，Dec. 27，1993，pp. 99—106.

Kotter，J. P. "What Leaders Really Do." *Harvard Business Review*，May-June 1990，pp. 103—111.

Kouzes，J. M.，and Posner，B. Z. *The Leadership Challenge：How to Get Extraordinary Things Done in Organizations*. San Francisco：Jossey-Bass，1987.

Lathrop, J. P. "The Patient-Focused Hospital." *Healthcare Forum Journal*, July/Aug. 1991, pp. 16—20.

Lewin, K. *Field Theory in Social Science*. Chicago: University of Chicago Press, 1951.

Linden, R. M. *From Vision to Reality*. Charlottesville, Va.: LEL Enterprises, 1990.

Linden, R. M. "Meeting Which Customers'Needs?" *The Public Manager*, Winter 1992—1993, pp. 49—52.

Marion, D. E. "The Federal Bureaucracy: A Bicentennial Review." Newsletter (University of Virginia), Dec. 1985, pp. 19—25.

Marshall, R., and Tucker, M. *Thinking for a Living: Education and the Wealth of Nations*. New York: Basic Books, 1992.

Marsters, M. E., and Williams, H. S. "Prototyping: When Planning Becomes Designing." *Innovating*, Winter 1993, pp. 33—48.

Martin, J. "Re-engineering Government." *Governing*, Mar. 1993, pp. 27—30.

Master, W., and Joice, W. "Reinventing the Workplace: Interagency Telecommuting Centers." *The Public Manager*, Fall 1993, pp. 11—13.

Mechling, J. "Reengineering: Part of Your Game Plan?" *Governing*, Feb. 1994, pp. 42—52.

Mill, J. S. *Autobiography*, New York: H. Holt, 1873.

Mintzberg, H. *Mintzberg on Management*. New York: Free Press, 1989.

Monden, Y. *Toyota Production System*. Norcross, Ga.: Industrial Engineering and Management Press, 1983.

NBC News (Producer). *Dateline*. Dec. 14, 1993, Television program.

Naisbitt, J., and Aburdene, P. *Reinventing the Corporation*. New York: Warner Books, 1985.

National Commission on the Public Service. *Leadership for America: Rebuilding the Public Service*. Washington, D. C.: GPO, 1989.

National Performance Review. *Transforming Organizational Structures*. Draft, Red Cover Version, Accompanying Report. Washington, D. C.: n. p., 1993.

Ohno T. *Toyota Production System: Beyond Large-Scale Production*. Mass.: Productivity Press, 1988.

Oregon Progress Board. *Standards for Measuring Statewide Progress and Government Performance*. *Report to the* 1993 *Legislature*. Portland: Oregon Progress Board, 1992.

Osborne, D., and Gaebler, T. *Reinventing Government*. Reading, Mass.: Addison-Wesley, 1992.

Paré, T. P. "A New Tool for Managing Costs." *Fortune*, June 14, 1993, pp. 124—129.

Pascale, R. T., and Athos, A. G. *The Art of Japanese Management: Applications for American Executives*. New York: Warner Books, 1981.

"People，Processes，and Partnerships：A Report on the Customs Service of the 21st Century. " U. S. Customs Service，1994.

Peters，T. J. "Leadership：Sad Facts and Silver Linings. " *Harvard Business Review*，Nov. —Dec. 1979，pp. 164—172.

Peters，T. J. *Liberation Management*. New York：Knopf，1992.

Peters，T. J. ，and Waterman，R. H. ，Jr. *In Search of Excellence：Lessons from America's Best Run Companies*. New York：HarperCollins，1982.

Porter，E. A. "What Government Can Learn from Business About Quality. " *Governing*，Aug. 1993，pp. 10—11.

Riggs，F. W. "Bureaucracy and the Constitution. " *Public Administration Review*，Jan. —Feb. 1994，pp. 65—72.

Savage，C. M. *Fifth Generation Management：Integrating Enterprises Through Human Networking*. Maynard，Mass. ：Digital Equipment Corporation，1990.

Schaffer，R. H. ，and Thomson，H. A. "Successful Change Programs Begin with Results. " *Harvard Business Review*，1992，pp. 81—89.

Schwartz，E. I. "The Power of Software. " *Business Week*，June 14，1993，p. 76.

Senge，P. *The Fifth Discipline：The Art and Practice of the Learning Organization*. New York：Doubleday/Currency，1990.

Stalk，G. ，Jr. ，and Hout，T. M. *Competing Against Time*. New York：Free Press，1990.

Starr，P. *The Social Transformation of American Medicine*. New York：Basic Books，1982.

Stewart，T. A. "Reengineering：The Hot New Managing Tool. " *Fortune*，Aug. 23，1993，pp. 41—48.

Stewart，T. A. "The Search for the Organization of Tomorrow. " *Fortune*，May 18，1992，pp. 92—98.

Swiss，J. E. "Adapting Total Quality Management （TQM） to Government. " *Public Administration Review*，July-Aug. 1992，52 （4），356—361.

Takeuchi，H. ，and Nonaka，I. "The New，New Product Development Game. " *Harvard Business Review*，Jan. -Feb. 1986，pp. 137—146.

Toffler，A. *The Third Wave*. New York：Bantam Books，1980.

Trojanowicz，R. ，and Bucqueroux，B. *Community Policing：A Contemporary Perspective*. Cincinnati：Anderson，1990.

U. S. Department of Agriculture. *What If We Could Just Start Over?* Washington，D. C. ：U. S. Department of Agriculture，1987.

U. S. Department of Defense，Office of the Assistant Secretary of Defense for Command，Control，Communications，and Intelligence，*The DoD Enterprise Model*，Vol，II. Washington，D. C. ：Jan. 1994.

U. S. Department of Labor. *Workforce Investment Strategy—A Comprehensive Worker Adjustment Proposal with One-Stop Career Centers*. Washington, D. C.: n. p., 1993.

U. S. Department of the Treasury. *A Plan for Reinventing the IRS*. Washington, D. C.: U. S. Department of the Treasury, 1993.

U. S. Forest Service. *Chartering a Management Philosophy for the Forest Service*. Washington, D. C.: U. S. Forest Service, 1989.

U. S. General Services Administration. *Reclaiming Your Rush Hour: Guidelines for Telecommuting*. Washington, D. C.: U. S. General Services Administration, 1993.

Verity, J. W., and McWilliams, G. "Is It Time to Junk the Way You Use Computers?" *Business Week*, July 22, 1991, pp. 66—69.

Waterman, R. H., Jr, *The Renewal Factor: How the Best Get and Keep the Competitive Edge*. New York: Bantam Books, 1987.

Waterman, R. H., Jr., Peters, T. J., and Phillips, J. R. "Structure Is Not Organization." *Business Horizons*, June 1980, pp. 17—26.

Watson, P., and others. "Operational Restructuring: A Patient-Focused Approach." *Nursing Administration Quarterly*, Fall 1991, 16 (1), 45—52.

Weber, D. O. "Six Models of Patient-Focused Care." *Healthcare Forum Journal*, July/Aug. 1991, pp. 23—31.

Webster, D. *The DoD Initiative in Concurrent Engineering*. Washington, D. C.: U. S. Department of Defense, 1992.

Welch, J. *Work in America*. Paper presented at the Seventh Annual Awards Dinner of the Work in America Institute, New York, Nov. 13, 1990. Scotia, N. Y.: General Electric, 1990.

White, L. D. *The Jacksonians: A Study in Administrative History*, 1829—1861. New York: Macmillan, 1963.

Wilson, J. Q. *Bureaucracy: What Government Agencies Do and Why They Do It*. New York: Basic Books, 1989.

Wilson, J. Q. "The Rise of the Bureaucratic State." In F. S. Lane (ed.), *Current Issues in Public Administration*. (2nd ed.) New York: St. Martin's Press, 1982.

Woll, P. *American Democracy*. New York: Norton, 1963.

Womack, J. P., Jones, D. T., and Roos, D. *The Machine That Changed the World: The Story of Lean Production*. New York: HarperCollins, 1990.

（以下所标页码为英文原书页码，见本书每页边际上的标码）

人大版公共管理类翻译（影印）图书

公共行政与公共管理经典译丛

书名	著译者	定价
公共管理名著精华："公共行政与公共管理经典译丛"导读	吴爱明　刘晶　主编	49.80 元

经典教材系列

书名	著译者	定价
公共管理导论（第三版）	［澳］欧文·E·休斯　著 张成福　等　译	39.00 元
政治学（第三版）	［英］安德鲁·海伍德　著 张立鹏　译	49.80 元
公共政策分析导论（第四版）	［美］威廉·N·邓恩　著 谢明　等　译	49.00 元
公共政策制定（第五版）	［美］詹姆斯·E·安德森　著 谢明　等　译	46.00 元
公共行政学：管理、政治和法律的途径（第五版）	［美］戴维·H·罗森布鲁姆　等　著 张成福　等　译校	58.00 元
比较公共行政（第六版）	［美］费勒尔·海迪　著 刘俊生　译校	49.80 元
公共部门人力资源管理：系统与战略（第四版）	［美］唐纳德·E·克林纳　等　著 孙柏瑛　等　译	49.80 元
公共部门人力资源管理（第二版）	［美］埃文·M·伯曼　等　著 萧鸣政　等　译	49.00 元
行政伦理学：实现行政责任的途径（第五版）	［美］特里·L·库珀　著 张秀琴　译　音正权　校	35.00 元
民治政府——美国政府与政治（第二十版）	［美］詹姆斯·麦格雷戈·伯恩斯　等　著 吴爱明　等　译	69.80 元
比较政府与政治导论（第五版）	［英］罗德·黑格　马丁·哈罗普　著 张小劲　等　译	48.00 元
公共组织理论（第五版）	［美］罗伯特·B·登哈特　著 扶松茂　丁力　译　竺乾威　校	32.00 元
公共组织行为学	［美］罗伯特·B·登哈特　等　著 赵丽江　译	49.80 元
组织领导学（第五版）	［美］加里·尤克尔　著 陶文昭　译	49.80 元
公共关系：职业与实践（第四版）	［美］奥蒂斯·巴斯金　等　著 孔祥军　等　译　郭惠民　审校	68.00 元
公用事业管理：面对 21 世纪的挑战	［美］戴维·E·麦克纳博　著 常健　等　译	39.00 元
公共预算中的政治：收入与支出，借贷与平衡（第四版）	［美］爱伦·鲁宾　著 叶娟丽　马骏　等　译	39.00 元
公共行政学新论：行政过程的政治（第二版）	［美］詹姆斯·W·费斯勒　等　著 陈振明　等　译校	58.00 元
公共和第三部门组织的战略管理：领导手册	［美］保罗·C·纳特　等　著 陈振明　等　译校	43.00 元
公共行政与公共事务（第十版）	［美］尼古拉斯·亨利　著 孙迎春　译	52.00 元
公共管理案例教学指南	［美］小劳伦斯·E·列恩　著 郐少健　等　译　张成福　等　校	26.00 元

书名	著译者	定价
公共管理中的应用统计学（第五版）	［美］肯尼思·J·迈耶 等 著 李静萍 等 译	49.00 元
现代城市规划（第五版）	［美］约翰·M·利维 著 张景秋 等 译	39.00 元
非营利组织管理	［美］詹姆斯·P·盖拉特 著 邓国胜 等 译	38.00 元
非营利组织战略营销（第五版）	［美］菲利普·科特勒 等 著 孟延春 等 译	58.00 元
公共财政管理：分析与应用（第六版）	［美］约翰·L·米克塞尔 著 白彦锋 马蔡琛 译 高培勇 等 校	69.90 元
企业与社会：公司战略、公共政策与伦理 （第十版）	［美］詹姆斯·E·波斯特 等 著 张志强 等 译	59.80 元
公共行政学：概念与案例（第七版）	［美］理查德·J·斯蒂尔曼二世 编著 竺乾威 等 译	75.00 元
公共管理中的量化方法：技术与应用（第三版）	［美］苏珊·韦尔奇 等 著 郝大海 等 译	39.00 元
公共与非营利组织绩效考评：方法与应用	［美］西奥多·H·波伊斯特 著 肖鸣政 等 译	35.00 元
政治体制中的行政法（第三版）	［美］肯尼思·F·沃伦 著 王丛虎 等 译	78.00 元
政府与非营利组织会计（第 12 版）	［美］厄尔·R·威尔逊 等 著 荆新 等 译校	79.00 元
政治科学的理论与方法（第二版）	［英］大卫·马什 等 编 景跃进 张小劲 欧阳景根 译	38.00 元
公共管理的技巧（第九版）	［美］乔治·伯克利 等 著 丁煌 主译	59.00 元
领导学：理论与实践（第五版）	［美］彼得·G·诺斯豪斯 著 吴爱明 陈爱明 陈晓明 译	48.00 元
领导学（亚洲版）	［新加坡］林志颂 等 著 顾朋兰 等 译 丁进锋 校译	59.80 元
领导学：个人发展与职场成功（第二版）	［美］克利夫·里科特斯 著 戴卫东 等 译 姜雪 校译	69.00 元
二十一世纪的公共行政：挑战与改革	［美］菲利普·J·库珀 等 著 王巧玲 李文钊 译 毛寿龙 校	45.00 元
行政学（新版）	［日］西尾胜 著 毛桂荣 等 译	35.00 元
官僚政治（第五版）	［美］B·盖伊·彼得斯 著 聂露 等 译	39.80 元
理解公共政策（第十二版）	［美］托马斯·R·戴伊 著 谢明 译	45.00 元
公共政策导论（第三版）	［美］小约瑟夫·斯图尔特 等 著 韩红 译	35.00 元
公共政策分析：理论与实践（第四版）	［美］戴维·L·韦默 等 著 刘伟 译校	待出
应急管理概论	［美］米切尔·K·林德尔 等 著 王宏伟 译	55.00 元
公共行政导论（第六版）	［美］杰伊·M·沙夫里茨 等 著 刘俊生 等 译	65.00 元
城市管理学：美国视角（第六版）	［美］戴维·R·摩根 等 著 杨宏山 陈建国 译 杨宏山 校	49.00 元

书名	著译者	定价
公共经济学：政府在国家经济中的作用	[美] 林德尔·G·霍尔库姆 著 顾建光 译	69.80 元
公共部门管理（第八版）	[美] 格罗弗·斯塔林 著 常健 等 译 常健 校	75.00 元

公共管理实务系列

书名	著译者	定价
新有效公共管理者：在变革的政府中追求成功（第二版）	[美] 史蒂文·科恩 等 著 王巧玲 等 译 张成福 校	28.00 元
驾御变革的浪潮：开发动荡时代的管理潜能	[加] 加里斯·摩根 著 孙晓莉 译 刘霞 校	22.00 元
自上而下的政策制定	[美] 托马斯·R·戴伊 著 鞠方安 等 译	23.00 元
政府全面质量管理：实践指南	[美] 史蒂文·科恩 等 著 孔宪遂 等 译	25.00 元
公共部门标杆管理：突破政府绩效的瓶颈	[美] 帕特里夏·基利 等 著 张定淮 译校	28.00 元
创建高绩效政府组织：公共管理实用指南	[美] 马克·G·波波维奇 主编 孔宪遂 等 译 耿洪敏 校	23.00 元
职业优势：公共服务中的技能三角	[美] 詹姆斯·S·鲍曼 等 著 张秀琴 译 音正权 校	19.00 元
全球筹款手册：NGO 及社区组织资源动员指南（第二版）	[美] 米歇尔·诺顿 著 张秀琴 等 译 音正权 校	39.80 元

政府治理与改革系列

书名	著译者	定价
新公共服务：服务，而不是掌舵	[美] 珍妮特·V·登哈特 罗伯特·B·登哈特 著 丁煌 译 丁煌 方兴 校	28.00 元
公共决策中的公民参与	[美] 约翰·克莱顿·托马斯 著 孙柏瑛 等 译	28.00 元
再造政府	[美] 戴维·奥斯本 等 著 谭功荣 等 译	45.00 元
构建虚拟政府：信息技术与制度创新	[美] 简·E·芳汀 著 邵国松 译	32.00 元
突破官僚制：政府管理的新愿景	[美] 麦克尔·巴泽雷 著 孔宪遂 等 译	25.00 元
政府未来的治理模式（中文修订版）	[美] B·盖伊·彼得斯 著 吴爱明 等 译 张成福 校	38.00 元
无缝隙政府：公共部门再造指南（中文修订版）	[美] 拉塞尔·M·林登 著 汪大海 等 译	48.00 元
公民治理：引领 21 世纪的美国社区（中文修订版）	[美] 理查德·C·博克斯 著 孙柏瑛 等 译	38.00 元
民营化与公私部门的伙伴关系	[美] E.S. 萨瓦斯 著 周志忍 等 译	39.00 元
持续创新：打造自发创新的政府和非营利组织	[美] 保罗·C·莱特 著 张秀琴 译 音正权 校	28.00 元
政府改革手册：战略与工具	[美] 戴维·奥斯本 等 著 谭功荣 等 译	59.00 元
公共部门的社会问责：理念探讨及模式分析	世界银行专家组 著 宋涛 译校	28.00 元

书名	著译者	定价
公私合作伙伴关系：基础设施供给和项目融资的全球革命	［英］达霖・格里姆赛 等 著 济邦咨询公司 译	29.80 元
非政府组织问责：政治、原则与创新	［美］丽莎・乔丹 等 主编 康晓光 等 译 冯利 校	32.00 元
市场与国家之间的发展政策：公民社会组织的可能性与界限	［德］康保锐 著 隋学礼 译校	49.80 元
建设更好的政府：建立监控与评估系统	［澳］凯思・麦基 著 丁煌 译 方兴 校	30.00 元

学术前沿系列

书名	著译者	定价
公共行政的精神（中文修订版）	［美］H・乔治・弗雷德里克森 著 张成福 等 译 张成福 校	48.00 元
后现代公共行政：话语指向（中文修订版）	［美］查尔斯・J・福克斯 等 著 楚艳红 等 译 吴琼 校	38.00 元
公共行政的合法性：一种话语分析（中文修订版）	［美］O.C. 麦克斯怀特 著 吴琼 译	待出
公共行政的语言：官僚制、现代性和后现代性（中文修订版）	［美］戴维・约翰・法默尔 著 吴琼 译	待出
官僚制内幕	［美］安东尼・唐斯 著 郭小聪 等 译	38.00 元
领导学	［美］詹姆斯・麦格雷戈・伯恩斯 著 常健 孙海云 等 译 常健 校	69.00 元
官僚经验：后现代主义的挑战（第五版）	［美］拉尔夫・P・赫梅尔 著 韩红 译	待出
制度分析：理论与争议（第二版）	［韩］河涟燮 著 李秀峰 柴宝勇 译	待出
情绪劳动	［美］玛丽・E・盖伊 等 著 周文霞 等 译	待出

案例系列

书名	著译者	定价
公共管理案例（第五版）	［美］罗伯特・T・戈伦比威斯基 等 主编 汪大海 等 译	28.00 元
组织发展案例：环境、行为与组织变革	［美］罗伯特・T・戈伦比威斯基 等 主编 杨爱华 等 译	29.00 元
公共部门人力资源管理案例	［美］T・赞恩・里夫斯 主编 句华 主译 孙柏瑛 统校	22.00 元
非营利组织管理案例与应用	［美］罗伯特・T・戈伦比威斯基 等 主编 邓国胜 等 译	23.00 元
公共管理的法律案例分析	［美］戴维・H・罗森布鲁姆 等 著 王丛虎 主译	33.00 元
公共政策分析案例（第二版）	［美］乔治・M・格斯 等 著 王军霞 等 译	待出

学术经典系列

书名	著译者	定价
新公共行政	［美］H・乔治・弗雷德里克森 著 丁煌 方兴 译 丁煌 校	23.00 元

公共政策经典译丛

书名	著译者	定价
公共政策评估	［美］弗兰克·费希尔 著 吴爱明 等 译	38.00 元
议程、备选方案与公共政策（第二版）	［美］约翰·W·金登 著 丁煌 方兴 译	38.00 元
公共政策工具——对公共管理工具的评价	［美］B·盖伊·彼得斯 等 编 顾建光 译	29.80 元
第四代评估	［美］埃贡·G·古贝 等 著 秦霖 等 译 杨爱华 校	39.00 元
政策规划与评估方法	［加］梁鹤年 著 丁进锋 译	39.80 元

当代西方公共行政学思想经典译丛

书名	编译者	定价
公共行政学中的批判理论	戴黍 牛美丽 等 编译	29.00 元
公民参与	王巍 牛美丽 编译	45.00 元
公共行政学百年争论	颜昌武 马骏 编译	49.80 元
公共行政学中的伦理话语	罗蔚 周霞 编译	45.00 元

当代世界学术名著

书名	著译者	定价
政策悖论：政治决策中的艺术（修订版）	［美］德博拉·斯通 著 顾建光 译	58.00 元
公共行政的语言——官僚制、现代性和后现代性	［美］戴维·约翰·法默尔 著 吴琼 译	49.80 元
公共行政的精神	［美］乔治·弗雷德里克森 著 张成福 等 译	45.00 元
公共行政的合法性——一种话语分析	［美］O.C.麦克斯怀特 著 吴琼 译	48.00 元

卓越领导

书名	著译者	定价
领袖	［美］詹姆斯·麦格雷戈·伯恩斯 著 常健 等 译	49.00 元
特立独行：从肯尼迪到小布什的总统领导艺术	［美］詹姆斯·麦格雷戈·伯恩斯 著 吴爱明 等 译	39.80 元
创新型领导艺术：激发团队创造力	［英］约翰·阿代尔 著 吴爱明 等 译	25.00 元
创造性思维艺术：激发个人创造力	［英］约翰·阿代尔 著 吴爱明 等 译	25.00 元

公共管理英文版教材系列

书名	作者	定价
公共管理导论（第三版）	［澳］Owen E. Hughes （欧文·E·休斯） 著	28.00 元
理解公共政策（第十二版）	［美］Thomas R. Dye （托马斯·R·戴伊） 著	34.00 元

书名	作者	定价
公共行政学经典（第五版）	［美］Jay M. Shafritz （杰伊·M·莎夫里茨）等　编	59.80 元
组织理论经典（第五版）	［美］Jay M. Shafritz （杰伊·M·莎夫里茨）等　编	46.00 元
公共政策导论（第三版）	［美］Joseph Stewart，Jr. （小约瑟夫·斯图尔特）等　著	35.00 元
公共部门管理导论（第六版）	［美］Grover Starling （戈文·斯塔林）　著	49.80 元
政治学（第三版）	［英］Andrew Heywood （安德鲁·海伍德）　著	35.00 元
公共行政导论（第五版）	［美］Jay M. Shafritz （杰伊·M·莎夫里茨）等　著	58.00 元
公共组织理论（第五版）	［美］Robert B. Denhardt （罗伯特·B·登哈特）　著	32.00 元
公共政策分析导论（第四版）	［美］William N. Dunn （威廉·N·邓恩）　著	45.00 元
公共部门人力资源管理：系统与战略（第六版）	［美］Donald E. Klingner （唐纳德·E·克林纳）等　著	待出
公共行政与公共事务（第十版）	［美］Nicholas Henry （尼古拉斯·亨利）　著	39.00 元
公共经济学：政府在国家经济中的作用	［美］Randall G. Holcombe （林德尔·G·霍尔库姆）　著	62.00 元

更多图书信息，请登录 www. crup. com. cn/gggl 查询，或联系中国人民大学出版社政治与公共管理出版分社获取

地址：北京市海淀区中关村大街甲 59 号文化大厦 1202 室　　　　邮编：100872
电话：010—82502724　　　　　　　　　　　　　　　　　　传真：010—62514775
E-mail：ggglcbfs@vip. 163. com　　　　　　　　　　　　　　网站：http：//www. crup. com. cn/gggl

图书在版编目（CIP）数据

无缝隙政府：公共部门再造指南/（美）林登著；汪大海等译. —2 版（修订本）—北京：中国人民大学出版社，2013.1
（公共行政与公共管理经典译丛. 政府治理与改革系列）
"十二五"国家重点图书出版规划项目
ISBN 978-7-300-16818-0

Ⅰ.①无… Ⅱ.①林… ②汪… Ⅲ.①国家行政机关-行政管理-研究-美国 Ⅳ.①D771.231

中国版本图书馆 CIP 数据核字（2012）第 304034 号

公共行政与公共管理经典译丛
政府治理与改革系列
"十二五"国家重点图书出版规划项目
无缝隙政府：公共部门再造指南（中文修订版）
［美］拉塞尔·M·林登　著
汪大海　吴群芳　等　译
汪大海　校
Wufengxi Zhengfu

出版发行	中国人民大学出版社			
社　　址	北京中关村大街 31 号		**邮政编码**	100080
电　　话	010 - 62511242（总编室）		010 - 62511398（质管部）	
	010 - 82501766（邮购部）		010 - 62514148（门市部）	
	010 - 62515195（发行公司）		010 - 62515275（盗版举报）	
网　　址	http://www.crup.com.cn			
	http://www.ttrnet.com（人大教研网）			
经　　销	新华书店			
印　　刷	北京鑫丰华彩印有限公司		**版　　次**	2002 年 11 月第 1 版
				2013 年 1 月第 2 版
规　　格	185 mm×260 mm　16 开本			
印　　张	14 插页 2		**印　　次**	2013 年 1 月第 1 次印刷
字　　数	276 000		**定　　价**	48.00 元